Linguagem Corporal no Trabalho

JUDI JAMES

Linguagem Corporal no Trabalho

Como usar os sinais não-verbais para alavancar sua carreira

Tradução
EDUARDO RIECHE

BestSeller

CIP-BRASIL. CATALOGAÇÃO-NA-FONTE
SINDICATO NACIONAL DOS EDITORES DE LIVROS, RJ.

J29L James, Judi
Linguagem corporal no trabalho / Judi James; tradução Eduardo Rieche. – Rio de Janeiro: Best*Seller*, 2008.

Tradução de: Body talk at work
ISBN 978-85-7684-181-4

1. Linguagem corporal. 2. Sucesso nos negócios. I. Título.

CDD: 302.222
08-2988 CDU: 316.772.2

Título original
BODY TALK AT WORK

Capa: Felipe Goifman e Glenda Rubinstein
Diagramação: ô de casa

Impresso no Brasil
ISBN 978-85-7684-181-4

Sumário

Introdução

O que é a linguagem corporal?

A LINGUAGEM CORPORAL faz parte de todas as transações no local de trabalho. Ela determina como nos comunicamos e trabalhamos com os outros. É um componente fundamental de nosso sucesso pessoal.

Meu interesse na linguagem corporal teve início quando comecei a treinar pessoas para entrevistas de emprego. Monitorando seus sinais não-verbais e avaliando, ao mesmo tempo, as reações dos entrevistadores, percebi como a linguagem corporal pode ser um componente vital para o sucesso nos negócios. Dedico-me agora a treinar indivíduos e empresas nesse assunto fascinante, divertido, complexo e bastante incompreendido.

Uma das coisas que mais gosto nas pessoas do mundo dos negócios é de sua coragem. Os atores aprendem a representar. Os cantores treinam por anos a fio antes de subir ao palco, mas espera-se que os indivíduos que trabalham em uma empresa se apresentem, se vendam, se promovam e, geralmente, desempenhem suas funções com pouco ou quase nenhum treinamento. Há uma demanda por informações atualizadas e práticas; um guia para pessoas atarefadas, algo que seja de rápida assimilação, mas compreensível. Foi por isso que escrevi este livro.

Vamos começar a trabalhar...

Seu emprego apresenta desafios diários para seus sistemas de sinalização não-verbal. Por um lado, você lidará com reações tribais e animais, tão velhas quanto a própria humanidade. Por outro, há a necessidade de um processo evolutivo rápido. Nossos ancestrais não tiveram de lutar contra escritórios sem divisórias, videoconferências, a cultura da roupa informal, apresentações no Power Point e linguagens gestuais.

Além disso, há a exigência constante de atuar segundo um estilo digno de premiação pela Academia do Oscar. As mentiras no local de trabalho podem ser algo sutil ou evidente, mas elas acontecem. Quaisquer que sejam nossos verdadeiros sentimentos, somos obrigados a amar o nosso emprego, respeitar nosso chefe e nos sentirmos envolvidos com nossos clientes. Aprendemos, então, a administrar nossas reações naturais. Essa forma de disfarce pode ser um comportamento civilizado, mas também prejudica a compreensão.

Um dos maiores problemas em qualquer ramo de negócios é a falta de comunicação. Os funcionários se sentem pouco sintonizados com inovações de última geração. Os gerentes não conseguem expor resumidamente o que desejam. As metas corporativas não ficam claras. Os departamentos não se comunicam corretamente uns com os outros. E, quando finalmente falamos, não conseguimos entender a mensagem.

Como se isso não bastasse, os dias de trabalho mais longos também têm gerado uma falta de clareza nos relacionamentos profissionais. Não vamos para a empresa apenas para ganhar dinheiro, mas, também, para encontrar amigos e, até mesmo, sexo.

Como este livro poderá ajudá-lo a atravessar, então, o campo minado das relações corporativas?

Como usar este livro

A linguagem corporal, assim como este livro, pode ser usada de três maneiras:

1. Você pode estudar seus próprios sinais não-verbais e modificá-los para se tornar mais eficaz ao autopromover-se e comunicar-se no local de trabalho.

2. Você pode aperfeiçoar suas habilidades para interpretar e entender os outros.
3 Você pode começar a ter controle de suas transações comerciais, com o propósito de dominar situações específicas no local de trabalho, como reuniões, apresentação de vendas ou contato direto com clientes.

Não se sinta obrigado a ler esse livro inteiro de uma só vez. Ele foi escrito para pessoas ocupadas. Você pode usá-lo aleatoriamente, folheando capítulos que lidam com situações específicas de trabalho, ou pode ler a primeira seção com mais atenção, para um aperfeiçoamento a longo prazo.

Porém, nem todas as mudanças sugeridas acontecerão a longo prazo. Há também várias técnicas de rápida assimilação. Lembre-se apenas de que você precisa se sentir bem com o produto que está tentando comercializar. Esse produto é você.

Como funciona a linguagem corporal

De certa forma, já somos todos especialistas em linguagem corporal. O instinto de sobrevivência, por si só, nos permite, por meio de sinais visuais, enxergar o perigo que vem dos outros. Os bebês, os cachorros e as crianças são peritos na interpretação dessas complexas mensagens, mas quando nos tornamos adultos, subestimamos essa habilidade inata. Mesmo assim, em um ambiente seguro, como um escritório ou uma sala de reuniões, seu olhar será atraído toda vez que uma nova pessoa entrar na sala. E, querendo ou não, você começará a formar opiniões sobre essa pessoa em menos de três segundos.

É possível ser justo e objetivo em sua avaliação, mas não haverá muita escolha. Essa é uma área em que o subconsciente briga com a mente consciente para subjugá-la. Gostar, não gostar, confiar, amar ou cobiçar, tudo isso pode acontecer no mesmo espaço de tempo necessário para limpar sua garganta. Na verdade, muitas dessas reações estarão baseadas em sua percepção de como a pessoa se apresenta. Inúmeros aspectos da aparência irão ativar experiências passadas e respostas emocionais, que você utilizará como ponto de referência ao lidar com outros sinais semelhantes. Sua mente vai percorrer uma série de estereótipos preconceituosos em questão de segundos. É o equivalente mental a procurar uma pequena coisa em uma série de bagagens preparadas para as férias, algo que você colocou lá no fundo de uma das malas, no momento em que começou a arrumá-las.

Entretanto, sua mente consciente está alerta de que a maior parte desses sinais visuais pode ser, como dizemos no ramo dos negócios, bastante incerta. Há muitas razões para isso, especialmente no local de trabalho. Ao contrário de outros animais, os homens constantemente mascaram suas características desagradáveis e são bastante capazes de parecer amigáveis, ao mesmo tempo em que apunhalam os outros pelas costas. A vida não seria mais fácil se todos os patifes se mostrassem assobiando e fazendo caretas, como os vilões das pantomimas, ao tentarem fechar um acordo com você?

A questão é: de um modo geral, as pessoas oferecem, sim, pistas visuais sobre o que está se passando por trás do disfarce. Tudo bem, talvez não sejam olhares ensandecidos, sorrisos demoníacos ou revolver escancaradamente os bigodes, mas coisas mais sutis, que emergem do que se chama dispersão. Poucas pessoas conseguem agir com franqueza o tempo todo, nem mesmo políticos e vendedores de carros. Dessa forma, se você busca uma interpretação mais precisa das pessoas com as quais trabalha ou estabelece negócios, cabe a você procurar os sinais.

Primeiras impressões

Nos negócios, os contatos e reuniões com clientes e colaboradores podem ser passageiros. Talvez você só tenha alguns poucos segundos para decifrar o verdadeiro temperamento da pessoa com quem está lidando, de modo que possa adaptar adequadamente a própria resposta. Portanto, a primeira impressão, esse grande clichê de nosso estilo de vida, pode se instalar entre você e o sucesso em entrevistas de negócios, promoções, apresentações, reuniões, abordagens de vendas e atendimento a clientes. Antes de se lançar aos domínios do auto-aperfeiçoamento, você precisará saber, exatamente, como essa primeira impressão é criada.

Cinqüenta e cinco por cento do impacto das mensagens comunicadas vêm dos sinais não-verbais. E quando as comunicações verbal e visual estão em conflito, as pessoas se lembram mais das palavras visuais, achando mais seguro confiar nelas.

O perigo é que o seu subconsciente tende a neutralizar as avaliações imparciais e os pensamentos menos críticos. Você confiaria suas finanças a um homem que usa uma gravata com desenhos de Mickey Mouse? E quanto à tatuagem no braço daquela mulher que você estava entrevistando? É melhor ficar atento a essas pessoas que se parecem um pouco com aquele *bad boy* da escola...

Por mais preconceituoso que seu subconsciente possa ser, ele dificilmente elege apenas um único gesto. Ao contrário, alimenta-se de uma série complexa de mensagens, conhecida como conjunto de sinais. Da próxima vez que se encontrar com algum desconhecido, tente lembrar o que você pensou sobre essa pessoa quando a viu pela primeira vez. Se achar mais fácil, poderá fazer essa experiência usando uma foto de uma revista. A parte lógica do seu cérebro provavelmente lhe dirá que você estava com a mente totalmente livre de preconceitos. Mas, e quanto à parte emocional? Quais foram suas suposições automáticas? Analise de onde vieram tais reações. Que elementos da aparência da pessoa estimularam esses primeiros sentimentos?

Se você tivesse que fazer uma lista, ela, provavelmente, incluiria o contato visual e o olhar, a expressão facial, os gestos, a postura, o tom da voz, o comportamento espacial, o contato físico, a aparência e o modo de se vestir. Tudo isso compõe a nossa linguagem corporal individual.

Criando a ilusão visual

No mundo dos negócios, portanto, a imagem pode fazer a diferença entre ganhar e perder. Muitas profissões envolvem comunicações constantes e negociações baseadas na primeira impressão. A maior parte dos negócios é executada em um cenário cada vez mais amplo, e essa perspectiva deve crescer ainda mais, considerando a introdução do grande deus da globalização.

Portanto, a sua imagem é uma das mais poderosas ferramentas de marketing à sua disposição, e sua linguagem corporal é responsável por grande parte de sua projeção. É o ponto decisivo nas eleições políticas, o argumento final em uma venda, o carisma em suas comunicações. Uma boa linguagem corporal gera impacto e empatia. As mensagens ruins podem torná-lo impopular e malsucedido ao longo de toda a sua carreira. E, infelizmente, você jamais saberá por que teve essa má sorte. O problema é que nós não conseguimos nos ver em ação o suficiente. Você acha que está indo bem, até se ver de relance em um vídeo e a terrível verdade começa a aparecer...

Não se preocupe. Este livro o ajudará a "falar" melhor com seu próprio corpo e a modificar seus próprios sinais para aprimorar suas habilidades de influência e persuasão, assim como promover uma maior confiança, auto-estima e sucesso nos negócios. Esqueça as curiosidades trapaceiras e convencionais sobre linguagem corporal e aprecie a sutileza e a complexidade de todas as nossas formas de comunicação.

Pontos-chave, em poucas palavras

- Entender a linguagem corporal é a chave para o sucesso nos negócios.
- Você irá trabalhar em três estágios:
  - Refinar seus próprios sinais de linguagem corporal
  - Escutar com os ouvidos – estudar os sinais dos outros
  - Coreografia corporativa – controlar as interações no local de trabalho

- Os julgamentos iniciais são baseados em velhos estereótipos e pre-conceitos. Mas você pode superá-los.
- A linguagem corporal o ajudará a entender melhor as outras pessoas e a se comunicar de forma mais eficaz, elevando sua auto-estima e conduzindo-o ao sucesso.

PARTE 1

Como ser o seu próprio relações-públicas: aperfeiçoando sua linguagem corporal

Capítulo 1

Como avaliar sua própria imagem

O MARKETING PESSOAL É uma parte desagradável, porém necessária, nos negócios modernos. As pessoas que buscam um emprego ou que desejam se manter nele têm de se lançar em uma campanha agressiva de autopromoção.

Infelizmente, os que são escolhidos para trabalhar são aqueles com alta visibilidade, e não os que merecem se sair bem. Setenta e dois por cento dos empregos vão para pessoas que sabem se comportar de forma eficaz em uma entrevista, e não para aqueles que parecem ser os candidatos mais adequados.

Além disso, as promoções não são mais uma questão de herança. Conduzir uma carreira, antes uma tarefa trabalhosa e virtualmente inevitável, é agora, irregular. Quase não existe mais o que se chama de emprego seguro. Mesmo que você esteja construindo uma sólida reputação em uma empresa, a tendência atual para fusões e aquisições pode significar que terá de começar do zero quando o novo chefe chegar. As qualidades que eram apreciadas na primeira empresa podem, facilmente, ser encaradas como negativas sob o novo regime. "Carl trabalhou aqui por anos e é um empregado leal e valoroso" pode soar, simplesmente, como "uma pessoa vagarosa que será resistente às mudanças".

Qualquer que seja a situação, é importante realçar sua visibilidade.

▶ Gerenciamento de mudanças

A cultura mudança está aí para ficar. As duas maiores revoluções culturais no trabalho foram o sistema de escritórios sem divisórias e a introdução da Tecnologia da Informação (TI). Ambos geraram mudanças significativas em nossos estilos de comunicação. Ao mesmo tempo em que nos tornamos permanentemente visíveis através da primeira, a última corroeu nossas habilidades verbais, com os funcionários geralmente preferindo comunicações via e-mail e fax a ter de se encontrar pessoalmente.

Em muitas empresas, a comunicação verbal foi reduzida ao nível dos jargões, clichês de negócios, psicologismo e conversas banais pelo computador. Nos últimos anos, vimos a introdução da cultura do dinamismo, da não-responsabilidade, do erro zero, do acerte de primeira e do foco no consumidor. Mas poucas pessoas ainda acreditam nessa espécie de tagarelice ensaiada. Precisamos de uma forma de comunicação mais significativa.

Além disso, apesar das comoventes declarações em contrário, ainda se espera que os funcionários vivam para o trabalho. Na verdade, a vida dos negócios fez grandes e enormes avanços sobre a vida familiar e o lazer, com a introdução de celulares, laptops e opções de se trabalhar em casa. Portanto, você não apenas tem de vender a si mesmo no local de trabalho, como fazê-lo com mais freqüência do que anteriormente.

O contato humano

Desde o aparecimento da recente tendência das empresas de reduzir suas equipes ao máximo em selvagens ações de reestruturação, a ênfase tem sido em aprimorar produtos e serviços, para serem competitivps em um mercado global. O contato humano passou a ser considerado fora de moda. As pessoas preferem fazer negócios por meio das máquinas: compras, transações com os bancos e, até mesmo, encontrar parceiros e amigos via Internet.

Entretanto, quando os produtos e preços começam a não ficar claros, é a pessoa que tem de fazer a venda. Gostamos de personalidades, por mais imperfeitas que sejam. Em nossa busca pela pessoa atrás do produto, conseguimos transformar em heróis até mesmo as estrelas corriqueiras da música ou do esporte, ou os discretos membros da família real. Desse modo, em vez de se esconder por trás das novas tecnologias, as equipes estão cada vez mais sendo forçadas a sair de seu local de trabalho e a ocupar uma posição central no palco, para causar uma boa impressão tanto interna quanto externamente. Goste disso ou não, você ainda é a mercadoria mais valiosa no sucesso comercial de sua empresa.

Para ser totalmente bem-sucedido, você tem de vender a si mesmo.

Terá de fazer isso por conta própria. Não espere que os outros façam essa autopromoção por você. Seus colegas de trabalho dificilmente lhe farão elogios, porque eles também estão competindo. Os chefes, ao serem promovidos, tendem a guardar para si mesmos as boas avaliações que têm sobre os membros da equipe. Você pode acabar sendo o segredo mais bem guardado de sua empresa. É isso o que quer para sua carreira?

▸ O desafio da mudança

Antes de começar sua campanha de autopromoção você deve estar atento a três pontos básicos:

1. Você está olhando para o lado errado

Você faz suposições sobre sua aparência e a maneira pela qual é percebido com base:

- no modo como se sente em relação ao seu corpo;
- nos comentários que outras pessoas fizeram sobre sua aparência ao longo dos anos;
- em algumas fotos tiradas nas férias;

- na imagem que você vê refletida todas as manhãs em um pequeno espelho no banheiro.

Tudo isso só contribui para um fato: você está enganado a respeito da própria aparência.

2. Você precisa se concentrar no que deve fazer, e não no que não deve fazer

Dizer a si mesmo o que *não* deve fazer nunca funciona (somente no sentido inverso), especialmente quando você está se exercitando para se ver livre de maus hábitos de linguagem corporal. Concentrar-se em *não* colocar as mãos dentro dos bolsos em uma palestra de negócios somente vai fazer com que você repita o gesto ainda mais. O subconsciente elimina a palavra "não" de comandos que recebe da mente consciente, e tudo o que ela ouve é a palavra de estímulo. Então, "não mexa os dedos com pequenos movimentos nervosos!" torna-se uma sugestão para fazer exatamente isso. Ao contrário, diga a si mesmo o que você realmente *quer* fazer e como você *quer* ser visto.

3. É doloroso

A mudança pode ser um processo doloroso. Se você não acredita em mim, tente fazer o seguinte teste. Da próxima vez que estiver conversando animadamente com uma pessoa em um evento social, tente lhe dizer que você está estudando linguagem corporal. Então, dê um passo atrás e observe-a se contorcer. Ser monitorado é o suficiente para fazer com que a maioria das pessoas se sinta desconfortável, e encarar fixamente alguém pode até gerar violência. "Está olhando o quê?" já deu início a inúmeras brigas provocadas pelo álcool.

A auto-observação é diferente. Se alguém estiver olhando para você, é possível, pelo menos, fugir do seu campo de visão, mas monitorar a própria imagem significa que há poucos lugares para se esconder.

Zonas de conforto

Todos nós gostamos de fazer coisas nas quais sabemos ter um bom desempenho. Isso significa que costumamos ficar boa parte de nossas vidas dentro de uma zona de conforto, fazendo o que sabemos que podemos fazer. Isso é o que se chama de confiança, mas algumas pessoas podem, também, chamar de uma existência aborrecida que entorpece os sentidos.

Emergir dessa zona de habilidades já conhecidas significa que você começará a sentir a flexibilidade. Como isso acontece? A título de experiência, tente cruzar os braços ao contrário. Como se sente? Estranho? O que mais tem vontade de fazer em seguida? Cruzá-los novamente para a posição inicial para se sentir confortável outra vez?

Os seres humanos não são idiotas. Quando algo nos deixa desconfortáveis, voltamos lentamente para nossa toca. Evitamos o desconforto a todo o custo. Excetuando-se os exploradores do Pólo Norte e aquelas pessoas que se oferecem como voluntárias para cursos de saltos ao ar livre, é assim que funciona. Mas para o restante de nós, um bar aconchegante *versus* uma jangada feita de garrafas plásticas de refrigerante em um rio congelante é um embate um tanto sem sentido.

Cruzar os braços de maneira incomum pode não ser o grande objetivo de sua vida, mas você pode ter a minha palavra que, com obstinação, seu corpo aprenderia a nova maneira de cruzar os braços em, aproximadamente, oito semanas. Esse é mais ou menos o tempo que levamos para aprender um novo hábito ou nos desfazermos de um hábito antigo. O mesmo se aplica a alterações do paladar, como mudar sua preferência para chá sem açúcar. Doze xícaras são o suficiente.

Entretanto, esqueça a jangada feita de garrafas de plástico. O único desconforto pelo qual você vai ter que passar para aprimorar sua linguagem corporal é um pouco de inabilidade física. Um pouco de falta de jeito, talvez. Nada doloroso. Nada que ameace sua vida.

O caminho à sua frente

Eis aqui o espectro total da mudança de imagem e como você se sentirá ao longo do processo, apenas para não dizer que não o avisei de antemão:

A primeira etapa pela qual você passará ao mudar sua linguagem corporal é aquele estado de felicidade conhecido como"incompetência inconsciente. Esse é o estágio em que todas as outras pessoas têm consciência de seus hábitos irritantes e negativos, mas você está em uma feliz ignorância.

Então, uma outra pessoa lhe dá este livro de presente, ou você é forçado a se observar em um vídeo feito em seu local de trabalho. Essa experiência o impulsiona para a segunda etapa do caminho da autodescoberta e da aprendizagem, conhecida como incompetência consciente. Assustado, você jura que nunca mais vai mostrar seu rosto em público. Por esta razão, surge a primeira barreira dolorosa, induzida pela crueza da autodescoberta.

Nessa etapa, você terá que escolher entre uma das três opções:

1. Negar, alegando que o vídeo foi adulterado, ou que o livro está cheio de conversa fiada.
2. Tentar esquecer toda a experiência, e retornar para o estado de "ignorância é felicidade".
3. Trabalhar para aperfeiçoar sua linguagem corporal.

Adivinhe qual das opções é a mais difícil? E adivinhe qual delas será a mais recompensadora no fim das contas?

Depois de se decidir pela opção do aperfeiçoamento, o que acontece em seguida é que você tenta mudar o que está fazendo. Um aspecto cômico surgirá nessa etapa fundamental, mas não espere que seja você quem vai dar risada.

A supercorreção tende a ser a ordem do dia. Quando tentar mudar os movimentos espontâneos dos braços, você parecerá um pingüim engessado. O amplo sorriso se transforma em uma ameixa enrugada e o hesitante contato visual é trocado por um olhar arregalado. Esse tipo de supercorreção é conhecido como "*pinball*": na tentativa de se corrigir, você dará uma guinada de um extremo ao outro.

Isso, é claro, é muito doloroso. Os gestos e expressões parecem alienados. Eles ainda não são parte da coreografia normal do seu corpo. Você se sente como um nabo oferecido como prêmio e, provavelmente, estará se parecendo com um. Seria mais fácil desistir, mas também seria uma pena. Você já veio longe demais para voltar. A próxima etapa está apenas um sussurro à frente.

Essa etapa é aquela que você terá menos facilidade de reconhecer. É quando a dor começa a regredir e uma linguagem corporal mais satisfatória se instala. É a competência inconsciente. Você quase não irá reparar que ela aconteceu. Não perceber é parte do processo. E *vai* acontecer. O corpo, simplesmente, assumirá a responsabilidade e fará o resto por você. Você praticou por tanto tempo que as respostas surgirão automaticamente e, por esta razão, isso recebe o nome de memória muscular. Os gestos e expressões positivos foram absorvidos pela sua rotina normal e, subitamente, você não se sente mais tão idiota ou autoconsciente em relação a eles.

Olhando para o próprio umbigo

Um exercício rápido antes de partir para a ação; uma pequena, mas necessária, dica sobre auto-avaliação. Pegue uma folha de papel e uma caneta. Responda, agora, às três perguntas seguintes.

1. Descreva sua imagem atual nos negócios. Como você acha que é percebido? Como os seus colegas/chefes/funcionários/clientes o descreveriam?

2. Como você *gostaria* de ser percebido? Qual é a sua imagem ideal?

3. Agora, avalie sua auto-imagem. Descreva seus sentimentos durante o dia de trabalho. Você é confiante? Descontraído? Paranóico? Aborrecido? Motivado? Estressado?

Pode não ter sido fácil, mas este exercício básico é um passo vital para o auto-aperfeiçoamento. Você tem que estudar o material bruto para saber com o que está trabalhando. Essa é a etapa na qual você tira a massinha do pacote e a examina antes de lhe dar alguma forma. Qual é a sua cor? Sob que forma ela se apresenta? Como é a sensação de manuseá-la? O que ela gostaria de ser? Modele-a um pouco. Agora, prepare-se para arregaçar as mangas e trabalhar duro. Você estará moldando um novo e bem-sucedido eu.

▸ O teste da imagem

Sair por aí remendando a sua imagem nos negócios pode gerar entretanto, sinais incongruentes. É aqui que o aspecto geral não convence. Você pode, por exemplo, escolher disfarçar suas inseguranças internas ou seu nervosismo com uma exibição exterior de confiança, ou tentar se mostrar amigável em relação a um cliente que preferiria ver morrendo, lenta e dolorosamente. Esse disfarce é uma parte essencial do comportamento no local de trabalho. Mas, se parecer falso, as pessoas assumirão que lhe falta integridade, e não confiarão em você de maneira alguma.

Se você estiver usando um disfarce para trabalhar, precisará enganar todas as pessoas o tempo todo, incluindo, possivelmente, você mesmo. Se não, parecerá um impostor. A falsidade confunde as pessoas e atua como um elemento de desestímulo. Almejamos tanto a honestidade que preferimos fazer negócio com um indivíduo que é assumidamente trapaceiro do que com alguém que parece ter algo a esconder.

Então, o que poderá produzir essa imagem incongruente?

- Você escolhe os objetivos errados, procurando ser alguém que não é e nunca será, mesmo se o vento estiver soprando a seu favor.
- Você luta contra suas próprias forças visuais e/ou de comportamento, enxergando-as, de alguma forma, como fraquezas.

O que você deve objetivar em sua linguagem corporal nos negócios é a criação de suas próprias forças e a eliminação de qualquer fraqueza. Para fazer isso, precisará entender uma simples estratégia de marketing: sempre conheça os pontos de distribuição e venda (PDVs) do produto que você está tentando vender, neste caso, você mesmo.

Então, quais são as suas forças? Em que você é bom? Por que as pessoas gostam de você? Faça uma lista das suas qualidades. Seja objetivo quanto a elas. Por que você daria emprego a uma pessoa como você? Por que se escolheria como um amigo?

O que você quer mudar? Para mudar a imagem, precisa dedicar-se a esses quatro pontos:

1. Produto

Esse produto precisa de alguma modificação antes de ser relançado? Você precisará fazer algum trabalho interno de confiança e auto-estima? Você é muito negativo? O maior inimigo que terá, ao lidar com qualquer espécie de auto-aperfeiçoamento, é você mesmo.

2. Processo

Como você se promove? Você entende os seus sucessos e seus objetivos? Seu comportamento está adequado para alcançar essas metas?

3. Posicionamento

Você está no lugar certo agora? Qual é o mercado para o qual está se vendendo? Quem são seus concorrentes? Você está adaptando sua imagem para atender o público correto?

4. Embalagem

Como você está se apresentando? Como os outros percebem sua personalidade exterior? Lembre-se que a má interpretação de suas forças e fraquezas, atuais ou planejadas, colocarão por água abaixo qualquer plano de aperfeiçoamento.

PDVs

Todos têm seus pontos de venda. Estude qualquer pessoa famosa e conseguirá descobrir quais são esses pontos e que partes de sua imagem funcionam ou não. A ocasião faz o homem. Ou a mulher. Ou, pelo menos, a imagem. Cultivar seus próprios PDVs fará com que você alcance, da mesma forma, uma maior participação pública e nos negócios.

Entretanto, não é sempre tão simples quanto pode parecer. Você pode supor que a honestidade é considerada apenas como uma qualidade a mais, particularmente no que diz respeito à imagem de um político. Todos nós dormimos melhor se sabemos que nosso governante é uma pessoa íntegra. Como a honestidade deveria funcionar, então? Deveria significar vestir-se como desejar, em vez de ter de agradar alguém. E, ainda assim, foi o fator de honestidade da imagem de Michael Foot – seu cabelo rebelde e ondulado e suas roupas casuais – que provocaram um grande estrago na sua carreira como provável primeiro-ministro do Reino Unido. As suposições aparentemente lógicas podem se mostrar inequivocamente erradas, especialmente em se tratando de autopromoção.

O seu nível de ambição também exercerá influência. Os britânicos, por exemplo, amam as "personalidades" excêntricas do Parlamento, como Dennis Skinner e, mais recentemente, Alan Clarke, mas preferem mantê-las fora dos altos cargos mais. Nos negócios ao redor do mundo, a imagem do representante da empresa pode ser extravagante, mas unicamente se estiver de acordo com a imagem do produto. A imagem de Bill Gates como um nerd é compatível para vender computadores, assim como a aparência hippie de Ben & Jerry para vender sorvetes com sabores exóticos. Anita Roddick identifica-se com produtos naturais de beleza, enquanto o saudável exagero de Versace era a atitude ideal para um império de moda. Planeje até aonde quer ir, e ajuste seus objetivos de imagem apropriadamente. Há mais detalhes sobre esse assunto no Capítulo 5. Por enquanto, lembre-se de que as quatro melhores maneiras para arruinar sua própria imagem de sucesso são:

1. Mudar sua imagem sem ter clareza de seus objetivos.
2. Não conseguir reconhecer seus PDVs.
3. Considerar aspectos negativos de sua personalidade como forças.
4. Usar as qualidades negativas dos outros como modelo de comportamento, considerando que elas são a causa fundamental de seu sucesso.

Relações públicas

Os profissionais de relações públicas são geralmente bastante modernos, mas também podem ser muito normativos em suas prescrições. Alguns usam uma abordagem "pesticida", aconselhando inteligência, confiança e agilidade para qualquer um que tenha a falta de sorte de passar por suas mãos. A questão crucial da linguagem corporal, entretanto, é que há poucas coisas certas e erradas. Grande parte dos sucessos ou fracassos dependem de fatores como administração do tempo, preferências e tendências de moda, quem apareceu, falou ou fez o serviço antes e de uma dose ainda mais intangível de sedução, carisma e simpatia. Então, ignore as estatísticas de imagem ou as fórmulas banais para o sucesso. Na verdade, fuja de todas as fórmulas, como se fossem uma epidemia.

Quando Richard Branson tirou proveito de sua imagem não-conformista, com sua barba e pulôver, muitos de nós achamos, preguiçosamente, que bastaria se vestir de modo casual e parar de se barbear para fazer fortuna da noite para o dia. E, ainda assim, uma pesada expressão de melancolia fez com que Nixon fracassasse em sua primeira investida para assumir a Casa Branca. Ken Livingstone tirou a barba para se tornar prefeito de Londres. Frank Dobson não fez isso. Então, o pêlo facial funciona ou não? A barba é, normalmente, vista como uma imagem pouco afeita aos negócios, e, geralmente, é desaprovada na política. Mas Branson sempre se mostrou independente, como uma espécie de pirata, e sua barba faz com que ele se pareça com Sir Walter Raleigh. Dessa forma, está adequada. Nunca se baseie em avaliações simplistas.

Muitos homens aparecem nos meus cursos usando uma gravata com mensagem, entendendo-se mensagem, geralmente, como o seu desejo de vestir algo parecido com o que Homer Simpson usa em torno do pescoço. Não é engraçado nem engenhoso, e sempre procuro dizer isso imediatamente, para que possamos superar o terrível mal-estar que se instaura quando há divergências sobre gostos pessoais, e, então, seguir em frente. Alguns, entretanto, decidem lutar contra a situação constrangedora. "Sir John Harvey-Jones usa uma gravata parecida", é uma resposta comum.

Essa é a minha resposta e quero que você se lembre dela: "Sir John Harvey-Jones é um homem de negócios bastante sábio e experiente. Sua reputação foi construída antes de sua gravata. Ele pode usar tudo o que quiser."

Os outros, como nós, têm que fazer um pouco mais de esforço. Ainda não chegamos lá.

▸ Desenhando sua imagem atual

Então, por onde iniciaremos? Quando empresas de marketing começam a trabalhar com um produto, geralmente empregam palavras específicas que se refiram a ele. Você pode fazer o mesmo. Faça uma lista das suas qualidades pessoais. O que você faz bem? Como supera as dificuldades? A lista deve ser extensa.

Depois de analisar sua personalidade, você precisará dar uma olhada em sua imagem atual. Fique em frente a um espelho de grandes dimensões, com uma boa iluminação. Feche os olhos e esvazie sua mente de todas as percepções subjetivas e pessoais de sua imagem. Há partes do seu corpo que você adora e partes que detesta. Há algumas partes com as quais você pode até ser um tanto obsessivo, como zonas de celulite ou gordura, pés muito grandes ou um nariz de dimensões generosas. Quando se olha no espelho, são essas partes que você enxerga, em vez da imagem como um todo. Elas ficam fora de proporção, devido ao seu estímulo emocional. O que você deve fazer agora é devolvê-las ao seu lugar de devida importância. Caso contrário, o que você estará vendo será algo como uma caricatura pessoal, um exagero visual.

A próxima coisa que precisará fazer enquanto estiver de olhos fechados é ficar em uma pose que seja familiar para outras pessoas. Para se colocar nessa pose, você terá de confiar em sua memória muscular. Em frente a um espelho, haverá a tendência de se forçar a assumir uma postura da qual você, provavelmente, goste, em vez de uma que seja familiar aos seus colegas de trabalho. É melhor deixar a vaidade totalmente fora de cena nessa altura do jogo.

Deixe seu rosto em sua expressão habitual e faça o mesmo quanto à postura. Não tente agradar a si mesmo, apenas faça o que lhe parecer normal.

Abra os olhos. E não mude nada, mesmo se a sua primeira reação for de um horror absoluto e uma depressão quase patológica.

Observe-se sem se mexer por um longo tempo. Insista, continue se observando. Não se acovarde e ignore todo o resto.

Se você olhar para o próprio reflexo pelo tempo suficiente, chegará ao ponto em que algo de estranho vai acontecer. A pessoa refletida não será mais o corpo que seu cérebro percebe. Você poderá olhar sem preconceitos. Tente, isso funciona.

Depois de atingir esse estágio, você estará pronto para fazer um levantamento. Faça as seguintes perguntas a si mesmo:

1. Protetor de tela

A expressão "protetor de tela" refere-se a imagem que você usa no intervalo entre suas aparições sociais mais planejadas. Pergunte-se:

- Como é o meu rosto quando está em repouso? Se ele fosse uma camiseta com uma frase escrita, qual seria ela? "Olá, seja bem-vindo"? "Estou feliz por estar vivo"? ou "Vá embora, quero ficar sozinho"?
- Pareço confiante ou tenho uma expressão mal-assombrada, tão comum no mundo dos negócios? Eu confiaria em mim mesmo se me visse sentado do outro lado da mesa? Gostaria de conversar comigo em uma festa? Gostaria de fechar algum negócio comigo se me visse entrando em meu escritório?

- Meu olhar mostra confiança, arrogância ou uma aceitação passiva? Estou parecendo um resmungão inveterado? Há sinais de paixão ou divertimento nesse olhar? Ou ele é inexpressivo e hipnotizado, como um coelho sendo surpreendido pelos faróis de um carro?

2. Postura

Resuma a mensagem de sua postura. Você fica altivo e ereto, ou parece inclinado e prostrado? Se lhe pedissem para assinalar os pontos de energia de seu corpo, onde você os apontaria – em volta da cabeça, nos ombros, na pélvis ou nos pés? Seu corpo parece se enfiar na terra como uma marionete cujas cordas foram cortadas, ou sua vitalidade parece brotar de seus ombros e pescoço?

Perceber de onde vem a energia de seu corpo é importante para avaliar sua imagem nos negócios e o impacto que ela causa. Trataremos do tema de correção de posturas mais adiante, e, portanto, sua auto-avaliação nesta etapa é fundamental. Estude os desenhos de postura de números 1 a 4 (*na página seguinte*) e veja qual delas se parece mais com a sua.

3. Ombros

Como seus ombros se posicionam quando estão em repouso? Você costuma mantê-los elevados ou para baixo? Há uma tensão visível ou eles parecem soltos e relaxados? Os seus braços ficam muito rígidos ao longo de seu corpo? Você costuma parar com as mãos na cintura, liberando os braços completamente? Observe-se de lado. Seus ombros estão retos, tombados ou curvados? Observe os desenhos de 1 a 4 (*veja na página* 32) e, então, observe-se no espelho.

4. Pés

De que forma seus pés se posicionam quando você está em uma posição estática? Os dedões apontam para dentro ou para fora? Qual é a distância entre um e outro?

Postura

1

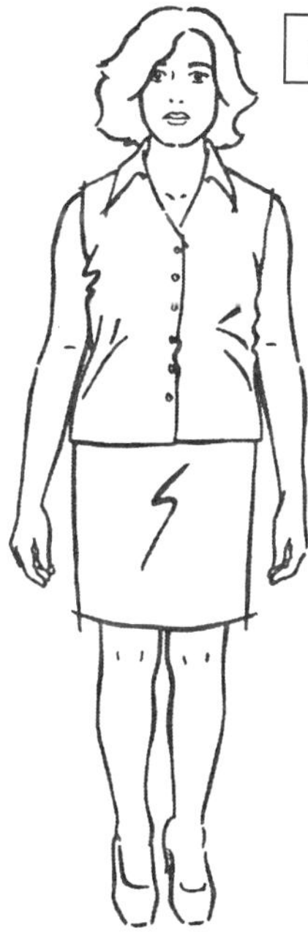

Curvada

2

Passiva

3

Enérgica

4

Arrogante

Ombros

1

Elevados

2

Relaxados

3

Rígidos

4

Mãos na cintura

Para onde você os move quando quer alterar seu equilíbrio? Se precisar de esclarecimento, pegue um par de sapatos e estude a forma como os saltos estão gastos. Isso deve lhe fornecer algumas pistas. Você pisa com a parte de dentro ou com a parte de fora de seus pés?

5. Braços e mãos

A memória muscular costuma nos desapontar muito quando tentamos colocar nossos braços em uma posição familiar, portanto, faça simplesmente o que lhe parecer o mais natural possível. Seus braços ficam normalmente cruzados ou estendidos ao longo do corpo? Você junta as mãos? Em caso positivo, de que maneira você as segura?

Fazendo um mapa de si mesmo

Tente fazer um desenho do que você vê no espelho. Esse será o seu Mapa de Imagem. Não há necessidade de ser algo artístico, tudo o que você quer é um mapa de ângulos e formas. A boca não precisa se parecer com a sua, por exemplo, mas os traços gerais devem estar, de um modo geral, corretos. Enquanto estiver desenhando, anote também dados sobre o formato de seu corpo. Qual é a largura de seus ombros comparada à de seus quadris? Qual é o tamanho da sua cabeça/tronco/pernas, comparados ao resto de seu corpo? Qual é a sua altura e largura? Suas mãos ou pés parecem muito grandes? Seu pescoço é muito comprido?

Tome nota dessas proporções enquanto seu corpo ainda estiver na pose da memória muscular. Não corrija a sua postura ou conserte áreas problemáticas. O que você está tentando mapear é sua imagem normal, não a desejável.

Não há necessidade de começar a ser crítico ou analítico com seu Mapa de Imagem nesta etapa. Não faça julgamentos. Lembre-se apenas que esse mapa é um instrumento fundamental para o sucesso de sua linguagem corporal.

Impacto

Gostaria que, nesta etapa, você atribuísse uma nota a essa pessoa que acaba de estudar em termos de impacto. Guie-se pela sua avaliação visual por enquanto, e atribua pontos até dez, com o zero correspondendo a desprezível e o dez correspondendo a notável e carismático.

Se você escolheu notável, foi por razões positivas ou negativas? Pela expressão inteligente de seu rosto ou pelo olhar sinistro?

Nessa pesquisa inicial, você poderá contar com a ajuda de algum amigo. O que você precisa é de alguma avaliação externa. Um feedback imparcial é difícil de encontrar, mas o que você pode conseguir são alguns registros de sua aparência de protetor de tela. Peça para tirarem algumas fotos suas, quando você não estiver posando. Esqueça o sorriso usual para a câmera, olhe somente para as lentes como se fosse um estranho olhando para você em silêncio. Tire algumas fotos de rosto, depois outras até a cintura e, finalmente, de corpo inteiro, incluindo planos laterais e de costas. Quando já estiver com elas, coloque-as próximo ao mapa que você desenhou. Essa será a realidade atual, a massa bruta sobre a qual trabalharemos.

Não importa se você não gosta do que vê, porque ainda não começamos a trabalhar. Isso pode significar algo bom nesse estágio. As imagens atuais imperfeitas são sempre as mais engraçadas, porque elas oferecem o máximo de oportunidades para aperfeiçoamento. Pense um pouco: se você estivesse oferecendo consultoria para melhoria de imagem, com quem gostaria mais de trabalhar para demonstrar seu talento, Alice Cooper ou Mel Gibson? Se você se olhar no espelho e vir alguém mais parecido com a Alice que com o Mel, então não se preocupe, o potencial para melhorar é impressionante.

Doces hábitos?

Quando disse que há poucas coisas erradas na construção da imagem, não quis dizer que elas não existem em absoluto. Há, é claro, algumas peculiaridades da linguagem corporal que até mesmo o profissional de relações públicas mais dinâmico encararia como um grande desafio converter em um ponto de vendas. Veja a seguir gestos que você faz, mas provavelmente com pouca consciência. Ou talvez esteja ciente deles, os considere divertidos e, até mesmo, doces. Na melhor das hipóteses, eles estão incomodando seus colegas e, na pior, causando-lhes aversão. E, mesmo assim, são características comuns na vida dos negócios.

Evite a seguinte linguagem corporal – ela nunca lhe propiciará as características de um vencedor:

- Gestos para cuidar da própria aparência, como inspecionar unhas, orelhas, dentes e nariz.
- Passear em roupas íntimas.
- Estalar os dedos.
- Mexer nas partes íntimas.
- Fungar.
- Tossir nervosamente.
- Dar pancadinhas com os dedos ou tamborilar persistentemente.
- Assobiar baixinho.
- Balançar jóias e bijuterias.
- Ranger os dentes.
- Desenhar aspas no ar, para indicar que está fazendo uma citação.
- Comer de boca aberta desesperadamente.

Há muito mais, porém tenho certeza que você poderá completar a lista sozinho.

▸ Em flagrante delito

A próxima etapa da auto-avaliação precisa de mais elementos visuais, dessa vez com você em ação. Você precisará do maior número possível de gravações suas em vídeo enquanto estiver no trabalho. Esse festival visual é fundamental. Você precisa se observar da mesma forma que os outros o observam, com todas as suas deficiências.

Conseguir uma gravação em vídeo é relativamente fácil. A maior parte dos cursos de treinamento oferecem-na após os *role-plays*, ou pode-se pedir a algum colega que o filme enquanto estiver trabalhando. Talvez você consiga que a firma de segurança de sua empresa lhe empreste alguma gravação das câmeras de vigilância interna, que, ultimamente, parecem ser inevitáveis na maior parte das grandes empresas.

Quando você se observar em ação, use o mesmo truque quando da observação da sua imagem no espelho, e finja que está vendo alguém que não conhece. Isso deverá ser fácil, já que, de qualquer maneira, costumamos não reconhecer nossa própria imagem captada em circuitos fechados de televisão, fantasiando quem poderá ser aquela pessoa com cara desconcertada nos registros monitorados, por uns três ou quatro minutos antes de descobrir sua semelhança com o rosto que nos olha no espelho do banheiro todas as manhãs.

Estude a imagem na tela várias vezes (pelo menos dez). Assista pelo menos uma vez sem som. Assista pelo menos uma vez com o som no volume máximo. Assista pelo menos três vezes no modo acelerado, para estudar os padrões de deslocamento. Assista sem preconceito. Não imagine as correções nem se preocupe com as reações emocionais. Não pense no futuro, imaginando como você poderá mudar. Julgue apenas o que está vendo na tela agora, e, então, responda o seguinte questionário:

1. Se você tivesse visto essa pessoa fazendo uma palestra de negócios em sua empresa, como a teria avaliado (seu status, profundidade de conhecimentos, personalidade etc.)?

2. Ela parecia querer dizer o que estava dizendo, ou seus gestos, tom e/ou expressão não condiziam com suas palavras?
3. Em uma escala de 1 a 10, como você avaliaria sua presença, carisma e impacto?
4. Ela parecia assertiva?
5. Descreva sua postura.
6. Descreva os gestos que ela faz com as mãos.
7. Descreva a variedade de suas expressões faciais.
8. Avalie o seu nível de contato visual.
9. Descreva outro movimento qualquer, como o ritmo da caminhada ou os movimentos para trás e para a frente.
10. Use três palavras para descrever a pessoa que você observou.

Do que você viu, o que funciona? O que não funciona? O que seria necessário para que todos "comprassem" essa pessoa?

Neste momento, você já deve estar preparado para estabelecer algumas metas. Quais são seus objetivos visuais e quais são as variáveis específicas? Que margens de flexibilidade você pretende usar no trabalho?

Disfarce de borracha: variáveis situacionais

Decidir-se por apenas alguns objetivos de imagem, é claro, pode ser perigoso. Situações diferentes exigem táticas diferentes. Portanto, você precisará de um certo grau de flexibilidade de imagem ao planejar sua linguagem corporal. Você pode decidir ser percebido como uma pessoa bobinha, bonitinha e divertida, mas talvez alguns clientes prefiram uma abordagem mais formal. Você pode demonstrar autoridade no escritório, mas haverão ocasiões em que preferirá ser mais um na multidão.

Essas táticas camaleônicas são adequadas aos negócios. Na verdade, você vai perceber que as está empregando o tempo todo, a menos que seja um negociante do tipo "me leve como me encontrar", mas, nesse caso, você provavelmente não teria chegado a essa parte do livro.

Pense grande ao planejar o seu novo eu. Permita-se um raio de alcance com todas as qualidades positivas, enquanto descarta por completo as negativas. Esteja preparado para estudar e adaptar seu estilo.

Pontos-chave, em poucas palavras

- Entenda o seu ponto de vendas.
- Estude-se no espelho e no vídeo.
- Observe-se de fora para dentro.
- Conheça seus objetivos.
- Esteja preparado para ser flexível.

Capítulo 2

O que é carisma e como tê-lo

TALVEZ VOCÊ ESTIVESSE imaginando que iríamos começar com pequenos passos de auto-aperfeiçoamento sobre como estimular seu contato visual ou mostrar-lhe como parar de mexer as mãos. Mas este é o momento adequado para começar com o panorama geral e focar nos objetivos maiores de imagem, como o carisma. Carisma é uma grande palavra e um excelente objetivo. Só o fato de imaginar-se como uma pessoa carismática já poderá fazer com que você pareça e se sinta melhor.

Fique novamente em frente ao espelho grande. Articule a palavra "carisma" com sua língua e, então, diga em alto e bom som: "Sou uma pessoa carismática. Pareço ótimo e me sinto assim". Seu corpo já deverá apresentar respostas imediatas.

Não? Mas aposto que você ficou um pouco mais ereto, pelo menos.

▸ O que é carisma?

Há três fatos estranhos e maravilhosos sobre o carisma:

1. Todos gostaríamos de tê-lo.
2. A maior parte das pessoas acredita que é preciso nascer com ele.
3. Quando pressionados, não sabemos defini-lo.

Ainda assim, continua sendo uma grande palavra e um conceito fascinante.

Para gerar carisma que signifique sedução sem bajulação ou arrogância, em primeiro lugar você precisará se sentir bem consigo mesmo. É por isso que este capítulo se concentrará em técnicas para melhorar sua auto-estima.

Abra o seu Mapa de Imagem e estude a realidade atual mais uma vez. Quanto falta para que a pessoa que você vê seja carismática?

Pense na sua época de colégio. Toda escola, não importa o quão implacável e assustadora, sempre elege pelo menos um aluno carismático, alguém universalmente admirado e/ou elogiado, bom nos esportes e inteligente sem ser um nerd. As crianças menores o adoram. Os professores também gostam dele.

Ainda que você não possuísse todas essas qualidades, nunca é tarde para começar a ter carisma. Não é verdade dizer que se deve nascer com ele. Geralmente, começa-se a adquirir carisma à medida que nos tornamos adultos.

Esta seria uma breve lista de algumas qualidades de um indivíduo carismático:

- Calmo, mas enérgico.
- Confiante.
- Uma boa postura.
- Olhar e expressão facial vívidos.
- Habilidade de ouvir com atenção.

Os carismáticos também podem ser bastante bonitos, mas uma beleza excessiva pode, facilmente, ser acompanhada de estupidez.

As pessoas que já morreram estão, geralmente, mais propensas a se tornar carismáticas do que aquelas que ainda estão vivas, porque, nesse caso, lida-se somente com a reputação, isto é, elas não estão presentes para arriscar a própria imagem com lapsos não-carismáticos. Esquecemos de como elas se comportavam na vida real e vemos apenas as fotos e as imagens de cinema. Contam-se histórias que fazem com que essas pessoas se tornem maiores do que realmente foram. Começa-se a classificá-las. John F. Kennedy, Marilyn Monroe, Greta Garbo, James Dean, Jackie Onassis, Che Guevara, Eva Peron – em todas elas, o carisma pode ter estado presente durante a vida, mas foi a morte que selou seu destino como uma qualidade inexorável.

▸ Um guia de iniciação ao carisma

Felizmente, você não precisará morrer para se tornar carismático. Pense grande, mas comece com pequenas e sutis etapas de aperfeiçoamento:

1. Mude o modo de caminhar

Ande com uma postura ereta. Ande suave e rapidamente. Mantenha a cabeça erguida, em vez de olhar para o chão.

2. Não carregue muitas coisas

Nada do que você usar ou carregar poderá impedir sua postura ou seus gestos. Não se prenda a nada e não seja derrubado tão facilmente. Os membros da família real sempre têm porte, e eles raramente levam mais do que algumas libras no bolso muito menos levam um laptop, 12 canetas esferográficas, um frasco de gel para o cabelo, seis lenços de papel velhos e um iogurte.

3. Revele sua expressão facial

Esqueça esse ar circunspecto e carrancudo de protetor de tela, que parece surgir em meio a expressões mais agradáveis. As pessoas carismáticas nunca usam uma expressão protetor de tela, e, na verdade, acredito que elas nem a possuam em seu repertório. Você também não deveria tê-la. Pode desfranzir seu rosto com o seguinte exercício:

Exercício

Imagine que um pequeno ferro de passar roupas está percorrendo seus músculos faciais, descontraindo-os. Alongue-os um pouco. Rearranje-os para que se tornem algo inteiramente agradável e relaxado. Concentre-se na palavra "radiante". Pense em Nelson Mandela - sua expressão é de um brilho quase permanente.

O bom disso tudo é que trata-se de algo contagiante. As pessoas à sua volta também vão começar a descontrair seus rostos. Na verdade, os carismáticos conseguem, quase sempre, fazer as pessoas sorrirem. Você nunca conseguirá fazer isso usando a sua expressão de protetor de tela.

4. Pare de se lamentar

A lamentação é para o carisma o que o gelo foi para o *Titanic*. A lamentação não vem apenas da sua boca, mas extravasa por todos os poros, expressões e gestos. É o grande desestimulador da história da comunicação. As pessoas carismáticas são interlocutores fascinantes e a lamentação não faz parte de seu estilo.

5. Escuta aeróbica

Falar não é um requisito básico da pessoa carismática. No passado, muitas delas eram estrelas do cinema mudo, ou pessoas cujas vozes o público raramente ouvia. O que elas possuem, no entanto, é a habilidade de saber ouvir. Elas se adaptam aos outros e fazem com que eles se sintam especiais ou importantes. Então, mostre que você está ouvindo. Use o contato visual, faça movimentos de concordância com a cabeça e dê outras respostas visuais para o que a pessoa estiver dizendo, e fique frente a frente com ela, tanto no que se refere ao seu rosto quanto ao seu corpo.

6. Confiança

As pessoas carismáticas parecem confortáveis consigo mesmas. Elas nunca são percebidas como seres cabisbaixos, ou que não gostam do modo como são ou que desaprovam sua própria aparência. Sua confiança nunca se transforma em arrogância. Contudo, a timidez pode funcionar. A princesa Diana conseguia administrar uma aparente timidez com carisma, enquanto Hugh Grant se distingue por seu acanhamento.

Algumas pessoas podem até ligar e desligar o carisma. Os atores podem ligá-lo no palco e serem insignificantes fora dele. Marilyn Monroe dizia que seu modo especial de andar acendia-lhe o próprio carisma, e que, quando não andava daquela forma, as pessoas geralmente a ignoravam nas ruas.

7. Integridade

A integridade parte do arsenal carismático. Mesmo quando essa condição é ligada e desligada como uma lâmpada, ela ainda parece emitir raios de luz de seu interior, sem parecer falsa. É assim que se constrói a integridade e a afinidade.

Isso me faz lembrar do fator de congruência. Quando sua linguagem corporal, suas palavras e seu tom de voz estão em sintonia, as pessoas acreditam na mensagem transmitida. Quando esses três elementos estão em desacordo, a falsidade aparente mostrará suas terríveis garras.

8. Auto-afinidade

Se quiser que sua comunicação interpessoal funcione, é preciso adquirir uma auto-afinidade, especialmente quando estiver usando um disfarce nos negócios. O atendimento ao cliente, em particular, vai ser o mais prejudicado, se o "tenha um bom dia!" parecer e/ou soar falso.

Um psicólogo chamado Mehrabian compilou dados estatísticos famosos sobre a comunicação eficaz. Ele afirmou que, em termos de percepção da mensagem em uma conversa face a face, a porcentagem era dividida da seguinte forma: palavras, 7%; tom de voz, 38%; sinais não-verbais, 55%.

As palavras são um fator de pouco impacto, porque em geral as pessoas não são muito interessadas em ouvir. Permitimos que o tédio, momentos de pouca atenção, suposições ou distrações desafiem nossa recepção da mensagem verbal. Na maior parte das vezes, iremos interromper, tentar reagir de várias formas, ou competir com a mensagem principal. Quando temos de ouvir por um longo período de tempo, como em uma palestra ou conferência, nossos cérebros dão uma passeada pelo quarteirão até que ouçamos algumas outras palavras capazes de despertar novamente nossa atenção.

As palavras oferecem uma mensagem, mas não necessariamente um significado. Tente dizer "o prédio está pegando fogo, saia correndo para se salvar" em um tom neutro de voz e veja quem se digna a se levantar de seu lugar.

As pessoas também costumam mentir com mais facilidade com as palavras, e é por isso que costumamos confiar mais em comunicações presenciais do que por telefone.

O tom de voz acrescenta uma dimensão ainda maior. Quando você começar a modular a voz, acrescentando alturas e variações, seus ouvintes começarão a entender o significado do que você quer dizer.

Entretanto, são os sinais não-verbais que ainda fazem a diferença no impacto. Lembramos por mais tempo daquilo que vemos do que daquilo que escutamos, e tendemos a considerar o que é comunicado visualmente como mais difícil de ser manipulado. Essa é outra razão pela qual deve-se fazer um estudo das suas próprias mensagens visuais.

▸ Dispersão e como evitá-la

A mentira na linguagem corporal é possível. Mas, com o tempo, os sinais incongruentes, como agitação ou dar batidinhas com os pés, ficarão para trás. Esses sinais são chamados de dispersão e é fácil perceber por quê.

Faça o seguinte teste. Sente-se com alguém que o conhece bem e conte-lhe três histórias sobre você, sendo duas verdadeiras e a outra uma mentira deslavada. Tente manter os mesmos sinais de linguagem corporal, o mesmo tom de voz e o mesmo estilo ao longo das três histórias.

Mesmo se tiver conseguido evitar a dispersão ao contar a história mentirosa, você terá sentido como isso demandou um esforço extra – e, geralmente, intenso. As chances de você ter reagido em excesso quando mentiu são grandes, substituindo a natural falta de contato visual por um olhar impassível e exagerando nos gestos abertos e com as palmas da mão para cima.

Imagino que você também tenha sido mais prolixo em seu esforço para convencer, e que também começou a usar termos como "honestamente".

Acabando com a dispersão

Como pode-se evitar esse tipo de dispersão? Como poderá mostrar-se confiante quando está nervoso ou demonstrar que está gostando de um emprego quando ele lhe parece incrivelmente chato? Como conseguirá gostar de um cliente que você detesta, ou admirar um chefe que você considera um perfeito idiota?

Você tem duas escolhas:

1. Mudar sua atitude interna.
2. Entrar numa escola de teatro.

Sugeriria que você começasse tentando mudar seus sentimentos.

Você pode começar com um rápido exercício para descobrir alguns padrões em sua auto-estima. Não existe pontuação, nem respostas certas ou erradas, então seja honesto. A idéia é estimular conclusões em sua própria mente.

Avaliação da auto-estima

1. Quando você se olha no espelho pela manhã, que pensamentos lhe vêm à mente?
2. Como você recebe um elogio?
   - Digo, "Obrigado, que ótimo".
   - Sinto-me envergonhado.
   - Elogio? Você deve estar brincando.
   - Tento pensar no que essa pessoa está querendo.
   - Imagino se ela não está, na verdade, tentando me dizer como as coisas estavam indo mal anteriormente.
3. Você aprecia ocasiões sociais em que tem que encontrar-se com pessoas desconhecidas?

4. Você gosta de ir à festas e eventos sozinho e conhecer outras pessoas?
5. Você prefere trabalhar como parte de uma equipe ou fica mais contente trabalhando sozinho?
6. Você se sentiria intimidado se tivesse que dividir o elevador com seu chefe? (Ou, se você é o chefe, com algum de seus gerentes?)
7. Você alguma vez se sente tímido no trabalho? Se a resposta for afirmativa, quando?
8. Se você tiver que conversar com um novo cliente pela primeira vez, preferiria fazê-lo por telefone ou pessoalmente?
9. Você costuma enviar e-mails quando seria mais fácil cruzar a sala e conversar com outra pessoa?
10. Você gosta de conversar no trabalho e é conhecido por isso?
11. Que tipo de comunicação nos negócios você acha mais difícil e por quê?
12. Você gosta de visitar uma nova empresa, ou a idéia lhe deixa nervoso?
13. Se você fosse chamado hoje para se encontrar com o chefe, acredita que isso seria uma boa ou má notícia?
14. Você se considera bom em comunicações interpessoais, como avaliações de *staff* e reuniões de equipe?
15. Você planeja anteriormente suas reuniões mais importantes de negócios, ou simplesmente segue o fluxo?
16. Você acha que os outros membros da equipe gostam de você?
17. Se você observar dois colegas cochichando algo sobre você, presume que estão falando algo positivo ou que estão fazendo alguma crítica? Se for a segunda opção, sobre o que acha que eles estão falando?
18. Que situações de trabalho o deixam mais nervoso?
19. Analise por que isso acontece. Faça uma lista das razões.
20. Ao se levantar para dar início a uma palestra de negócios, o que você acha que está se passando na mente da platéia?
21. Você se incomodaria de percorrer toda a extensão de um escritório sem divisórias, sabendo que as pessoas estarão olhando para você?
22. Você gosta de novos desafios no trabalho ou prefere se fixar em tarefas rotineiras?
23. Você busca elogios das outras pessoas para se sentir mais confiante quanto a suas habilidades no trabalho, ou tende a se auto-elogiar?

24. Com que freqüência critica a si mesmo, seu trabalho e a maneira que se apresenta aos seus colegas?
25. Você se sai bem ao assumir a palavra em reuniões?
26. Se você lida com um cliente em um contato face a face, vê-se levando suas obervações pelo lado pessoal e reagindo emocionalmente, como se elas fossem uma queixa?
27. Você usa frases como: "Sei que isso pode parecer idiota...", antes de fazer alguma observação no trabalho?
28. Você gosta de vender ou acha isso constrangedor?
29. Você acredita que tende a ser passivo no trabalho, aceitando suportar uma série de coisas, com o espírito de "tudo por uma vida tranqüila"?
30. Anote 20 razões pelas quais você se considera positivo para a sua empresa.

▸ Eu me amo, eu amo meu chefe

Aprender a amar seu chefe/colegas/clientes nem sempre pode ser uma opção. No entanto, construir a confiança e a auto-estima interna, sim. E quando elas começam a crescer, sua reação aos estímulos negativos – como chefes injustos e colegas temperamentais – fica mais fácil de ser mudada.

Talvez você não seja capaz de mudar o comportamento de outras pessoas ou certas circunstâncias de seu trabalho, mas deverá sempre manter um controle sobre as reações que eles lhe provocam. Nunca se permita ser contaminado pelo mau humor ou pelo mau comportamento dos outros. *Você* decide como deseja pensar e agir, não eles. Grosseria, mau humor e estresse não devem ser absorvidos. Você pode escolher não ser afetado.

Construa sua autoconfiança analisando as situações que a fazem enfraquecer. Talvez seja quando você encontra pessoas pela primeira vez, é chamado para se encontrar com o chefe, está lidando com um cliente difícil, tem de fazer uma pequena palestra em uma sessão de negócios ou dar uma palestra maior diante de um público grande. Qualquer uma ou todas essas situações podem gerar pânico. Portanto, você poderá evitá-las. Mas isso pode simplesmente significar que, com o tempo, você se torne pior no seu desempenho, em vez de se aprimorar.

A seqüência costuma ser a seguinte:

Estímulo: "Tenho uma palestra importante para fazer na próxima semana".

Resposta negativa: "Sou um péssimo palestrante".

Resposta emotiva: "Me sinto nervoso e ansioso".

Afirmação negativa: "Sei que vou me dar mal".

Para quebrar o ciclo do pensamento negativo que se transforma em uma profecia realizável, você deve quebrar o fluxo da comunicação interna:

- Pare após a primeira afirmação, que é a única que não pode ser contestada: "Tenho uma palestra importante para fazer na próxima semana."
- Insira uma afirmação positiva nesse ponto, mesmo que você não acredite que a frase seja verdadeira: "Sou um bom palestrante. Estou aguardando ansiosamente o dia do evento."
- Continue repetindo essa frase em sua mente para bloquear o processo que leva a reações emocionais negativas.
- Esteja preparado para que sua voz interior negativa continue ridicularizando e negando a afirmação positiva, mas ignore-a. Você sabe que ela não o ajudará.

A outra etapa é continuar praticando exatamente aquilo com que você está preocupado. Dê tantas palestras quanto for possível. Presida as reuniões. Vá a todas as sessões. É a única forma de ensaiar. Evitar somente irá piorar a situação. Expanda-se para além de sua zona de conforto. Faça isso regularmente. Se continuar caminhando nessa direção, terá chances de vencer o desconforto e aprender uma nova habilidade.

Converse com a sua confiança. Diga a você mesmo que é bom, e visualize-se sendo bem-sucedido. Aborde cada situação com entusiasmo, não com pânico. Encaminhe sua mente para respostas positivas. O carisma não combina com a paranóia, então você precisa aprender a se tornar o que se chama de paranóico invertido. Presuma que todos gostam de você. Acredite que eles pensam o melhor a seu respeito. Se agem friamente quando você os aborda, diga para si mesmo que lhes falta confiança, da mesma forma que acontecia com você. Se perceber que alguém está falando de você, imagine que os comentários são positivos, em vez de mordazes. Diga a si mesmo que as pessoas querem ouvi-lo quando você fala, e que, se elas o ignorarem, foi simplesmente porque não o ouviram direito. Nunca se permita sentir-se desprezível, porque isso nunca será verdadeiro, mesmo se tiver um fã-clube com apenas uma pessoa – você mesmo.

Amor-próprio

Você tem que se gostar muito. Se não gosta, mude seu comportamento para se tornar uma pessoa realmente apreciável. Pouquíssimos padrões de comportamento são imutáveis. Somente porque ontem, e todos os dias antes de ontem, você era tímido, nervoso, pessimista, sem personalidade, preguiçoso e desajeitado, não significa que terá que ser a mesma coisa amanhã e nos dias seguintes. Nunca é tarde para se reinventar. E pode ser divertido!

Promova algumas mudanças apenas por desencargo de consciência, apenas para provar que você pode se desfazer dos velhos padrões. Pinte as unhas dos pés. Passe suas meias. Decore algumas piadas e aprenda a contá-las. E, então, você poderá passar pelo grande desafio, que é transformar os padrões de dispersão e ansiedade em confiança. Para fazer isso, você precisará de um plano de trabalho específico.

Exercício

Com base nas idéias coletadas no primeiro exercício (*veja páginas 32-4*), desenhe três colunas em um pedaço de papel para registrar todas as situações no trabalho que o fazem se sentir desconfortável, tímido ou sem confiança.

Ao lado de cada situação, na segunda coluna, faça uma descrição de como você *gostaria* de se sentir, parecer e agir nessas situações.

Use a terceira coluna para registrar tudo o que fará você se sentir, parecer e agir de acordo com o estilo que prefere.

Por exemplo:

Coluna um: Em reuniões barulhentas, me sinto desajeitado, inconveniente, com medo de tomar a palavra, preocupado com o fato de que não vale a pena me manifestar.

Coluna dois: Gostaria de me expressar de forma que chamasse a atenção, falar claramente, de maneira concisa e confiante. Gostaria de poder olhar para a sala toda, sorrir e usar os gestos abertamente para enfatizar o que estou falando.

Coluna três: Vou:

- Estudar a pauta e planejar meus pontos-chave antes da reunião;
- Ensaiar uma linguagem corporal positiva;
- Usar mensagens internas de autotreinamento para aprimorar minha confiança;
- Ouvir atentamente os outros palestrantes para assegurar-me que meus pontos de vista são válidos;
- Aprender a me ver livre de padrões de fala tolos e negativos.

Isso transforma uma lista de desejos em um plano de trabalho abrangente, que você vai se sentir estimulado a usar.

Talvez você não consiga se livrar de *toda* a sua timidez, nervosismo ou falta de confiança, mas não acho que deva tentar fazer isso. Alguns desses sentimentos podem ajudá-lo a melhorar seu desempenho. Eles trazem aquela inquietude que nos deixa poderosos e ativos. Mas nunca devem ficar no caminho do que queremos alcançar. Separe bem as coisas que o impedem de chegar ao topo e conseguir o melhor.

▸ Resposta ao estresse

O estresse é o grande responsável por todas essas tensões no trabalho. Existem poucos empregos nos quais o estresse já não está estabelecido. Algumas empresas se vangloriam, até mesmo, do alto nível de estresse em suas atividades, e o sofrimento é visto como parte do desafio.

O estresse nos afeta de três maneiras: atinge nosso intelecto, nossa saúde física e nossas emoções. Quando se trabalha com níveis administráveis de estresse, pensa-se mais rapidamente e mais claramente. Quando passa para uma situação de superestresse, seu raciocínio entra no modo de sobrevivência, que limita todo o seu intelecto superior, sua memória e suas faculdades criativas e intuitivas.

No que diz respeito à sua saúde, começa-se a sofrer uma série de problemas, incluindo dores de cabeça, tensão muscular, indigestão, palpitações, dor nas costas e insônia.

Emocionalmente, você pode se transformar em uma criança voluntariosa de cinco anos de idade. Mais uma vez, a resposta de sobrevivência aparece, provocando reações exageradas. Você pode se tornar exigente, irritável, choroso ou zangado por pequenas razões ou por nenhum motivo. Deixa de participar das atividades em equipe porque a paranóia entra em operação e você não quer mais compartilhar seus brinquedos preferidos. Você leva tudo para o lado pessoal, desde queixas de clientes até a forma como o elevador sempre demora para chegar.

O estresse pode ser visível, também. Imagine a resposta ao estresse em termos de linguagem corporal. Pessoas diferentes apresentarão sintomas diferentes, mas todos eles levarão um observador a concluir que elas estão indo longe demais em seus afazeres.

Linguagem corporal do estresse

- A tensão muscular aumenta, provocando o levantamento dos ombros.
- O número de movimentos de pálpebra aumenta.

- Os movimentos ficam menos coordenados. Nos tornamos estúpidos ou desajeitados.
- Os gestos e expressões podem se tornar tão espontâneos quanto nossos padrões de fala.
- A dispersão na linguagem corporal aumenta. Os pequenos gestos denunciam a tensão, como punhos fechados, ou dar batidinhas e agitar excessivamente os dedos.
- As tensões aparecerão na expressão facial. Os olhos ficam abertos e as sobrancelhas, suspensas.

Se os níveis de estresse se tornarem sérios, podem resultar em depressão. Isso ocasionará menor atividade física, já que a adrenalina demora a ser acionada e o cansaço se instaura. Os ombros podem despencar nesse estágio, os movimentos corporais podem diminuir e a expressão facial se converter em uma carranca ou um espasmo de ansiedade.

Verbalmente, você pode dizer a todos no trabalho que está tudo bem, mas seus sinais corporais podem alertá-los de que nem tudo está tão bem assim, mesmo se eles conseguirem lê-los apenas em um nível subliminar, e, portanto, não compreender exatamente por que estão com a sensação de que há algo errado.

Porém, quando estamos estressados no trabalho, é para nós mesmos que costumamos mentir mais. Dizemos que estamos atarefados, mas que lidamos bem com isso, ou que rendemos mais sob pressão. Tornamo-nos o mártir do escritório, recusando-nos a delegar tarefas ou a diminuir o nível de trabalho. Essa negação emerge – como outros fatores – como uma incongruência visual. Nossa aparência é estressada e cansada, mas estamos concordando em aceitar mais trabalho. Usamos a frase "sem problema" com freqüência, quando qualquer um pode ver nitidamente que existe um problema. Mais uma vez, essa incongruência de sinais leva à desconfiança. E, à medida que as emoções se tornam mais intensas, assim também acontece com as demonstrações de irritação ou aborrecimento, por mais que tentemos disfarçá-las.

Acalmando-se

É muito simples: o estresse não vai melhorar a sua linguagem corporal. Seus movimentos perderão a fluidez, sua expressão ficará tensa, os gestos serão erráticos e a tensão muscular ficará evidenciada em sua postura, particularmente nos ombros. O panorama não é bom. Você está em um modo de sobrevivência e seus colegas sentirão uma agressividade latente em sua atmosfera. Ao tentar agir de modo descontraído, você conseguirá apenas assumir a aparência de um mártir do estresse, o que fará com que as pessoas sintam-se desconfortáveis em sua companhia. A tensão estará no ar e todos irão percebê-la. Desse modo, o escritório se transforma em um rebanho assustado, em que apenas uma única ovelha viu o perigo e as outras entraram em pânico cegamente.

Nessas horas, deveria haver uma longa lista de dicas para desestressar, mas não há. O estresse não é um problema "tamanho único". Fatores diferentes provocam estresse em pessoas diferentes. A cura, para uma pessoa, poderá ser o que empurrará a outra para a situação estressante. Nunca me senti tão estressada quanto ao freqüentar uma aula de ioga, ainda que, para a maior parte das pessoas, ela seja a última salvação. Eu combato meu estresse ouvindo *heavy metal*, algo que pode deixar certas pessoas enfurecidas.

Para adquirir uma maior consciência de seus próprios padrões de estresse, responda calmamente às seguintes questões. Elas são simples conceitualmente, embora possam propiciar a solução para aliviar o estresse no trabalho.

1. Em que nível de estresse funciono melhor?
2. Por quanto tempo posso agüentar um nível de pressão, desafio e esforço antes de precisar me afastar um pouco?
3. Quais são os sintomas que me informam que preciso de um descanso por estar exagerando?
4. Quais são os grandes problemas que considero difíceis de lidar no trabalho?

5. Quais são as questões menores, como irritações insignificantes, que me provocam um superestresse?
6. Quais são os três fatores-chave que imagino serem os causadores do superestresse, como falta de tempo, prazos impossíveis de cumprir, política do escritório, gerente insuportável etc.?
7. Como e quando considero mais fácil relaxar e me acalmar?
8. Qual é o equilíbrio entre o estresse do trabalho e o estresse doméstico?
9. Levo o estresse do trabalho para casa e o estresse doméstico para o trabalho?
10. Considerando o fato de que o estresse pode ser um assassino, vale a pena morrer pelos problemas e situações que estão me deixando estressado?

Trabalhar os sintomas do estresse não será suficiente; você também terá de desafiar suas percepções mentais. O trabalho raramente é uma questão de vida ou morte, mas nós nos comportamos como se fosse. Faça o que estiver ao seu alcance para colocar tudo em ordem. Conheci pessoas com uma atitude mais saudável em relação a seus empregos, mas a maioria havia recebido um aviso bastante claro. Talvez elas tenham tido um ataque cardíaco. Talvez um filho ou um companheiro passou por um grande problema de saúde. Sérias questões forçaram-nas a mudar sua perspectiva na vida. Elas agora sabem o que importa e o que não importa. As coisas superficiais do trabalho não lhes dizem mais respeito. Elas são profissionais, mas tranqüilas.

Não espere que um desastre aconteça para que você consiga atingir esse nível de reflexão filosófica. Trabalhe a sua atitude em primeiro lugar. E lembre-se do carisma!

Pontos-chave, em poucas palavras

- Estabeleça congruência na sua imagem.
- Seja cauteloso com sua expressão de protetor de tela.

- Entenda como a dispersão pode funcionar e quais costumam ser seus próprios sinais.
- Acabe com as dispersões, trabalhando seus sentimentos e sua autoestima. Use diálogos internos positivos e autotreinamento para construir a confiança.
- "Aumente" sua confiança em situações específicas, expandindo seus horizontes diariamente.
- Elabore um plano de trabalho para lidar com quaisquer situações que você entenda como traiçoeiras. Organize seus sentimentos em uma tabela e relacione–os. Estude os problemas e comece a superá-los.
- Trabalhe para manter seu nível de estresse controlado.

Capítulo 3

Trabalhar com afinco

Uma vez definidos seus objetivos de imagem, você precisará saber com clareza quais são as metas com relação à sua carreira. Até onde você quer subir? Em qual cargo você está particularmente interessado, ou, ao contrário, ter êxito significa ser dono da própria empresa?

Antes de começar a ser modesto, deixe-me acrescentar apenas três palavras: esqueça a modéstia.

Modéstia é desonestidade quando faz parte de seu diálogo interno. Não há necessidade de vangloriar-se para estranhos, mas, internamente, você pode ser ousado em seus planos. Pense tão alto quanto quiser.

Então, o que você quer alcançar? Como deverá se vender? Qual será seu público-alvo? Com quem terá que se comunicar de modo bem-sucedido? O sucesso ou o fracasso de qualquer comunicação depende de como ela é recebida pelo ouvinte. Todos os seus interlocutores apreciarão o mesmo "você", ou será preciso construir um perfil variável de imagem?

▸ Construa seu próprio perfil de marketing

Planeje os "objetivos de produto". Considere as quatro opções a seguir:

1. Produto existente para clientes existentes

Esta é a opção "nenhum risco, nenhuma aposta". Você continua com a aparência que sempre teve, lidando com as pessoas com as quais sempre lidou.

Se você fizer sempre o mesmo, terá sempre o que sempre teve. Depende de você decidir se isso é o suficiente ou se quer atingir outras metas.

2. Produto existente, novos clientes

Você dá um pouco mais de si, mas sem efetivar nenhuma mudança inicial. Ao estabelecer uma rede de comunicação, a sua visibilidade aumenta. No entanto, sem verificar a adequação de sua imagem, isso pode se tornar algo prejudicial. Antes de aumentar sua visibilidade, você deve trabalhar para aprimorar seu perfil.

3. Novo produto, clientes existentes

Você aprimora a imagem, e, então, vende-a para os clientes existentes. Isso é válido se o produto não for você mesmo, mas, por outro lado, há limitações, a menos que você sinta necessidade de se reinventar. Entretanto, quando uma imagem existente já se tornou negativamente estereotipada, pode ser uma estratégia extremamente eficaz.

4. Novo produto, novos clientes

A maior aposta oferece a melhor recompensa. Você trabalha sua imagem e, então, se organiza para promovê-la, aumentando sua visibilidade.

Vestido para se adaptar

Como exemplo de comportamento de imagem variável para lidar com clientes novos e já existentes, considere as grandes empresas de finanças do Reino Unido, muitas das quais aderiram, recentemente, ao estilo informal de se vestir, isto é, roupas modernas/casuais, em vez dos tradicionais trajes formais. Essa mudança foi radical em termos de cultura e percepção. Também foi, em grande parte, uma mudança eletiva, e não orgânica. Algumas empresas evoluíram para o estágio da política do estilo informal de se vestir estabelecido apenas uma vez por semana, mas outras abandonaram o estilo elegante da noite para o dia, aderindo a roupas com padronagem camuflada ou a um estilo esportivo desleixado.

Várias empresas de grande porte divulgaram o novo visual de seus funcionários na imprensa, recebendo uma intensa cobertura. A mudança que você fará na sua imagem será mais gradual, em uma escala menor e provavelmente não será motivo para grandes matérias. Entretanto, há paralelos em termos do sucesso ou fracasso potencial do projeto.

Um dos primeiros fatores fascinantes é: o que as empresas estavam tentando alcançar? Se você observar a filosofia adotada por elas, pode comparar com a sua própria, em termos de variáveis. As razões oferecidas eram, basicamente, as seguintes:

1. A equipe gosta desse visual.
2. Vai melhorar seu desempenho.
3. Vai nos manter atualizados com o resto do mundo, que tende a adotar o estilo informal de se vestir no trabalho.
4. Removerá barreiras ao lidar com clientes.
5. Projetará uma imagem de mudança, inovação e modernidade para nossos clientes.
6. O gerente executivo gosta de se vestir de modo desleixado.
7. A participação em empresas estrangeiras aumentou quando esquemas semelhantes foram introduzidos.

Ora, qualquer um ou todos esses objetivos podem ser muito limitados. Se você não tem certeza sobre seu objetivo final, suas mudanças ficarão descoordenadas. Essa é a questão no caso do estilo informal de se vestir. Os adeptos tomam por base a idéia de que "a equipe vai gostar disso". Uns gostam, outros não. Alguns acham estressante, já que ficam sem saber o que é adequado. Outros desaprovam o estilo casual de se vestir dos outros companheiros. Haveria, provavelmente, soluções melhores a considerar, a título de estímulo para a equipe, incluindo, por exemplo, um aumento de salário.

Quanto a impressionar os clientes, as empresas precisariam ter certeza de *como* exatamente pretendem impressionar. Se a mudança objetivou tornar uma marca mais descontraída e fashion, então esse deveria ser o novo visual em todas as circunstâncias. Algumas empresas, entretanto, ainda estão indecisas, avisando à sua equipe que devem se arrumar com elegância para visitar empresas mais formais.

Se o objetivo é manter o gerente executivo satisfeito, ou provocar um aumento nas participações, e se foi isso o que aconteceu, então, talvez, ele tenha sido alcançado.

Tais decisões de imagem não são tomadas somente pelas empresas, é claro. As estrelas do rock têm decisões semelhantes a tomar. A imagem que se deseja projetar desses astros precisa ser definida logo no início de suas carreiras, se a intenção for causar interesse em seu público-alvo. Eles se voltarão para o jovem mercado da música pop, ou vão querer atrair fãs mais velhos? Eles devem ser bem apessoados, ou a imagem de adolescentes rebeldes venderá melhor? De um modo geral, haverá pouca ou nenhuma flexibilidade de objetivos. Tanto quanto atrair a multidão desejada, afastar-se de um público que não é o seu equivale, para os artistas, a um ponto de vendas.

O fator importante em relação à sua própria imagem é pensar em quaisquer mudanças com antecedência. Mantenha o resultado final em mente. Concentre-se no público correto. Seu sucesso dependerá disso. Você quer que sua nova imagem impressione seus chefes, colegas, clientes, acionistas e/ou a opinião pública, ou somente a você? Você quer ser absorvido pela identidade corporativa atual ou seguir um caminho brilhante e solitário de sucesso? Você quer ficar famoso? Você quer ser discreto ou ostensivo? Paul Getty ou Richard Branson?

Algumas dessas decisões serão tomadas conforme a ocasião, já que a imagem precisa ser flexível, ao mesmo tempo em que focada nos objetivos principais. Ou, talvez, você terá de se esquivar e mergulhar em um esforço diário, criando um conjunto de diferentes personalidades para cada reunião ou comunicação. Isso pode soar como uma falsidade desprezível, mas não precisa ser dessa forma. A adaptabilidade é um valor fundamental nas habilidades de comunicação e afinidade. Ela melhorará sua capacidade de persuadir, influenciar e negociar.

Uma paixão pela moda

É claro que a moda vai influenciar sua imagem, não importa o quanto você resista. Somos todos escravos da moda de uma certa forma. Alguns dos piores e mais divertidos desastres da linguagem corporal foram resultado de práticas relativas ao universo fashion.

A moda tem se tornado uma grande influência para a linguagem corporal, especialmente entre as mulheres. Os saltos dos sapatos variaram em altura nas últimas seis décadas, dos 15cm de salto às sandálias ecológicas com salto de cortiça, e qualquer mudança na altura do salto afetará a forma com que as mulheres se movem. As saias *pencil* dos anos 1950 introduziram uma restrição virtual dos movimentos, e significavam subir e descer de lado dos ônibus. As minissaias dos anos 1960 remetem ao estilo Quant de se sentar, com os joelhos juntos e tornozelos separados, para evitar mostrar a roupa íntima. Calças compridas e sapatos confortáveis como roupa de trabalho dos anos 1980 e 1990 significavam mais liberdade de movimento para as mulheres e tais movimentos começaram a se parecer com aqueles adotados pelos homens. A tendência atual é uma volta das saias *pencil* e saltos altos; logo, o andar trôpego está mais uma vez na ordem do dia.

Parece não haver evolução no fator moda. A liberação é conquistada e perdida, e todas as mudanças não tiveram significado algum. Os sutiãs que foram queimados nos anos 1970 voltaram acolchoados como nunca nos anos 1990. Vivienne Westwood introduziu a figura da garota punk liberada e agressiva, para depois trazer de volta as plataformas irregulares, que derrubaram até mesmo Naomi Campbell em plena passarela.

O que pode mudar para ambos os sexos é a imagem do corpo na moda. Esperava-se que as mulheres dos anos 1960 e 1970 tivessem uma aparência feminina e abandonada. Você não precisava sorrir, ou mostrar energia e vivacidade no olhar; na verdade, o visual cadavérico era a norma. As *Biba*

*Girls** eram extremamente inexpressivas. Twiggy e Penelope Tree se especializaram no olhar belamente estúpido. Os homens padeceram com uma sorte semelhante, com Bowie e Bolan posando como modelos de comportamento desprovidos de conteúdo.

E, então, tudo se tornou sexy no fim dos anos 1970, com mais influência de uma imagem que era um misto de Pan's People, Barbie e rainha da beleza, com grandes olhos e um permanente sorriso de felicidade arrebatadora. Esperava-se que as mulheres fizessem beicinho e tivessem um ar de desentendidas. As apresentadoras dos programas de TV não faziam nada além de ter falsos orgasmos com geladeiras e xícaras de café, e esperava-se o mesmo das mulheres em papéis coadjuvantes no trabalho, enquanto os homens eram machões vestidos como Sweeney, ou exageradamente preocupados com sua aparência pessoal, como Jason King.

Nos anos 1980 começaram as mudanças em relação à cultura corporativa, e a expectativa era que as mulheres fossem brilhantes desde o primeiro momento. Os cabelos pareciam perucas assustadoras e o *power-dressing* passou a ser a norma. Antes da crise nas bolsas de valores, os yuppies governavam e a linguagem corporal entre os sexos tornou-se similar, na medida em que todos pensávamos que um Porsche e uma conta multimilionária no banco estavam ao nosso alcance. As mulheres ainda sorriam mais que os homens, mas já se admitia que se mostrassem preocupadas, pois a psicoterapia era a grande febre.

Atualmente o visual unissex ainda é uma característica, porém não mais de maneira uniforme. O estilo informal de se vestir mostrou uma nova faceta da dessexualização, já que tanto os homens quanto as mulheres apareceram nos escritórios paramentados com roupas camufladas e camisetas. A moda, no entanto, ainda está mudando. As mulheres estão redescobrindo as roupas estruturadas dos anos 1970, enquanto os homens estão aderindo ao visual de calças estilo chino e sapatos com solado mais alto.

---

*As Biba Girls eram as fãs da loja de roupas femininas Biba, de Londres. (*N. do E.*)

Modelos de comportamento

A linguagem corporal por si só nunca foi tão popular e nunca esteve tão em moda como hoje. As estrelas de TV e cinema tornaram-se ícones, tanto pela maneira que se vestem quanto pela forma com que se movimentam, ou pelas expressões faciais que usam – talvez até mais do que isso, em alguns casos. Julia Roberts e Tom Cruise são conhecidos pelo sorriso, enquanto Schwarzenegger tem sua expressão ameaçadora como marca registrada.

As estrelas de programas cult, como *Friends* e *Buffy, a caça vampiros*, exploram um rico filão de estilos corporais criativos. As pessoas gostam de se comportar como Phoebe e copiam o lento movimento ocular de Ross, da mesma forma que imitam as estranhas ênfases verbais de Chandler. Idem para o elenco de *Buffy*. Poucas pessoas conseguem queimar lentamente como Angel, mas qualquer um pode copiar o aceno de mão de Willow, e sua sinuosa expressão facial de desequilíbrio emocional.

Os adolescentes usam gestuais misturados, criando uma textura de gestos, expressões e movimentos a partir de culturas diferentes. O comediante Sacha Baron-Cohen usou esse estilo para se tornar conhecido como Ali G, complementado-o com apertos de mão informais e gestos de rappers.

Outra tendência atual fascinante é a dos gestos virtuais. A pessoa expressa seus sentimentos ou emoções retroativamente, quase que na terceira pessoa. As palavras são algo como: "Carl me disse ontem que o projeto foi cancelado e eu respondi: 'Uau! Ei! Meu Deus!'". Isso é acompanhado por um reação física (geralmente exagerada). O efeito é de distanciamento. Talvez você não considere isso apropriado para a sua imagem nos negócios.

Jargão da linguagem corporal

Os negócios tendem a estabelecer seu próprio jargão gestual, que também entra e sai de moda. Como os jargões verbais, ele assume a forma de uma fusão de gestos, que costuma ser compartilhada por todos na empresa. Copiar gestos ou expressões de pessoas que ocupam posições superiores na hierarquia dá aos trabalhadores a sensação de conforto, como se esses fossem os gestos e expressões corretos. Alguns deles são estritamente corporativos e não são usados fora do local de trabalho.

Recentemente testemunhei um gesto surpreendente feito com gravatas, em um escritório. Havia pelo menos 50 homens nesse escritório sem divisórias, e cada um deles, toda vez que se levantava de sua mesa, dava uma batida de leve na gravata, fazendo-a parar sobre os ombros.

A linguagem corporal da moda pode ser divertida, mas lembre-se de atualizar-se, ou você poderá parecer antiquado.

▸ Ação e reação

Ao contrário da moda, muitos psicólogos acreditam que nossas personalidades são virtualmente inalteráveis, exceto por acontecimentos traumáticos ou mudanças em nossas vidas. Mas mudar sua imagem é uma questão diferente. Seu comportamento sempre será variável. Você sempre poderá mudar o que faz, mesmo se tiver pouco controle sobre quem você é.

No trabalho, é fundamental ter controle sobre seu próprio comportamento e suas respostas. Reagir, em vez de responder, a determinadas situações pode ser catastrófico para sua carreira. A reação é o comportamento imediato, alimentado pela emoção, e não pela lógica. Em termos de resultados nos negócios é, geralmente, a escolha errada.

O cérebro emocional expressará o que é entendido como reação natural – alguma coisa impulsiva e focada em sentimentos autocentrados. O cérebro racional tenderá a parar, planejar e responder. Ele trabalha sobre respostas aprendidas, que são racionais e baseadas em ganhos mútuos. Tende a observar o quadro geral, focando em objetivos maiores, em vez do material automático oferecido pelo cérebro emocional.

Como exemplo, imagine que um colega tenha corrigido uma observação sua no meio de uma palestra para o gerente executivo de uma empresa, sua cliente. Você sabe que seu argumento estava correto. Seu cérebro emocional lhe dirá que você tem que se defender e provar a seu colega que ele está errado, diante do gerente executivo. Talvez deseje que ele seja humilhado, da mesma forma que você se sentiu quando ele o corrigiu. Talvez queira extravasar sua raiva. Reagir dessa forma só fará a situação evoluir em uma direção: você se sentirá melhor. Mas, possivelmente, apenas por um curto período. Naquele intervalo de tempo, você poderá ter destruído a reputação de toda a empresa ao entrar publicamente em conflito com seu colega. O gerente executivo, provavelmente, não verá a cena com bons olhos.

O cérebro racional teria lhe avisado para preservar-se. Ficaria fixado no objetivo principal da reunião, que era impressionar o cliente e efetivar a venda. Essa resposta controlada o teria levado para um estilo diferente de comportamento. Você agradeceria seu colega pela correção e continuaria tranqüilamente. Isso criaria uma imagem mais eficaz e estaria mais de acordo com seus objetivos gerais.

Isto posto, você *está* autorizado a ter emoções nos negócios. Afinal, você é humano. As emoções podem ser úteis, mas nunca devem ir de encontro ao seu objetivo principal. Você precisará tomar decisões sobre quando deverá disfarçá-las.

Observe as pessoas que incluíram a demonstração de emoções em seu repertório de imagens. Algumas funcionaram e outras, não. As lágrimas de Paul Gascoigne na Copa do Mundo selaram sua fama como uma personalidade dos esportes e fizeram-no conquistar a simpatia do público. Entretanto, do ponto de vista do trabalho, foi algo equivocado. Observe o capitão Gary Lineker no mesmo trecho da filmagem. Ele parece avisar ao técnico para ficar atento a Gascoigne. Ele estava chateado e isso poderia influenciar o jogo.

As lágrimas de Margaret Thatcher ao se mudar de seu escritório foram provocadas por emoções inteiramente diferentes, e causaram diversas impressões entre seu público. A tristeza foi deflagrada especialmente pela sensação pessoal de perda, e foi um tanto chocante ver alguém aparentemente invencível ser reduzido às lágrimas.

Nos negócios, as pessoas esperam um controle profissional, e, portanto, se lembrarão do momento em que você o perdeu, mesmo que temporariamente. As demonstrações emocionais também são muito visuais, e todos se lembram muito mais das imagens do que das palavras. Até mesmo o que você fez será esquecido. Você quer ser lembrado como aquela pessoa que perdeu o controle ou que teve uma crise de choro? Uma idéia melhor seria ter uma imagem condizente com os objetivos que traçou para sua carreira.

▶ Evolução

Você pode comparar a linguagem corporal humana à dos animais em muitas funções básicas. Até mesmo o executivo mais sofisticado ainda é governado por reações animais. Entender como alguns dos seus instintos básicos o afetam no trabalho lhe propiciará mais sucesso, já que você estará apto a desafiar suas reações emocionais ou automáticas, e substituí-las por um comportamento mais lógico e eficaz.

A evolução nas respostas da linguagem corporal foi fundamental para a sobrevivência no mundo moderno dos negócios. Em uma arena superpovoada, tivemos de aprender a lidar com o conforto dos estranhos e, sob vários aspectos, fomos forçados a dominar nossos instintos evolutivos.

Limites pessoais

Uma das necessidades que definem o bem-estar mental é a posse do espaço e do território. Os animais lutarão até a morte para defender sua área. As guerras são causadas por isso. As brigas nos bares começam por causa disso. Temos regras culturais e evolutivas bastante precisas sobre a proximidade que as pessoas podem ter de nós. O tema da consciência espacial será recorrente neste livro, porque ele afeta enormemente a vida no mundo dos negócios.

Existem três áreas delimitadas à sua volta que você usa como anéis invisíveis. A mais próxima do seu corpo é chamada de zona íntima. A distância do seu corpo para esse limite variará de acordo com parâmetros culturais e de criação. No Reino Unido, a zona íntima geralmente está compreendida em um raio de 45 centímetros do corpo. Em muitos outros países, esse limite não é tão grande assim. Esse é o espaço reservado para as pessoas que podem tocá-lo, sem que você se sinta desconfortável. Mesmo sem um conhecimento profundo sobre seus hábitos pessoais, eu arriscaria dizer que isso não inclui muitas pessoas.

A próxima zona é conhecida como a zona social; é o espaço reservado para as pessoas conhecidas. Elas não precisam ser seus amigos, mas precisam, sim, ser pessoas que você conhece ou com as quais já estabeleceu algum contato. No ramo dos negócios, por exemplo, todos irão se posicionar tomando por base as exigências da zona social.

Os estranhos vivem fora desta área. Se um estranho invadir a zona social, ficamos inquietos. Ficamos mais vigilantes, atentos para o fato de que o protocolo foi quebrado. Se o estranho prosseguir e invadir a zona íntima, entramos em alerta máximo, o corpo prepara-se para a luta ou para a fuga. O estranho na zona íntima será um ignorante das regras evolutivas básicas de interação (isto é, um idiota e, portanto, uma chateação em potencial), ou as estará enfrentando deliberadamente (isto é, será fisicamente ameaçador ou sexualmente predatório). Em um mau dia, poderemos ter de lidar com um idiota perverso.

Há situações, é claro, como as viagens diárias para o local de trabalho, que rompem regularmente esse código de comportamento espacial. As condições normais do transporte coletivo na hora do rush seriam inviáveis se os seres humanos não tivessem evoluído e aprendido a lidar com elas. Em nosso estado animal bruto, provavelmente sofreríamos de estresse até o ponto de entrarmos em colapso. As viagens de metrô, especialmente, seriam mais do que suficientes para acionar a chave da loucura. Você está comprimido em um tubo de metal, sob a terra, com centenas de estranhos, muitos dos quais estão próximos o suficiente para poder tocá-lo. Embora seja algo apreciável para o típico indivíduo que sofre de frotteurismo,* para muitas pessoas "normais" essa compressão violenta seria algo insuportável.

---

*O frotteurismo é uma parafilia sexual que envolve tocar e se esfregar em alguém sem o seu consentimento. Esse comportamento ocorre geralmente em lugares com grande concentração de pessoas. (*N. do E.*)

Precisamos, então, aplicar regras de segurança e normalidade. Precisamos de um sinal de linguagem corporal do tipo "estou encostando em você, mas não sou nenhuma ameaça". O resultado é uma postura de nenhum contato visual. Quando os estranhos são legitimamente forçados a invadir as distâncias espaciais da intimidade, qualquer contato visual será acidental e transitório. Em um elevador lotado olhamos para o painel com o número dos andares ou fixamos o olhar no chão. No metrô, leremos um jornal, estudaremos os anúncios estúpidos ou olharemos silenciosamente para o espaço.

Entretanto, mesmo ocupados com isso, estaremos atentos, ao mesmo tempo, a ameaças potenciais. Elas podem ser óbvias, como no caso de um exibicionista ou de uma gangue de *hooligans* barulhentos, ou sutis, como uma pessoa estranha, digamos, estabelecendo contato visual ou sorrindo para outros passageiros. Mais uma vez, veremos esses estranhos como pessoas que não entendem as regras ou que escolheram deliberadamente subvertê-las.

Nossa consciência interna sobre essas "leis espaciais" não-escritas é forte. Entendemos as regras de interação e, geralmente, nos sujeitamos a esse regulamento sem reclamar. Instintivamente sabemos como isso é importante.

Demarcando seu território

Precisamos apenas de um curto período de tempo para nos ambientarmos em um espaço antes de considerá-lo "nosso" e poder demarcá-lo. Se você esquecer um paletó em uma cadeira de bar, por exemplo, por mais lotado que ele fique, todos obedecerão às regras e deixarão o lugar livre. Se alguém remover o paletó, isso será interpretado como um ato declaradamente agressivo. O mesmo se aplica às toalhas em cadeiras de praia. Vê-las deixa os turistas furiosos, mas removê-las deliberadamente significa uma guerra declarada.

Em muitos empregos, a demarcação de território não constitui um problema, mas o instinto animal é forte. Se você quiser tirar um colega do sério, chegue ao trabalho antes, sente-se na mesa dele e espere-o chegar. Seja educado. Pergunte-lhe se ele se incomoda e diga que você teve que fazer isso por uma razão especial. Ele provavelmente dirá que está tudo bem, mas observe a dispersão de sua linguagem corporal. Em um nível animal, ele ficará incrivelmente perturbado por encontrar outra criatura em seu ninho.

Sobrevivendo ao *hot-desk*

Sem nenhuma surpresa, a tendência moderna para o conceito de *hot-desk*, em que nenhuma mesa específica é reservada para o uso de nenhum funcionário, produziu um efeito perturbador e permanente nos trabalhadores. As mesas, nessa cultura, são compartilhadas sob a lógica de que o primeiro a chegar ocupará o lugar que mais lhe agradar. Os objetos pessoais têm que ser removidos todas as noites e, geralmente, colocados em um armário. Mas as pessoas esperam ser donas do próprio espaço e gostam de demarcar seu território, e essa é a razão pela qual tendem a colocar tantos brinquedos e dar toques pessoais em suas mesas de trabalho. Privar os empregados dessa necessidade básica pode causar um forte estresse. E, então, os usuários dos *hot-desks* tiveram de evoluir.

Empurrar as pessoas para fora de sua área de trabalho pode ter dois resultados: elas começarão a procurar ferozmente um lugar fora do local de trabalho ou se tornarão totalmente nômades. Cidades superpovoadas significam que a opção selvagem pela acomodação é, geralmente, inviável. Seus pais e avós provavelmente experimentaram o luxo de ter seu próprio lugar no ônibus ou no trem, e no bar todas as noites. Se jantassem regularmente em um restaurante, lhes seria oferecida sua mesa habitual. Se a casa deles fosse pequena, poderiam ter usado um galpão de plantas, um lote de terra ou um gabinete de trabalho como o seu cantinho doméstico. No entanto, as culturas mudam. Você provavelmente será uma pessoa de sorte se tiver criado o hábito de ter o seu próprio lugar na mesa de jantar em sua própria casa, todas as noites. E cada poltrona seria um território sacrossanto em uma sala de estar.

As pessoas de negócios que moram em cidades se transformaram, portanto, em nômades, comendo em diferentes restaurantes, socializando-se em uma infinidade de bares, relacionando-se intimamente com mais pessoas e terminando relacionamentos com maior facilidade. As demarcações de território tornaram-se menos estruturadas e, ainda assim, podem se manter firmemente protegidas sob várias áreas surpreendentes na vida profissional.

Conflitos insignificantes

Se alguma vez você já se mudou para novas instalações, terá conhecimento de todos os conflitos mortais que surgem em torno do território e do espaço. Aqui há questões complexas envolvidas. Além de sermos possessivos em relação a qualquer terreno que imaginamos ser nosso, também vemos uma conexão entre espaço e status. Se você for transferido de seu escritório para um menor, a transferência será interpretada como um rebaixamento profissional, não importando as evidências em contrário. E não estou falando apenas das grandes mudanças. O tamanho da mesa e da cadeira dizem respeito ao mesmo assunto. Um escritório grande, uma mesa grande, uma cadeira grande, um chefe grande. E, também, uma paranóia grande, se essa regra for levada ao extremo. Você pode tentar fingir que isso não importa, mas importa, sim.

A posse do território pode ser conseguida em questão de segundos. Inscreva-se em um curso de treinamento e lhe oferecerão um lugar na sala, ou você terá que escolhê-lo. Em ambos os casos, aquela cadeira e qualquer espécie de mesa que a acompanhe se tornará sua, e somente sua, enquanto durar o curso. A maneira mais rápida de desapontar os participantes é mudar as placas com seus nomes de um dia para o outro. Eles sempre chegarão no segundo dia esperando sentar-se na mesma cadeira em que sentaram no dia anterior. É uma necessidade forte, mesmo se não tiverem consciência disso, até finalmente perceberem que terão que se sentar em um lugar diferente. Um território precisa ser nosso por apenas alguns momentos para que nossa mente o transforme em uma espécie de ninho. Superficialmente, ainda somos animais territoriais.

Amigos rápidos e novos bandos

O trabalho também nos ensinou como evoluir em termos de contato físico e estabelecimento de vínculos rápidos com estranhos, como é o caso de um novo cliente que temos de tratar como amigo, sem saber se ele significa ou não uma ameaça. Muitos animais demonstrarão agressividade, até que o animal estranho prove ser amistoso. Os humanos têm que demonstrar o contrário no mundo dos negócios. Por isso, lidamos com essas situações por meio de disfarces.

Muitos cursos de atendimento ao cliente seguem a filosofia da força no contato visual e um largo sorriso para agradar o cliente, mesmo que, fora do local de trabalho, esses dois sinais representem um abuso das regras de primeiro contato. O contato visual insistente sinaliza luxúria, amor ou uma briga no mundo real, e, mesmo assim, qualquer ida a um caixa de lanchonete pode resultar no recebimento de um desses olhares intensos. Sorrisos muito amplos podem sinalizar um estágio avançado de histeria ou prazer, e, no entanto, eles surgem regularmente ao cumprimentar clientes, antes mesmo de se proferir qualquer palavra.

O contato físico representa uma intimidade semelhante e, ainda assim, espera-se que o usemos para quebrar as barreiras nos cumprimentos iniciais nos negócios. Regras precisam ser aplicadas para evitar conotações sexuais equivocadas, e, por esta razão, inventou-se o aperto de mãos.

Também tivemos que aprender a nos desfazer dos velhos tabus sobre alimentação. No local de trabalho moderno, a comida pode ser consumida em qualquer lugar, desde a sua mesa até as escadas, o elevador ou até mesmo na rua, enquanto você anda. Esse ambiente recente de pouca segurança na hora da alimentação é uma transgressão da necessidade animal básica de consumir os alimentos reservadamente.

Da mesma forma, tivemos que evoluir para lidar com a mudança de comportamento do bando. Nos negócios, os bandos, isto é, as equipes, são formadas e desintegradas quase que da noite para o dia. A rivalidade entre os departamentos é encorajada, mas há uma recomendação de que toda a empresa deve atuar como um único time. Os líderes de bandos, isto é, os gerentes, vão e vêm, e, durante as fusões, uma incorporação de uma empresa rival pode, com freqüência, significar que o *staff* terá que receber velhos adversários como parte de sua nova equipe.

E, ainda assim, evoluímos para aprender a lidar com tudo isso, não importando o quanto se oponha às leis naturais e sociais. De alguma maneira, aprendemos a administrar essas mudanças e, geralmente, acabamos até gostando disso. Entretanto, ainda precisamos estar atentos ao animal que se esconde dentro do elegante habitante das cidades. Ele nunca será totalmente domado. Então, tenha isso em mente ao chegar no trabalho e desenvolver sua nova linguagem corporal nos negócios.

Pontos-chave, em poucas palavras

- Conheça seus objetivos nos negócios.
- Posicione-se no mercado – você tem uma boa imagem?
- Entenda as tendências da moda e como elas afetam a percepção.
- Trabalhe suas emoções. Estude-as objetivamente. Comece a aprender como disfarçá-las, quando necessário.
- Entenda a forma como você usa o espaço em relação aos que estão à sua volta.

Capítulo 4

Habilidades de linguagem corporal

AGORA QUE VOCÊ JÁ DEFINIU seus objetivos principais, está na hora de olhar com mais atenção para sua linguagem corporal cujos sinais podem ser divididos em seis grupos:

1. Sinalização de longo alcance

Inclui sua postura e a maneira com que você põe seu corpo em ação. Você tem modos característicos de se locomover, sentar e ficar de pé. Um colega poderá reconhecê-lo a distância, tomando por base apenas esses movimentos. Eles são afetados pelo humor, pelo estresse e pela saúde.

2. Linguagem dos membros

Os braços e as pernas tendem a se manifestar enquanto falamos. Quando estamos calados, os sinais ainda continuam sendo emitidos.

3. Micromovimentos

São os gestos menores, como movimentos de mãos, dedos ou pés, que oferecem uma compreensão permanente sobre seus pensamentos. Alguns desses movimentos são tão rápidos e pequenos que são praticamente imperceptíveis.

4. Comportamento facial

Os olhos são os sinais mais potentes e sutis em nosso repertório. Sob a pele do rosto, entretanto, existe uma série de músculos que são capazes de executar complexos movimentos rotatórios. Ao contrário da postura corporal, até mesmo pequenas alterações no panorama facial podem sinalizar enormes variações de humor e de pensamento.

5. Comportamento espacial

Todos os animais são afetados pelo espaço e pela proximidade. Conforto, segurança e bem-estar perceptivo podem ser destruídos por um comportamento espacial inadequado. Falando francamente, ficar muito perto pode fazer com que as pessoas se sintam desconfortáveis.

6. Contato físico

Estabelecer contato físico com outras pessoas nos negócios produz resultados de alto impacto. Preciso dizer mais alguma coisa nesse tópico?

Todas essas habilidades unem-se para criar o conjunto de sinais que formam suas comunicações não-verbais. Alguns têm mais poder que outros. O contato físico e o espaço, geralmente, são as comunicações dominantes, embora a transmissão da mensagem dependa de um equilíbrio geral de todos os sinais.

A linguagem corporal precisa abranger também o cheiro e a aparência. Se, no seu caso, isso está mais ligado aos sinais de longo alcance ou a um gênero mais sutil, somente você e seus amigos, colegas e cachorro saberão. Também gosto de incluir a roupa usada para trabalhar, embora ela seja um adorno corporal, e não um movimento. A essa altura, você já estará ciente que a roupa de trabalho é uma parte importante de sua imagem, sinalizando uma consciência tribal ou de bando, percepções internas, humor, autoconfiança e status.

Nunca fique excessivamente entusiasmado com uma única faceta de suas habilidades de linguagem corporal. Para se apresentar de maneira satisfatória, você precisa ter em mente o equilíbrio total. Um bom sorriso pode ser uma ótima forma de receber um cliente, mas será inútil se você tiver se recusado a trabalhar as mensagens de suas mãos e seu contato visual. Treinei pessoas de negócios para que cumprimentassem as outras apenas com um sorriso, mas algumas vezes elas faziam isso junto com um contato visual vidrado e agressivo, ou um aperto de mãos que poderia partir ao meio uma casca de noz.

Onde diabos...?

Você pode achar interessante descobrir de onde tirou o seu conjunto particular de variações de linguagem corporal. Seria ótimo se você fizesse uma lista específica, mas a ciência mental não é tão exata a esse ponto. No entanto, um guia aproximado de suas várias fontes seria mais ou menos o seguinte:

1. Respostas inatas

São gestos e movimentos que você usaria mesmo se tivesse sido criado pelas baleias cachalote ou passado seus primeiros anos vagando sozinho em uma floresta. Entretanto, como há pouquíssimos casos que se encaixam nessa natureza, é difícil saber, verdadeiramente, quais movimentos são inatos e quais são aprendidos. Sorrir para mostrar satisfação e balançar a cabeça de um lado a outro para recusar uma comida indesejada parece ser o tipo de coisa que faríamos naturalmente.

Outras demonstrações emocionais têm como propósito principal a sobrevivência. Quando indicamos surpresa, por exemplo, os olhos se abrem e as sobrancelhas levantam. Isso aumentará nossa visão em um ataque ou em uma situação de perigo.

2. Plágio

São expressões e gestos que aprendemos copiando-os de outras pessoas. Eles respondem, de longe, pela maior porcentagem. As crianças aprendem imitando os mais velhos e, quando se tornam adultas, ainda estão fixadas nesse padrão, em maior ou menor grau. O *staff* pode copiar um chefe que admira ou teme, ou cujo cargo cobiça.

Nos negócios, usamos a técnica da modelação, especialmente quando começamos em um novo emprego e, particularmente, se esse emprego possuir uma intensa atividade cultural. Podemos fazer isso conscientemente, ou, da mesma forma que assumimos um sotaque quando passamos certo tempo em um lugar distante, podemos não nos dar conta de que estamos agindo assim, até que alguém fora do local de trabalho comente o fato conosco. Isso faz parte do processo geralmente conhecido como clonagem corporativa.

3. Plágio involuntário

É o motivo dos pesadelos. É quando você assume hábitos e rotinas de linguagem corporal que você *não* quer – gestos pelos quais pagaria para não adquirir. Mas uma pequena falha em seu cérebro traduziu o comando "não" como um "sim" e, de qualquer maneira, parece que você está preso a ele.

Esse fenômeno pode acontecer em qualquer estágio da vida. Pode começar quando você está observando um colega que possui um hábito particularmente irritante durante palestras ou reuniões de negócios, como balançar uma caneta ou desenhar as aspas no ar para indicar que está fazendo uma citação. Você fica feliz pelo fato de esses gestos não fazerem parte de seu repertório. E então, subitamente – para o seu desespero –, você se descobre fazendo-os. A única coisa boa dessa súbita imitação gestual indesejada é que ela é relativamente fácil de ser interrompida.

O mesmo não pode ser dito sobre os gestos de maior alcance. São todos aqueles gestos, movimentos e expressões irritantes, deprimentes e completamente desconcertantes que seus pais usavam, aquelas coisas que o deixavam louco quando era criança. Esses movimentos característicos permanecem como uma bomba-relógio nos seus genes. E, então, um dia, geralmente na meia-idade, você descobre que também os está empregando. Quando seus pais morrem, o processo todo avança com uma rapidez surpreendente. Eliminar esses hábitos é muito difícil, porque você pode nem ter consciência de que os está praticando até que um membro de sua família venha lhe dizer: "Você parece muito com o seu pai quando faz isso!".

4. Habilidades aprendidas

É a série de movimentos que fazemos um esforço consciente para aprender, como parte de uma nova habilidade. Dirigir, por exemplo, exige a aprendizagem de um novo conjunto de linguagem corporal. O mesmo acontece com algo simples, como acender o fogão. Se trabalharmos esses movimentos necessários, adquiriremos uma memória muscular, o que significa que poderemos fazê-los sem um pensamento consciente e, então – potencialmente –, nos tornaremos muito bons ao executá-los. Poderemos também ser forçados a modificar gestos ou posturas por conta de problemas de saúde ou prejuízos físicos.

Você tem controle sobre todos esses quatro tipos de linguagem corporal, embora modificar alguns deles possa ser mais difícil que os outros. Mas lembre-se sempre, você *pode* mudar seu comportamento, mesmo se não puder alterar intrinsecamente sua personalidade. A linguagem corporal não é algo incontrolável, a não ser os tiques nervosos totalmente involuntários dos quais algumas pessoas sofrem.

Tudo o que você precisa para mudar é exercer algum controle. Mostre para o seu corpo quem é que manda. Use o cérebro racional para se focar nas ações subconscientes e pressione o botão da superação.

► Melhorias básicas

O diagrama de sua postura corporal

Agora que você já sabe um pouco mais sobre linguagem corporal, vamos começar do básico, fazendo uma espécie de exercício de aquecimento.

Exercício

Comece ficando em uma posição de relaxamento, pés separados, um pouco mais afastados que a distância dos ombros, e braços ao longo do corpo. Agora:

1. Alongue-se. Estique a coluna. Imagine que há uma corda ao longo da sua coluna, que sai pelo topo da sua cabeça e que alguém está puxando essa corda a partir do teto.

2. Gire seus ombros para a frente, com um leve arco, e então mova-os para cima em um movimento circular, para trás e para a frente. Isso deverá retificar a postura de seus ombros sem que você adote uma postura militar.

3. Balance um pouco os ombros para relaxar as mãos.

4. Faça o mesmo com as pernas.

5. Concentre-se na dinâmica de seus ombros. Feche os olhos e transfira toda a energia do seu corpo para essa área. Sinta-se crescer nessa região. Não estufe o peito, apenas encare essa área como sua fonte de energia.

6. Agora pense em seus pés. Esse é o ponto em que sua energia toca o chão. Nunca se torne "enraizado", ou você transmitirá a aparência de uma total negatividade e falta de iniciativa. Suponha que é a energia de seus ombros que está mantendo o seu corpo no ar. Imagine que ela poderia sustentá-lo, para que você pudesse flutuar sobre o chão, se quisesse. Considere que seus pés são a conexão entre o seu corpo e o chão, e não a parte que está sustentando todo o resto de seu peso.

   Agora, tenha certeza de que seus pés estão alinhados e que seu corpo está situado bem no meio deles. Equilibre-se. Você está apoiado nas partes externas/internas de seus pés? Há muita ênfase na parte frontal ou no calcanhar? Corrija todos os desequilíbrios.

7. Respire bem. O ar deve ir diretamente para a parte inferior dos pulmões, para que o estômago se expanda e se contraia à medida que você inspira e expira. Imagine que o oxigênio está revitalizando seu corpo e que, ao expirar profundamente, você está expelindo toda a negatividade existente. Equilibre sua respiração. Não respire profundamente de maneira apressada, apenas amplie a forma como você respira naturalmente e diminua um pouco o ritmo.

8. Imagine que seu rosto vai ser passado a ferro. Você quer que as rugas sejam passadas ou suavizadas? Remova a tensão muscular de seu rosto. Levante as sobrancelhas por um instante. Sinta a tensão muscular nessa área começar a diminuir. Nos negócios, costumamos manter as sobrancelhas sempre cerradas. Agora levante bem suas sobrancelhas e deixe-as cair várias vezes. Quando você as levantar, deverá sentir um movimento na área do maxilar também. Abaixe as sobrancelhas e relaxe-as, mas não as enrugue novamente. Faça uma expressão de leve surpresa. Mantenha as sobrancelhas levemente arqueadas e abra seus olhos um pouco mais.

   Pense que você está olhando para alguém de quem gosta muito, alguém que faz você sorrir. Demonstre com os olhos sua reação para essa pessoa.

   Coloque a ponta da língua no céu da boca para liberar a tensão do maxilar. Deixe os dentes separados, mas mantenha os lábios unidos. Agora, feche sua arcada dentária. Projete os lábios para fora na forma de um bico e, depois, recolha-os num sorriso aberto. Relaxe a boca em sua posição fechada normal.

   Levante o queixo levemente, mas mantenha o olhar na mesma direção. Sorria um pouco sem mostrar os dentes. Sorria com os olhos.

Monólogo

Agora é a hora de criar um mantra, que você deverá repetir para se recarregar. Isso funciona, mas você precisa aprender a fazê-lo com uma expressão séria. Fique tranqüilo – eu não pediria que fizesse algo que eu também não estivesse preparada para fazer, honestamente.

Escreva sua própria frase, algo que seja breve, preciso e fácil de repetir. As palavras trabalham no subconsciente pelo som e pelo tom, tanto quanto pelo conteúdo. Portanto, você poderá escolher algo que soe relaxante ou animador, em vez de algo que signifique exatamente a mesma coisa, mas que soe menos reconfortante para seus ouvidos.

Alguns exemplos:

"Me sinto calmo, confiante e sob controle."
"Sou o maior."
"Estou cheio de energia e positividade."
"Brilho como uma luz."
"Aproveito o dia."
"Escolho a energia, o poder e o entusiasmo."
"Sou tão grande quanto o desafio à minha frente."
"Sou tão onipotente quanto Bill Gates, mesmo sem ter o seu fluxo de caixa."

Qualquer que seja o seu mantra, esteja certo de que ele faz você se energizar. Se não for um grande escritor, mergulhe nas pilhas de livros com citações para melhorar a vida, que são vendidos na maior parte das livrarias. Você deverá encontrar um mantra que seja mais adequado a você. Não se preocupe em se sentir ridículo – ninguém mais saberá que essa é a sua frase. Se compartilhá-la com colegas ou companheiros, a mágica estará desfeita.

Agora, como parte final de nosso exercício:

9. Respire e deixe o mantra percorrer todo o seu corpo.

10. Ria bem alto. Coloque suas mãos nos quadris e faça barulho. Vá em frente. Algo ensurdecedor funciona, mas um estrondo de furar os tímpanos é melhor ainda. Uma risada quase natural é boa, mas uma risada teatral, parecida com a dos vilões de pantomimas, não vai lhe fazer mal. Sorrir e gargalhar produzem resultados maravilhosos em seu corpo. E se o seu trabalho for fatalmente sombrio, pelo menos você dará uma boa risada todos os dias.

Esse é o seu exercício principal de linguagem corporal. Você irá utilizá-lo no início de cada dia, e em momentos-chave durante o dia de trabalho – embora, obviamente, seja melhor usar a versão condensada (*veja a seguir*) no trabalho, para não assustar os colegas!

▸ Consertos rápidos

Agora algumas técnicas para consertos rápidos:

Postura

Esse exercício pretende revitalizar sua postura. Faça-o quando sentir que está prestes a entrar em um modo de protetor de tela.

- Se estiver sentado em sua mesa, faça o alongamento da coluna (devagar e cuidadosamente, você não quer deslocar nada), rotação de ombros e respiração.
- Alinhe sua postura. Distribua o peso em ambas as nádegas. Pouse os pés delicadamente sobre o chão, levemente separados. Faça um arco com a coluna, e, depois, relaxe-a.

O andar

Adoro um bom andar. É a melhor maneira de se projetar e de ser aplaudido em cena, se você executá-lo corretamente.

Exercício

- Mais uma vez, comece com a correção básica da postura.
- Coloque os braços ao longo do corpo, mas nunca permita que eles se enrijeçam. As palmas das mãos devem estar voltadas

para o seu corpo, e a ponta dos dedos deve tocar a lateral de suas pernas (pessoas muito musculosas podem achar isso impossível de fazer. Tudo bem. Não vou começar a discutir por apenas uma razão: você parece grande demais para brigar).

- Seus braços irão balançar um pouco conforme você caminha, então dê uma leve balançada agora, para praticar.

- Incline sua pélvis para dentro e ligeiramente para baixo. O ângulo da inclinação dependerá do sexo (a *qual* sexo você pertence, não o quanto você faz). Uma mulher pode mover a pélvis para a frente, contraindo as nádegas, e parecer elegante ao andar. Se um homem fizer isso, pode parecer um concorrente em um concurso de *drag-queens*. Os homens devem se concentrar apenas em desfazer a curvatura da coluna, mantendo, ao contrário, a pélvis no eixo.

- Deixe que seus pés façam todo o trabalho ao caminhar. Isso significa usar o tipo adequado de sapatos. As solas precisam ser flexíveis e o calçado deve ser confortável e fácil de ser usado. Uma modelo terá que andar bem com qualquer tipo de sapato – plataformas, sandálias de tiras, chinelos, botas de caminhada –, mas você pode escolher um bom par para ir ao trabalho, com uma sola plana.

- O tamanho perfeito do passo dependerá de sua altura. Pessoas pequenas geralmente tentam se movimentar com mais rapidez, dando passos maiores, mas isso parece ridículo. Idem para os tipos altos e desengonçados que andam com afetação. Ande de um lado para outro em frente ao espelho ou em um vídeo, até que você consiga algo que pareça adequado ao seu tipo físico.

- Se ainda tiver problemas com isso, fique em frente ao espelho novamente e abra seu passo até que seus pés fiquem separados, regulando com a distância entre os ombros. Agora, mantendo seus pés no mesmo ponto, faça uma rotação com seus dedos até que você se vire de lado. Isso deve lhe dar um bom diagrama dos seus passos. Continue trabalhando em cima disso até que você tenha transferido a passada para sua memória muscular.

O seu caminhar vai se tornar suavemente coordenado à medida que você se movimentar. Seu tronco vai se manter relativamente firme, a não ser por um leve balançar dos braços, que será causado pelo movimento do corpo, em vez de um estilo em marcha".

É provável que você avance com a cabeça quando anda, e mais ainda se estiver apressado. A cabeça e os ombros são as partes mais fáceis de impulsionar, enquanto todo o resto do corpo os acompanha. Essa postura, no entanto, lhe conferirá uma aparência de tartaruga. Você pode corrigir isso inclinando-se suavemente para trás. Impulsione-se a partir dos seus pés e deixe a parte superior de seu corpo apreciar a caminhada. Mantenha seu peso apoiado na parte de trás de seus pés o tempo todo, colocando no chão o calcanhar do pé que está na frente, e deslocando-se somente quando seu peso tiver sido transferido, revezando entre o pé da frente e o pé de trás.

Nunca deixe os braços ficarem muito rígidos ou pendurados na frente do corpo.

Nunca olhe para o chão, a menos que seja absolutamente vital para sua vida e seus membros. Olhe para cima e à sua volta quando estiver andando.

Nível do olhar

O contato visual nos negócios deve ser interessado e amigável, em vez de ameaçador. Você pode praticá-lo ensaiando com amigos. Olhe-os nos olhos enquanto estiver ouvindo. Sustente o olhar quando for possível, mas assegure-se de que está suavizando a expressão para evitar encará-los. Faça uma pergunta e mantenha o contato visual até obter a resposta, mas sem parecer desafiador.

Faça contato visual também ao ser apresentado a pessoas e quando estiver como ouvinte em um grupo, especialmente quando não estiver participando verbalmente da discussão. Escolha certos momentos para inclinar-se para a frente enquanto estiver ouvindo, mantendo o contato visual.

Se você sentir que está começando a encarar alguém, olhar alternadamente para cada um de seus interlocutores pode ajudar a quebrar um pouco o olhar fixo, mas se os seus olhos forem grandes, esse dispositivo pode parecer muito evidente. Os atores olham para as sobrancelhas ou para a testa quando estão em uma postura de conversa íntima, mas isso parecerá estranho na vida real. Uma rápida olhada para o rosto parece natural para quebrar o gelo, mas evite olhar para o nariz da pessoa. Isso causará paranóia, assim como olhar para as orelhas ou para o cabelo.

Deslocar o olhar dos olhos para a boca é necessário na comunicação, já que costumamos ler os lábios mesmo quando nossa audição é boa. No entanto, nunca faça isso em excesso. Seu colega poderá pensar que você o está paquerando, ou que há um pedaço de espinafre entre seus dentes.

Gestos

Os gestos variam de pessoa para pessoa. Com que freqüência você usa suas mãos em uma conversa natural e descontraída? Seja cauteloso ao modificar demais seu estilo, ou você parecerá e se sentirá estranho.

Como observação geral, no entanto, evite o uso excessivo de "gestos de barreira" quando quiser comunicar ou explicar o seu ponto de vista. Quando você cruza os braços, transmite a idéia de que está se retirando da comunicação. Sentar-se em sua cadeira com os braços cruzados e seu olhar voltado para o chão é uma das maneiras mais fáceis de ofender um interlocutor. A outra é olhar para o relógio, bocejar ou mexer em papéis quando o outro estiver falando.

Cruzar os braços é um gesto de defesa que pode desencorajar a comunicação.

Enquanto você estiver se comunicando, poderá usar gestos abertos ou outros movimentos de mão para ilustrar ou enfatizar suas palavras. Isso pode se tornar um auxílio visual para seu fluxo verbal. Lembre-se, no entanto, de policiar a dispersão – evite movimentos de inquietação e de oscilação, que roubarão a autoridade de suas palavras.

Evite, também, entrar em um estado permanente de exagero. Na ânsia de se tornarem grandes oradores, os políticos colocam muita inflexão verbal e visual em todas as palavras que saem de suas bocas. Isso é como um ator representando *Thomas e Seus Amigos* ao estilo de *Hamlet*. A oratória fervorosa está fora de moda. O público prefere pessoas que usem um tom mais baixo e que digam a verdade, e o mesmo deve ser aplicado para o seu próprio estilo de gesticulação. Não há necessidade de cerrar o punho e batê-lo contra a palma da outra mão todas as vezes que você confirmar que quer açúcar no seu chá. Até mesmo as instruções de sua empresa referentes ao seu melhor produto ou à sua última missão não dão destaque ao uso excessivo de acenos e expressões faciais fechadas que alguns palestrantes usam para endossar um ponto de vista quando estão se apresentando para outras equipes ou clientes.

Toques reconfortantes

Toques reconfortantes são gestos e ações sutis relativamente insignificantes, mas que aumentam a sensação de bem-estar. Muitos deles derivam da infância. Todos precisam deles em algum momento, e alguns de nós, o tempo todo. Geralmente, nos tornamos conscientes deles apenas quando alguém nos chama a atenção, ou quando uma dificuldade aparece e mergulhamos em nosso subconsciente para nos lembrar daquilo que fazemos.

O problema com os gestos reconfortantes é que eles podem transmitir a mensagem de que você está, de alguma forma, se sentindo desconfortável e precisando restaurar sua confiança. Se você está sentado em sua casa, eles raramente causarão algum problema, mas, nos negócios, podem ser profundamente indesejáveis.

Alguns exemplos de gestos reconfortantes:

▸ Tocar o cabelo

Significa acariciar ou remexer o cabelo. Acariciar é o equivalente a afagar a pele de um animal, e é visto como um gesto autotranqüilizador, implicando um acúmulo interno de ansiedade. Remexer o cabelo é uma óbvia regressão à infância e parece exatamente isso: infantil e imaturo.

Despentear é algo diferente. Significa um pensamento desorganizado. Mover a mão em torno do cabelo sinaliza confusão e/ou ansiedade para tomar uma decisão.

▸ Tocar as orelhas

As orelhas são um ponto comum de conforto. Puxar ou esfregar o lóbulo da orelha é um gesto tranqüilizante associado à tomada de decisões, quase como se o ato em si pudesse ajudar no processo. Pode dar a impressão que você está escolhendo cautelosamente suas palavras até o ponto de mentir, ou que já ouviu demais, quando a outra pessoa está falando.

Apalpar, coçar ou limpar a orelha pode sinalizar falta de autoconsciência física, devido à ansiedade, ou pode ser um sinal de completa arrogância, como qualquer ato corporal repulsivo praticado em frente a uma platéia. A implicação é que ou você não sabe o que está fazendo (nervosismo) ou que não dá importância a isso (total falta de respeito).

▸ Tocar o rosto

Tocar o rosto quando se está falando é usado como meio de autoconfirmação. Fazemos isso quando ficamos chocados com algo, tocando as bochechas ou os lábios com a ponta dos dedos, ou tocando a boca ou o queixo para nos auxiliar enquanto estamos falando. Tocar o nariz pode ser um sinal de insegurança, quase como se quiséssemos verificar se ele ainda está ali, no meio de nosso rosto. Esfregar os olhos nos ajuda a ganhar tempo, e também demonstra que não gostamos muito do que teremos de dizer em seguida. Tocar as sobrancelhas ou esfregá-las geralmente significa que estamos tentando massagear o cérebro para produzir resultados melhores.

Infelizmente, os toques no rosto, de um modo geral, traduzem falta de sinceridade ou até mesmo mentiras para quem está observando. Podem ser vistos como uma tentativa de disfarçar as palavras que estamos emitindo, como se estivéssemos nervosos com o fato de as estar proferindo.

Tocar a boca também pode ser um sinal de flerte. Colocar os dedos numa zona erógena como essa pode implicar dizer que você gostaria que o seu ouvinte o beijasse.

▸ Tocar o pescoço

Como a boca, o pescoço pode significar sexo ou nervosismo. Tocá-lo ou esfregá-lo de maneira hesitante vai parecer algo tenso e agitado. Passar a mão na nuca sugerirá uma ansiedade crescente, que você está tentando aplacar. Passar a mão na parte da frente do pescoço parecerá um gesto de flerte em uma mulher. Em um homem, significa coceira provocada pelo barbear.

▸ Friccionar os ombros

Demonstra ansiedade, embora simplesmente esfregá-los pareça um gesto de flerte, se praticado por mulheres.

▸ Abraçar o corpo

Todo auto-abraço, com braços cruzados próximos ao tronco, significa uma grande necessidade de auto-afirmação (*veja a figura 2, página 183*). Algumas mulheres falam com os braços, dos ombros aos cotovelos, grudados ao longo do corpo. Isso significa um desejo de ser aceito e uma necessidade de afirmação.

▸ Torcer as mãos

Mais uma vez, isso demonstra ansiedade e um desejo de agradar. Feito devagar, pode sinalizar a expectativa crescente de apreciação mútua; de modo rápido, tende a demonstrar uma submissão obsequiosa.

▸ Mexer nas jóias e bijuterias

Colares, anéis, relógios de pulso, gravatas – mexer em qualquer um desses objetos dá a impressão de agonia, nervosismo, preocupação ou tentativa de encobrir um erro.

▸ **Morder o cabelo ou as unhas**
Nervosismo extremado.

▸ **Mexer nos bolsos ou carregar documentos pendurados no peito**
Ansiedade. Alguma coisa a esconder. Tentativa de encobrir a verdade.

▸ **Braços cruzados no alto em uma mulher ou mãos unidas em frente a pélvis em um homem**
Parece sexualmente ameaçado (*veja figura 3, pág. 183 e figura 10, pág. 170*).

▸ **Pernas cruzadas, com a de cima balançando**
Indica impaciência, como se você quisesse se ver livre da pessoa com quem está.

▸ **Dar batidinhas com os dedos ou tamborilar**
Idem. Um pedido para que a outra pessoa fique quieta.

▸ **Dar batidinhas com os pés ou tremer as pernas**
Nervosismo ou impaciência extremados. Isso pode significar que você tem desejo de fazer algo urgentemente, como ir ao banheiro.

▸ **Unir as pontas dos dedos com as mãos apontadas para cima**
Sinalização de alto status.

▸ **Tamborilar os dedos unidos pelas pontas, com as mãos apontadas para cima**
Ditatorial. Você quer deixar a outra pessoa constrangida.

▸ **Uso da caneta**
Rabiscar – faz com que você pareça chateado e distraído.
Bater – irritante e irritado.
Girar – nervoso e compulsivo.
Morder – altamente ansioso.

Defendendo um ponto de vista

Gestos enfáticos ajudarão a reforçar suas mensagens verbais e tonais. Entretanto, nunca deverão ser transformados em uma forma de arte. Algumas pessoas, como Tony Blair, ampliaram o seu repertório de gestos de empatia até o ponto em que as mãos passaram a ser a mensagem. Parecer-se com alguém que está fazendo sinalização para surdos, no entanto, significará que suas mãos se transformaram em uma distração, em vez de ajudarem a aprimorar sua fala.

Os gestos não devem fazer sombra às palavras, porque, de certa forma, eles já fazem isso, mesmo quando são sutis. Use suas mãos para fortalecer sua mensagem, da seguinte forma:

- Mantenha as mãos abertas quando começar a falar. Gestos como agarrar as mãos com força, esfregá-las e pressioná-las parecem uma tentativa de editar sua fala e se policiar para não dizer o que pensa.
- Gestos como apontar e manter o dedo em riste parecerão agressivos, mas não devem ser eliminados (*veja figura 1, na próxima página*). Lembre-se do poder do conjunto de sinais. Sorrir e apontar ao mesmo tempo raramente será algo ofensivo. Golpear o ar e franzir as sobrancelhas, no entanto, podem ser.
- Evite gestos metronômicos que durem mais que três pulsações, ou você parecerá mandão e ditatorial.
- Seja cauteloso com os gestos desdenhosos. Se eles são suficientemente ofensivos como resposta a comentários alheios, podem parecer uma estupidez de último grau quando acompanharem seu próprio ponto de vista.
- Cerrar o punho pode funcionar se for usado para enfatizar um ponto principal. No entanto, use demais esse recurso e você parecerá uma criança abominável, com um permanente acesso de raiva.

Gestos de negação

Esses gestos destruirão totalmente as mensagens de negócios que você quer transmitir. Assumem, geralmente, a forma de microgestos, embora possam ser grandes. Com freqüência, surgem no fim de uma afirmação, tornando-a inválida aos olhos do público. Algumas vezes, são usados deliberadamente, para sinalizar que a mensagem é corporativa, mas que não é compartilhada pessoalmente por aquele que a expõe.

Você pode, por exemplo, comunicar uma mensagem séria para sua equipe e depois se permitir acrescentar um pequeno meio-sorriso ao fim. Seus olhos poderão ir até o teto e voltar. Uma sobrancelha pode subir. Você pode contrair a boca (*veja abaixo*), dobrando os lábios em um arco descendente, ou suas mãos podem se abrir rapidamente com os dedos dobrados indicando "se você preferir", movendo-os para fora e de volta à posição original à velocidade da luz.

Desde criança, você se tornou especialista em identificar esses gestos de negação, porque os pais os usam bastante. Servem como exemplo uma rápida

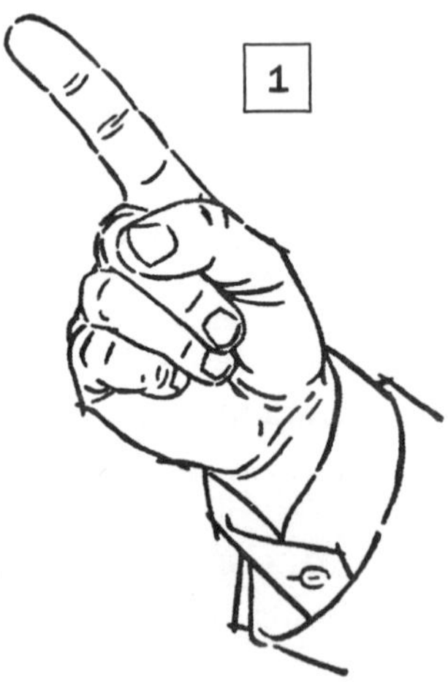

Um dedo em riste pode ser agressivo.

Uma contração da boca combinada com olhos levantados para o teto arruinarão sua mensagem.

piscadela depois de um sermão ou a suavização da expressão facial, que quer dizer que o castigo é mais uma ameaça do que algo a ser posto em prática.

Ao usar gestos de negação na vida adulta, lembre-se de que está se comunicando com uma série de ex-crianças, que monitorarão esses microgestos com bastante precisão. O efeito, em sua comunicação, é como pegar um apagador gigante e querer apagar todas as palavras do quadro-negro.

Portanto, espere um pouco ao fim de sua fala. Um gesto de negação nesse ponto mostrará falta de confiança em sua mensagem. É isso o que você quer mostrar? Se não for, dê uma pausa e escolha a imobilidade.

Pontos-chave, em poucas palavras

- Comece a estudar e a aprimorar sua própria linguagem corporal, trabalhando em todas as seis áreas-chave.
- Esteja atento aos seus próprios gestos reconfortantes. Quais são os seus hábitos regulares? O que acontece quando você está sob estresse? Analise se alguns desses gestos precisam ser modificados.
- Tome cuidado com os gestos de negação.

Capítulo 5

Estratégias de linguagem corporal para levá-lo ao topo

MAS, E SE SEU OBJETIVO profissional for chegar ao topo, seja de seu departamento, de sua empresa ou de seu próprio império pessoal?

Há um processo natural na escolha do líder de um bando e muitos gerentes sabem disso. É por isso que a maioria dos líderes de negócios encaixam-se em um dos grupos seguintes:

1. O líder inspirador, que transmite lealdade e confiança, pois a equipe acredita que ele sabe o que está fazendo e que suas decisões são corretas.
2. O líder que assume o cargo sem a natural autoridade ou o consenso da equipe e é forçado a se engajar em uma vigorosa postura de poder, isto é, lembrando a todos, por meio de palavras e ações, quem é o chefe, e recorrendo ao método de persuasão e influência "faça isso porque eu mandei".

Infelizmente, o líder 1 é tão raro quanto dentes em uma galinha. O líder 2 é bem mais comum. Os funcionários tendem a observar o líder 2 e usá-lo como um modelo de comportamento quando se tornam líderes, repassando a má semente para todas as gerações seguintes, como uma anomalia genética.

Há também um líder 3. São aqueles que percebem que não têm nenhuma liderança natural e, por isso, se tornam invisíveis. Passam todo o dia em reuniões, surgem somente na festa de Natal e, no resto do tempo, percorrem a empresa ou o departamento por procuração, através de seu assistente.

Eventualmente, o assistente torna-se uma espécie de Norman Bates do filme *Psicose*, e a equipe suspeita que o líder está, na verdade, se decompondo em uma cadeira de balanço no sótão, em algum lugar, da mesma forma que a mãe de Norman.

▸ Estudando a aparência

Qualquer que seja seu cargo atual, você poderá se parecer com um líder, assumindo um comportamento de alto status. Nunca caia na armadilha de acreditar que terá que esperar até que o cargo lhe seja oferecido para, então, dar início às mudanças. Algumas pessoas simplesmente exalam autoridade, e grande parte disso se deve à linguagem corporal. Nada surge com o nascimento. Todas as técnicas podem ser aprendidas.

O poder e a autoridade visuais costumam vir das seguintes fontes de linguagem corporal:

1. Tamanho

É um retrocesso a tempos pré-históricos, quando as pessoas brigavam fisicamente para chegar ao topo. E eu quero dizer fisicamente mesmo. Você consegue ser promovido em sua empresa por outros meios, mas o tamanho ainda pode ser usado a seu favor.

Muitos líderes poderosos foram pessoas baixas, mas as altas realmente têm a vantagem de se destacar na multidão. Infelizmente, não é raro que isso as torne tímidas, o que significa que elas devolvem à natureza o dom da autoridade inata, preferindo parecer magricelas e desajeitadas, se sentando no fundo das salas para tentar passar despercebidas.

2. Postura

Qualquer que seja o seu tamanho, os líderes costumam se sentar e se manter mais altos. Alguns famosos líderes baixinhos pareciam mais altos do que eram simplesmente porque se mantinham em pé muito bem. Eles se alongavam e se endireitavam. Curvar-se ou inclinar-se indica que lhe falta energia e que você delega poder. Ombros endireitados significam que o poder vem de dentro. Ande e se posicione adequadamente e as pessoas à sua volta parecerão captar essa energia também.

3. Satélites

Pessoas em altas posições geralmente são circundadas por satélites. São os parasitas bajuladores, que atuam como modelos de comportamento para o resto do mundo. "Essa é a maneira pela qual devo ser tratado", é o que o líder diz ao resto da força de trabalho e ao mundo. Os satélites servem, também, como guarda-costas não-oficiais, assegurando que as camadas inferiores não terão acesso ao líder.

4. Espaço

Um alto status, *in situ* significa espaço. Os líderes comandam de uma cadeira mais alta, ou de um palco ou pódio. Como eu disse anteriormente, quanto maior o escritório, maior o chefe. É por isso que escritórios sem divisórias que incluem uma mesa para o chefe provocam tanta aflição interna entre as categorias superiores. Ser alguém visível durante todo o dia *e* sem a pompa do poder significa que será necessário se abastecer de outras fontes para parecer e soar como um líder" O problema com as habilidades de liderança é que elas não são sempre visíveis. Os líderes lideram. Em meio a outras pessoas em um escritório sem divisórias, o ônus está sobre eles, para que sejam observados *fazendo* alguma coisa. Uma vez que comecem a "fazer" algo, como digitar em seu teclado, estão trabalhando, e não liderando. Talvez eles tenham de ser devolvidos às suas salas com grandes janelas e cadeiras.

A utilização do espaço é um fator importante no status. Nos anos 1970 e 1980, os chefes vindos da escola do comando e controle usavam o espaço e a mobília para criar um clima de poder. Eles possuíam os maiores escritórios, com os mais longos caminhos para se chegar às suas mesas. A psicologia por trás disso era simples: recordava-nos de nossa primeira lição escolar sobre poder externo e autoridade. Os velhos estímulos ainda funcionam.

▸ Posturas de poder

Aqui estão algumas dicas para aparentar um alto status. Você pode fazer o que quiser com elas. Não pretendo ser moralista. Se quiser ser percebido como Átila, o Huno, então vá em frente, embora eu sugira que você leia um bom livro sobre liderança antes de fazer isso. É sempre melhor tomar uma decisão abalizada, em vez de se cercar de todo o poder, só porque você foi molestado na escola e tem uma necessidade ardente de dar as costas para o resto do mundo. É claro que os negócios – e até mesmo os países – já foram governados por ditaduras, algumas vezes até com certo nível de sucesso, dependendo do ponto de vista. Ainda assim, gostaria que você estudasse as alternativas, ou, para usar uma das minhas frases favoritas: "Não faça nenhuma escolha até ter visto tudo o que está disponível no balcão".

Arrumação da mesa

O status pode vir de um estilo confrontador de arrumação da mesa, de modo que você pode acabar se sentando em frente a alguém com uma divisória de mogno ou de imbuia envernizada separando os dois. A propósito, madeiras mais escuras significam um status maior. Essa atitude, é claro, é totalmente sem sentido para um gerente mais educado e comprometido, já que cria um clima de confrontação e, em alguns casos, de agressão declarada. Seus colegas de trabalho não se sentirão confortáveis, a menos que você já tenha a reputação de ter uma personalidade draconiana, e, nesse caso, suas vítimas prefeririam ter uma ampla mesa que as separassem de você como uma barreira de proteção.

Isso também pode ser aplicado a entrevistas, onde o candidato não tem conhecimento prévio do seu estilo de liderança, mas sente a necessidade, ainda assim, de estar em um ambiente reconfortante.

A mesa de alto status não deve estar desordenada. A confusão significa ter funções de ordem prática, e chefes não fazem muitos trabalhos desse tipo. Também sugere um raciocínio desorganizado. Essa é a hora de arrumar seus papéis. Seja especialmente cuidadoso para se desfazer de velhos recados adesivos e de quaisquer brinquedos ou joguetes que você esteja usando a título de decoração.

Atmosferas divinas

Existe aquele velho truque de posicionar sua cadeira em frente à janela, para que suas costas fiquem voltadas para a luz. Isso assegura que seus visitantes sejam forçados a conversar com a sua silhueta, emoldurada por uma espécie de aura ou luz quase divina. Você pode achar que estou fazendo uma piada, mas não estou.

Trabalhei em uma empresa em que o gerente executivo possuía quase poderes sobre-humanos. Sua equipe jurava que ele tinha uma presença que podia ser sentida a distância. É claro que eles estavam certos – você *podia* sentir o sujeito quando ele chegava na sala. Mas ignoremos as lendas infundadas e poderemos perceber que as técnicas eram simples:

1. Ele aparecia o mínimo possível. Assim, suas visitas pareciam especiais.
2. Ele escolhia sempre um momento em que o escritório estava bem cheio, mas não muito ocupado.
3. Ele entrava por uma porta que alguns membros da equipe conseguiam ver através de sua visão periférica. Assim, algumas pessoas, de fato, o *viam* entrar. Era o efeito que isso tinha sobre sua linguagem corporal (uma certa rigidez e agilidade na postura) que o resto da equipe percebia, e nem tanto a sua aparência.

Não havia nenhuma mágica especial, no entanto. Mas era um excelente truque de linguagem corporal.

Os assentos de poder

Você quer o trono do poder? Literalmente? Vale a pena descobrir com antecedência em qual das cadeiras você deve sentar-se.

Se está participando de uma reunião em uma grande mesa de conferências, então a escolha óbvia é uma das extremidades. Mas escolha por acaso a extremidade errada e estará perdido. Portanto, uma rápida inspeção prévia da sala é recomendável. A pessoa que senta-se na extremidade mais distante do líder está em conflito direto com ele, ou está a ponto de ser despedida, ou ambos. Geralmente, a comissão de diretores é tão grande que, de qualquer maneira, tudo o que eles disserem não vai ser ouvido. Mesmo que suas vozes soem tão nítidas quanto um sino, o chefe que está na posição de poder pode fingir que não ouviu o que foi dito.

Em alguns casos, no entanto, o assento do poder estará no meio da mesa, especialmente se a cadeira estiver diante da porta. Esta é a posição da Última Ceia. Você talvez não encontre nenhum subordinado sentando-se à frente do chefe.

Ao se sentar no meio, você faz com que as pessoas que estão estabelecidas nos dois lugares mais óbvios de poder, em qualquer uma das extremidades da mesa, pareçam imbecis, ou até mesmo dois suportes de livros, já que serão forçadas a passar a reunião inteira inclinando-se para a frente para ouvir o que você tem a dizer, especialmente se estiver falando em voz baixa. Entretanto, nunca escolha esse lugar nem tente essa tática se estiver em uma posição de menor status, já que você acabará fazendo seu próprio chefe se sentir um bobo.

Uma outra posição de poder é sentar-se no assento menos provável. Você escolhe deliberadamente uma cadeira de menor status – isto é, próxima ao fim da mesa ou quase atrás da porta –, e acomoda-se com o queixo repousado sobre os dedos, unidos pelas pontas e com as mãos apontadas para cima. Essa rotina de delegação de autoridade apavora outros funcionários mais insensatos. Você se parecerá com o chefe ideal, isto é, alguém que permite que a equipe tenha um momento de descontração e que escolha o próprio lugar em reuniões programáticas, sem fazer quaisquer interrupções. A realidade é que a sua presença é mais poderosa do que se você estivesse de pé, anunciando possibilidades. Você se torna tão onipresente quanto o pai que se senta na cozinha de uma festa de adolescente. Sua linguagem corporal significa que você ainda se mantém firme no comando. Entretanto, ao não oferecer nenhuma pista das suas opiniões para a equipe, você a faz mergulhar em águas profundas, sem oferecer-lhe o colete de proteção.

Nada é pior do que o chefe que confirma sua participação, mas não aparece na reunião. A equipe gosta dos comentários, de ser aprovada e dos sinais de linguagem corporal nas reuniões, para assegurar-se de que está indo no caminho certo.

Siga meu líder

Um padrão natural em muitos grupos é o líder instigar uma mudança de posição e outros membros o seguirem alguns momentos depois. Isso tem tudo a ver com os bandos andarilhos, que precisam de um líder para decidir aonde ir. O mesmo se aplica aos homens, particularmente nos negócios.

Deve-se identificar o líder real ou a pessoa que toma decisões em uma reunião de vendas, por exemplo, simplesmente como forma de monitorar esse jogo de seguir o líder e de identificar o instigador. Essa pessoa seria a primeira a relaxar, a se acomodar na cadeira, ou até mesmo a ficar observando o próprio relógio. Tudo é um pouco mais complexo no trabalho nos tempos atuais, e a fórmula tende a ser menos precisa. Múltiplos fatores podem estar atrapalhando o processo:

1. Por causa do novo estilo das habilidades de liderança, envolvendo um conjunto de competências muito mais discreto, ninguém no grupo poderá realmente perceber quem é seu líder, até mesmo os próprios líderes. Os cargos modernos contribuem muito pouco para ajudar essa situação.
2. A pessoa que toma decisões pode não ser o líder do grupo. Em uma situação de compra, a palavra final será, geralmente, da pessoa responsável pela contabilidade, que normalmente mal vê a luz do dia.
3. Você pode estar observando um grupo com crise de identidade. Muitas pessoas já leram sobre a história do "primeiro a mudar de posição" e estão dispostos a lutar pelo poder, colocando-o à prova. Grupos

como esses são sempre interessantes de se observar, já que os resultados são, geralmente, hilários. Cada pessoa competindo pelo melhor cargo tenta implementar primeiro todas as alterações corporais, até que o grupo inteiro parece se comportar de modo acelerado. Nessas situações, procure encontrar a pessoa que quase não se mexe. Ela será, provavelmente, a verdadeira líder, que permanece calma.

Power-dressing

Você provavelmente já saberá tudo sobre esse assunto, seja porque o fez nos anos 1980, ou porque leu sobre ele desde então, e viu algumas cenas de Margaret Thatcher em sua juventude. O *power-dressing* era extremamente eficaz. Atingiu seu ápice com o filme *Wall Street – poder e cobiça* e seu ponto mais baixo com o filme *Uma secretária de futuro*, no qual Melanie Griffith é promovida graças a um corte de cabelo penteado para trás e a uma lata de laquê.

Entretanto, as roupas sempre serviram para exibir status e sempre servirão, apesar das recentes tentativas de se adotar um estilo mais informal nas equipes de trabalho. Certas cores significam poder, assim como outras sinalizam que você é uma pessoa fraca. Azul-marinho, preto, cinza-escuro, branco e vermelho-escuro sugerirão sempre status. São um clichê no mundo dos negócios, mas sempre funciona. Marrom-escuro, verde, creme e bege sugerem um perfil menos corporativo. Tons fortes, como roxo, verde-esmeralda, rosa-escuro e azul, entram e saem de moda nas empresas, mas aumentam a visibilidade. Rosa-bebê, azul-claro, limão e verde-pistache parecem engraçadinhos e passivos.

Ombros mais cargos eram a assinatura do *power-dressing* e, embora os grandes enchimentos tenham saído de moda, o ombro armado ainda aparenta mais status do que as linhas menos estruturadas. É difícil romper a ligação que se observa entre uniforme e status. O terno parece um uniforme. O casaco de malha de lã, de alguma forma, simplesmente não significa a mesma coisa.

Muitos chefes se vestem de modo negligente, mas o que quer que você esteja vestindo, se quiser se arrumar para aparentar um status maior, as roupas devem cair bem e propiciar a facilidade dos movimentos. No mínimo, o seu traje precisará parecer comum. Se a sua gravata estiver torta e seus sapatos encardidos ou muito usados, ou seus botões muito apertados, as pessoas vão reparar.

O estilo informal de se vestir criou um pesadelo para as situações de poder. Pelo fato de um par de calças de estilo chino e camisas esportivas sugerirem pouco status, a responsabilidade pelo oferecimento de pistas sobre quem detém o poder em uma empresa recaiu firmemente na linguagem corporal – com exceção dos negócios orientais, onde costuma-se assumir que a pessoa mais idosa presente é a mais experiente.

Postura

A pessoa com status verdadeiramente maior não precisará chamar a atenção, ela irá comandar naturalmente. Ficar ereto é importante, da mesma forma que manter a cabeça erguida. No entanto, o ângulo de inclinação pode ser crucial. Incline a cabeça muito para trás e você parecerá arrogante. Abaixe-a demais e você parecerá tímido. Um olhar nivelado é o melhor.

Andar com pressa, mas sem correr, é fundamental. O andar deve parecer coordenado e você deve aprender a fazê-lo com os braços soltos ao lado do corpo. Criar barreiras com os braços ou as mãos enquanto anda fará com que você se pareça defensivo, em vez de estar no comando.

Inclinar-se para trás em sua cadeira pode dar uma impressão jovial, que algumas pessoas identificam com status. A precariedade da posição ao falar para todos à mesa sugere um controle firme em situações extremas. O indivíduo que quer simular completamente uma posição de poder acrescentará a esse efeito o posicionamente das mãos atrás da cabeça (*veja a página seguinte*). Esse hábito de exposição das axilas é psicologicamente fascinante. Quando um animal quer demonstrar submissão a um inimigo mais forte ele geralmente exibirá as partes mais delicadas de seu corpo.

Essa é a postura máxima do indivíduo que simula uma posição de poder.

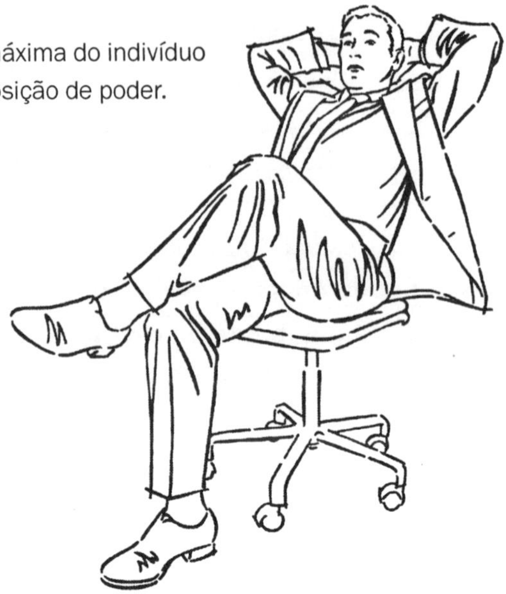

Um gato, por exemplo, se deitará com sua barriga exposta para demonstrar que está disposto a terminar a luta. Esse artifício é impopular nos negócios, pelo fato óbvio de que pode haver confusão na transmissão dos sinais, e deitar-se no chão com a barriga à mostra poderia ser facilmente mal-interpretado como algo mais sexual. Por essa razão, mostramos as palmas das mãos.

Com base nisso, a exibição simbólica das axilas deveria sinalizar submissão ou fraqueza, mas não é isso o que acontece. O que ela demonstra é arrogância. Ela diz à pessoa que está à sua frente que você não deve ser percebido como uma ameaça, o que pode ser algo desagradável mesmo entre amigos próximos. Como um gesto de negócios, é bastante rude. As pessoas realmente maníacas pelo poder levam essa demonstração um passo mais adiante, colocando seus pés sobre a mesa. Isso é de uma arrogância absoluta. Em termos de comparação, é o equivalente a um lutador de boxe abrir a guarda para demonstrar que o oponente não conseguiria desferir um murro nem mesmo em um saco de papel molhado. Não faça isso.

Táticas de força

As mãos desempenham um papel importante na demonstração de poder. Usá-las como uma barreira pode parecer negativo e, evidentemente, o mesmo acontecerá se você mexê-las demais ou exibir outros sinais reconfortantes ou de ansiedade. Apertar uma das mãos contra a outra demonstrará um status menor, mas certas formas de cruzá-las podem aparentar maior status.

Usar os dedos para unir as mãos serve para demonstrar mais status. Se você se sentar com as mãos à sua frente entrelaçadas sobre a mesa, transmitirá a impressão de estar calmo e sob controle. Se levantar as mãos entrelaçadas e colocar os cotovelos sobre os braços da cadeira, aumentará o ar de superioridade. Se abrir os dedos e uni-los pelas pontas, com as mãos apontadas para cima, você começará a parecer racional e em total controle (*veja abaixo*). Tudo o que você precisa fazer depois disso é espiar por cima de seus óculos, e parecerá estar no topo da escala de poder.

Unir os dedos dá a impressão de racionalidade.

O aperto de mãos poderoso

Nos anos 1980, uma das grandes características de liderança era um aperto de mãos que simulasse poder nos negócios. Diz a lenda que a pessoa que mantivesse a mão por cima exibiria mais poder. Portanto, a idéia era se contorcer enquanto apertava as mãos, ou enfrentar o "oponente" com a mão quase na horizontal, com a palma para baixo, para forçá-lo a ficar em uma posição mais fraca. Era uma coisa popular naquela época e algumas pobres almas ainda usam esse artifício hoje em dia.

A nova versão teria que ser, simplesmente, a de quebrar os ossos, que não é mais sutil do que o próprio nome diz. Aqui, você agarraria tão firmemente a mão da outra pessoa que a faria estremecer. Isso, de alguma forma, demonstra força e status superior. No entanto, já apertei a mão de muitas pessoas realmente poderosas e nenhuma delas teve necessidade de destruir minhas articulações para provar quem eram.

Demonstração de status pelo olhar

O contato visual é uma parte integrante de qualquer demonstração de alto status. Faz você parecer confiante e bom ouvinte. No entanto, praticá-lo em excesso não é um sinal de força, mas de loucura. Como afirmei anteriormente, muito contato visual significa luxúria ou guerra. Portanto, use-o o tempo todo enquanto estiver ouvindo, mas varie-o sutilmente quando estiver falando, ou você subjugará alguém da pior forma possível.

Grosseria

Ser rude com os colegas é visto como um sinal de poder, provavelmente pelo fato de que apenas o chefe poderia escapar de um comportamento grosseiro sem levar um soco no nariz. Mas a falta de polidez é um outro traço que raramente observei nas pessoas que chegaram genuinamente ao topo. As pessoas com poder verdadeiro não precisam ser rudes para prová-lo. A grosseria parte daqueles que não têm poder, mas desejam-no ou que o conquistaram, mas, no fundo, sentem que não o merecem.

Invasão do espaço

Falamos anteriormente sobre zonas territoriais e consciência espacial pessoal. Invadir o território de um colega é horrível, asqueroso; é assumir uma postura mal-intencionada de poder, porque deixamos aquela pessoa em uma situação desconfortável. Os maus chefes se posicionam atrás dos funcionários e lêem o que estão fazendo sobre seus ombros enquanto estão trabalhando e, depois, querem saber por que eles cometem erros. Aproximar-se de alguém dessa forma é um ato de agressão, quer tenha sido intencional ou não.

Se você quiser realmente provocar uma situação aflitiva, faça a brincadeira do "Vou ficar de pé e você sentado" por horas. Ao ficar de pé enquanto seu colega está sentado, você parece superior e ameaçador, a menos que esteja representando para aquela pessoa, isto é, vendendo, convencendo-a ou sendo avaliado de alguma forma, caso em que aquele que está sentado assumirá o papel principal.

A altura e o tamanho da cadeira tornam-se importantes se ambos escolherem se sentar. A cadeira grande de couro *versus* o modelo pequeno e funcional significará chefe *versus* subordinado. Essa sensação será aumentada se a cadeira de couro tiver recursos giratórios ou balançar e a outra cadeira for estática. O pior cenário para a vítima é a cadeira sem braços. Sentar-se diante de alguém reclinado em sua própria cadeira enquanto seus cotovelos se mantêm sem apoio força-o, virtualmente, a uma linguagem corporal que demonstra status inferior. A única artimanha a seu dispor para enfrentar o oponente será apoiar um cotovelo no encosto da cadeira de uma maneira despreocupada. Isso pode se tornar estranho se o encosto da cadeira for muito alto ou muito escorregadio para tornar o movimento exeqüível, o que, provavelmente, o forçará a desistir da idéia.

Uma empresa com a qual trabalho tem o que se chama de cadeira do fornecedor indesejado. É um daqueles modelos de escritórios com altura regulável, mas o mecanismo de regulação está quebrado e, quando você se senta na cadeira, começa a afundar lentamente. Essa cadeira cômica e degradante é uma humilhação sutil para fornecedores que decepcionaram a empresa de alguma maneira.

Um último comentário sobre a invasão do espaço – se você aceitar um chá ou café e, descobrir que não há lugar para apoiar a xícara, pode se considerar lamentavelmente passado para trás por um perito em humilhação e psicótico em potencial.

Os aspirantes

Se você quiser aumentar seu status no trabalho de modo positivo, plante as sementes para a autopromoção com algumas dessas dicas rápidas:

- Seja sempre elegante e tenha uma boa aparência.
- Porte-se bem. Pareça confortável consigo mesmo.
- Ande com determinação, mas nunca corra.
- Dê um bom aperto de mãos.
- Use o nome das pessoas quando falar com elas.
- Pareça interessado quando falarem com você, mesmo se estiver ocupado.
- Aprenda a interromper taticamente os que desperdiçam seu tempo.
- Se posicione bem nas reuniões.
- Mantenha a sua mesa arrumada.
- Evite gestos que indiquem agitação, como mexer em jóias, bijuterias ou canetas.
- Evite gestos reconfortantes, como acariciar ou mexer nos cabelos ou mastigar as canetas.
- Evite comportamentos simplistas, como risadas nervosas ou a desagradável imitação do tom infantil ao falar.
- Sente-se e fique de pé de uma maneira equilibrada. Cruzar as pernas pode ser adequado enquanto estiver sentado, mas cruzar os braços é menos pro-

dutivo. Entretanto, ficar de pé com os braços cruzados pode parecer uma excelente tacada de mestre, se bem executada.

- Olhe diretamente para as pessoas quando estiver se comunicando e use um contato visual confiante.
- Sorria quando parecer apropriado, mas evite o sorriso social muito amplo, que pode parecer falso. Sorrir constantemente significa fraqueza.
- Seja sedutor e cortês em todas as situações. Boas maneiras indicam a inexistência de peso nos ombros. Pessoas irritadiças são inseguras.
- Fique calmo. Isso denota confiança.
- Nunca se permita aderir a comportamentos deselegantes no escritório, como fazer fofocas ou se lamentar.
- Crie o hábito de fazer visitas freqüentes e ostensivas a outros membros da equipe. Pergunte-lhes como estão e ouça-os de modo compreensivo. Essa forma de percorrer o local de trabalho é algo que os líderes e gerentes respeitáveis deveriam fazer. A parte boa é que você pode utilizar o pretexto da amizade profissional, e, de quebra, fazer uma prova de figurino para o grande dia.
- Nunca coma em sua mesa.
- Se estiver participando de um evento social do trabalho, como uma festa de despedida, sempre saia cedo, antes que as pessoas comecem a se comportar mal.

Pontos-chave, em poucas palavras

- Decida qual é o seu nível de ambição. Em termos de marketing, nunca é cedo demais saber onde você está indo.
- Reforce sua atenção no que lhe diz respeito o mais breve possível. Nunca esconda seus talentos. As pessoas costumam criar estereóti-

pos de acordo com a imagem percebida, especialmente em uma grande empresa.

- Cumpra suas obrigações.
- Demonstre interesse pelos outros. Aumente sua visibilidade no trabalho de uma maneira positiva.

Capítulo 6

Dicas rápidas para corrigir a linguagem corporal

EIS AQUI ALGUMAS DICAS rápidas para corrigir a linguagem corporal e ajudá-lo a enfrentar situações nos negócios – ou fugir delas.

▸ Como ser todo ouvidos

Escutar é uma das mais importantes habilidades de comunicação. Ninguém escuta muito nos negócios e, portanto, os colegas e clientes ficam facilmente encantados com alguém que consegue se mostrar atencioso. Mostre suas habilidades de bom ouvinte através das seguintes dicas:

- **Pare de trabalhar**
  Você pode ser capaz de executar dez tarefas ao mesmo tempo, mas, para aquele que está falando, parecerá rude ou distraído se continuar lendo, digitando ou fazendo contas.

- **Vire-se para o interlocutor, e olhe-o diretamente**

- **Use um contato visual constante**
  Desviar o olhar, mesmo por uma porção ínfima de segundo, fará com que você pareça distraído, como se estivesse procurando alguma coisa mais interessante para fazer.

- **Incline a cabeça**
  Incline a cabeça em um pequeno ângulo para demonstrar mais interesse e use um ângulo mais acentuado para uma escuta mais profunda, especialmente se você estiver lutando para se manter acordado.

- **Levante a sobrancelha**
  Isso ajudou Roger Moore em *O Santo* e também o ajudará. Levantar uma das sobrancelhas significa uma infinidade de emoções, desde um interesse moderado até uma atenção arrebatadora.

- **Colocar as mãos no rosto**
  Tocar o queixo com as articulações dos dedos é bom. Apoiar um dedo na boca também funciona, já que sugere uma escuta silenciosa. Um dedo indicador levantado apoiado no lado do rosto pode parecer estranho e crítico.

A inclinação da cabeça demonstra interesse, mas a posição do dedo indicador pode parecer estranha.

- **Concordar com a cabeça**

  Concordar com a cabeça é bom. Mas se o gesto for realizado muito rápido e de forma enérgica, será interpretado como um sinal de que você está esperando uma oportunidade para interromper.

- **Espelhamento**

  Demonstre empatia espelhando a pose e as expressões faciais do interlocutor (falaremos mais sobre isso). Mas seja cauteloso, particularmente com as risadas. Os britânicos, em particular, têm o hábito de dar uma "risada brava" enquanto estão contando suas tragédias pessoais. Rir enquanto alguém está lhe contando que seu marido morreu não é uma boa maneira de estabelecer um vínculo com seus colegas.

- **Manter silêncio**

  Fique em silêncio, mesmo quando seu interlocutor parecer ter terminado de falar. Deixe passar um breve momento. Mas ainda demonstre interesse. Isso poderá encorajá-lo a continuar falando. Esse é um estratagema valioso se você estiver trabalhando como jornalista investigativo.

Evite:

- **Reagir em excesso**

  As pessoas que ficam excessivamente entusiasmadas ao reagir a histórias um tanto tolas que ouvem no local de trabalho serão percebidas como falsas, que não prestam atenção ao que está sendo dito.

- **O gesto estacionado**

  Quando encontramos uma brecha na narrativa onde pretendemos entrar, geralmente levantaremos um dedo ou abriremos a boca, como um peixinho de aquário. Se o interlocutor não permitir a interrupção solicitada, deixamos o gesto lá, estacionado para um uso futuro. Isso não leva a uma boa conversação, já que você está informando ao interlocutor que qualquer coisa que ele disser depois disso será ignorada.

- **Bocejar**

  Sim, é claro que você sabe que bocejar é, de fato, um mau passo, mas já aconteceu com todos nós, não? Quando sentir que quer bocejar no meio da conversa, você só tem duas manobras à sua disposição: pode bocejar sem nenhuma restrição e pedir desculpas, dizendo que a sala está abafada, ou tentar suavizar o bocejo. Isso significa manter os lábios bem fechados, enquanto seu rosto incha como um sapo e seus olhos começam a lacrimejar. Tenho a teoria de que o interlocutor, ainda assim, vai perceber que você bocejou.

- **Olhar para o relógio**

  Um gesto total e absolutamente delator, não importa o quanto ele seja necessário naquele momento. Não há nenhuma explicação verbal que consiga desenterrar você desse buraco.

▶ Como mostrar que você sabe o que está fazendo

Enganar os outros para conseguir o emprego que você quer não é uma coisa recomendável, mas acontece até mesmo com as pessoas mais brilhantes, uma vez ou outra. A velha sabedoria recomendava blefar, mudar de assunto, falar besteiras, devolver a questão para o resto do grupo ou, simplesmente, fingir e esperar que ninguém tenha percebido. O problema é que as pessoas agora percebem, graças, em parte, à severa escola de técnicas investigativas que a maior parte dos entrevistadores de TV e de rádio parecem ter freqüentado.

No panorama atual, confessar francamente a ignorância precisa ser a primeira opção. Se você fizer isso, poderá até ser elogiado por sua integridade. Se essa for a sua escolha, vá em frente para a próxima seção sobre como ganhar tempo. Caso contrário, se você planeja esconder sua ignorância:

- Provoque uma sensação de bem-estar físico. Mexa-se menos nesse período de total confusão, em vez de se mexer mais. Evite quaisquer indícios de linguagem corporal para pedir desculpas, como inclinar-se ou sorrir demais.

- Mantenha as mãos firmemente apoiadas sobre a mesa. Caso contrário, elas irão denunciá-lo de maneira evidente, sacudindo ou ocupando-se com besteiras.
- Use a palavra "esclarecer" para ganhar tempo. Não diga que você não entendeu, peça para a outra pessoa esclarecer o que acabou de dizer. Chame-a pelo nome ao fazer o pedido. Se você ainda estiver constrangido depois da segunda explicação, dê uma pausa e diga, "como naquele caso...?".
- Outra frase bastante útil é: "Não foi isso o que eu ouvi dizer". Escrevo para uma revista que é especializada em fofocas de celebridades, e não estar atento aos novos escândalos pode ser o equivalente a cometer suicídio profissional. Nesse ramo, quando se é confrontado com algum fato desconhecido, a resposta comum é: "Não foi isso o que eu ouvi dizer". Já ouvi, inclusive, um colega corajoso usar isso quando lhe contaram que uma determinada celebridade havia morrido no dia anterior.
- Evite ficar com os olhos arregalados de susto. Esses momentos ocorrem geralmente durante as palestras de negócios, quando você perde o fio da meada e não tem nenhuma idéia sobre como responder a uma pergunta da platéia. Seu olhar poderá ser direcionado para o teto, para o cavalete ou para a tela refletida pelo projetor digital. Isso dá a entender que você está esperando algum tipo de intervenção divina. Se tiver que fixar o olhar, que seja no rosto de alguém. Isso fará com que essa pessoa acredite que o ônus de falar ou reagir está recaindo sobre ela, e não sobre você.
- Fique de pé. Se você foi solicitado a trabalhar em uma mesa que lhe parece completamente misteriosa, ficar de pé pelo menos fará com que você pareça corajoso, e até levemente excêntrico. Ficar de pé durante uma palestra de negócios quando ela estiver tratando de um assunto que você não domina também pode ajudar. Demonstrar avidez e um desejo de se comunicar significa que você tem um profundo conhecimento sobre o assunto que está sendo tratado. Se começar a falar, mas não puder continuar, todos, então, pensarão que você ficou com a garganta seca, o que pode acontecer a qualquer palestrante e é tido como um sinal de ansiedade, em vez de mutismo.

- Procure se concentrar em parecer mais confiante do que se sente. Leve uma caneta e um caderno e procure ser visto fazendo anotações ao receber orientações, treinamento e conselhos. Dessa forma, os colegas pensarão que você está aprendendo, pelo menos.
- Solicite ajuda de modo positivo, evitando usar palavras ou uma linguagem corporal que traduzam pedidos de desculpas. Seja conciso e claro com ambas as formas de comunicação. Use o contato visual ao falar e sorrir, em vez de demonstrar uma expressão de preocupação.
- Quando alguém lhe der alguma informação, fique em silêncio e use os sinais de escuta. Pareça concentrado e enérgico, em vez de inseguro e hesitante.
- Nunca fique espreitando em torno da mesa de alguém quando precisar pedir ajuda. Se a pessoa estiver ocupada ao telefone, aborde-a com confiança e, então, espere até que consiga atrair sua atenção e faça um sinal, batendo em seu relógio de pulso e levantando os dedos para mostrar que você retornará em *x* minutos (mostrar o sinal de dois minutos não é recomendável, por razões óbvias). Como alternativa, escreva o motivo de sua visita em um bloco de recados, além da hora que você pretende retornar, e coloque sobre a mesa. Se ela estiver ocupada trabalhando ou se recusar a parar por um segundo para atendê-lo, não importa. Faça isso.
- Para impressionar alguém durante uma apresentação, sempre ocupe um lugar frontal e mostre-se visível, mesmo que o seu conhecimento sobre o assunto em questão seja frágil. Como regra, quanto menos você souber, mais visível você precisa estar. Os instrutores e palestrantes não são imbecis, apesar das evidências em contrário. Eles sabem que as pessoas que se sentam no fundo da sala estão tentando se tornar invisíveis. É seu trabalho revelar essas pessoas, e, portanto, eles acabam, inevitavelmente, escolhendo aquelas que estão no fundo, mais do que os entusiasmados que se sentam na frente.
- Observe a tela do seu computador. Os protetores de tela são uma dádiva dos céus para retardar o seu constrangimento no trabalho. Use um que

inclua bastante movimento, para que seu contato visual esteja verdadeiramente ativo e nunca neutro. Se sua tela estiver de costas para o resto do escritório e você mantiver os dedos repousando suavemente, ou até mesmo se movendo sobre o teclado, é possível que consiga enganar seus colegas, simulando que está trabalhando arduamente, em vez de revelar que está sofrendo de um grande esquecimento. Dê uma pausa algumas vezes e acaricie ou toque o seu queixo. Isso vai dar a aparência de que você está raciocinando e que é inteligente. Franza os lábios por um instante também. Evite todos os sinais de raciocínio lento, como:

- Olhar para o teto.
- Desmoronar sobre a cadeira.
- Girar ou balançar a cadeira.
- Mexer em jóias e bijuterias.
- Roer as unhas.
- Bocejar.
- Suspirar.
- Fazer tranças no cabelo.
- Inspecionar o nariz ou um sinal físico.
- Olhar aleatoriamente para o escritório.
- Sorrir ou dar risadas.
- Morder sua caneta.
- Roer seu copo de café de isopor ou transformá-lo em confete.
- Dar batidinhas com os dedos.
- Rabiscar.
- Assobiar.
- Brincar com o troco nos bolsos.
- Tentar transformar o seu mousepad em um descanso para cerveja.
- Limpar os dentes com o dedo.
- Tirar uma etiqueta de preço da sola do seu sapato.
- Jogar no computador – as pessoas sempre saberão o que você está fazendo, não importa a rapidez com que você desligue.

- Brincar com joguetes de mesa, especialmente os de estilo retrô, como o pêndulo de Newton.
- Olhar fixamente para a janela.
- Olhar fixamente para uma parede em branco.
- Limpar o teclado.

▸ Maneiras de ganhar tempo antes de falar em uma reunião ou conversa

▸ Tire os óculos

Isso lhe dará apenas uma ínfima parte de um segundo, mas pode ser o suficiente.

▸ Converse em sussurros com um colega

Clinton usava essa técnica com grande eficácia quando seu painel exibia o discurso errado.

▸ Limpe seus óculos

Isso funciona, especialmente se você usar um pequeno lenço de seda para executar a tarefa. As pessoas ficarão tão fascinadas pelo seu exibicionismo que lhe concederão mais alguns segundos.

▸ Fique de pé e olhe

Uma vez de pé, é possível entreter a platéia com um olhar expressivo por pelo menos dez segundos, antes que ela comece a suspeitar que você sofreu de alguma interrupção no seu processo intelectual. Até lá, as pessoas estarão pensando que fizeram algo errado, ou que estão prestes a ouvir algo de suma importância. Essa era a maneira pela qual a diretora de sua escola anunciava o fato de que alguém havia feito algo inadmissível na piscina (lembre-se sempre que os velhos estímulos funcionam melhor).

- **Acenda um cachimbo**
  Detesto esse artifício, e não estou sugerindo que você compre um cachimbo se seu único contato com o fumo até o presente momento foi um rápido trago em um cigarro mentolado atrás do galpão de bicicletas. Mesmo assim, já vi fumantes de cachimbo manterem uma platéia sob espantoso domínio por muitos minutos enquanto realizavam o processo de encher, tampar, inalar e acender o cachimbo e, em um determinado caso, retirar a haste e inserir um limpador.

- **Elogie o último palestrante**
  Isso sempre parecerá um agrado, mesmo se as palavras estiverem revestidas de sarcasmo ou ironia.

Ganhe tempo:

- Limpando a garganta.
- Enchendo um copo d'água e bebendo-o.
- Consultando suas anotações.
- Concentrando-se em seus slides ou no Power Point.
- Rindo nervosamente.
- Anunciando que você não se sai bem falando em público.
- Dizendo que está nervoso.
- Limpando sua caneta.
- Distribuindo panfletos.
- Aplaudindo o último palestrante.
- Verificando seus arquivos várias vezes.
- Abotoando seu paletó ou afrouxando a gravata.
- Verificando se o celular está desligado e pedindo aos outros que façam o mesmo.

- Arrastando sua cadeira quando fica de pé.
- Estalando os dedos.
- Indo ao banheiro ou perguntando aos outros se mais alguém gostaria de uma pausa para descansar.
- Perguntando se as pessoas se incomodariam de falar um pouco sobre si por alguns instantes.
- Perguntando se todos podem ouvi-lo bem.
- Fuçando sua bolsa.
- Ou, até mesmo – e eu já vi isso com os meus próprios olhos –, apertando as mãos dos cinqüenta membros da platéia antes de começar.

▸ Administrando os equívocos

Todos cometemos erros de vez em quando no local de trabalho – desde esquecer o nome de algum colega ao apresentá-lo para um cliente, até mandar e-mails pessoais para toda a empresa ao clicar no botão errado. Costumamos ficar mais preocupados com isso do que o necessário. Nossos cérebros normalmente estão repletos de informações e preocupações, e não é surpresa haver uma pequena falha aqui e ali.

Algumas dicas para administrar os equívocos:

- Fique relativamente tranqüilo. Isso evitará uma tendência ao exagero, provocado pelo constrangimento.
- Nunca respalde uma ação idiota com uma linguagem corporal idiota. Não há nenhuma necessidade de pular, dançar e balançar os braços como se estivesse celebrando o erro.
- Ao contrário, esforce-se para parecer inteligente. Se você sorrir, mantenha os lábios fechados. Levante as sobrancelhas de modo cético e franza-as levemente. Se o equívoco for colossal, você poderá virar as palmas das mãos para cima, com um encolhimento sutil e apropriado dos ombros.

- Um único "desculpe-me" já é suficiente. Nunca tente explicar mais do que isso. Você abrirá um buraco ainda maior ou terminará incluindo os termos "imbecil" ou "portador do mal de Alzheimer" ou ambos em sua autodescrição.
- Trabalhe em um sistema de camaradagem. Você e um colega podem vigiar os erros um do outro e desanuviar o ambiente o mais breve possível.

▸ Oito imagens estereotipadas para evitar no trabalho

1. A mãe de aluguel

É provável que todas as moças que trabalham fora coloquem no topo da lista das "qualidades admiráveis que devo levar para o trabalho" a dedicação, a atenção e o cuidado. Embora isso seja uma grande e patente tolice, o estereótipo sobrevive, mas não deveria ser estimulado.

Se o rótulo de babá do escritório lhe for alguma vez atribuído, considere-se arruinada. Você será forçada a usar suéter no trabalho para o resto de seus dias, e sua rotina envolverá constantes rondas para organizar chás-de-bebê e fazer vaquinhas para aqueles que estão se despedindo do escritório. As pessoas gostam de ser paparicadas, mas não pela sua chefe. Portanto, as chances de você ser promovida são ínfimas. Para evitar esse clichê particularmente medonho:

- Nunca pegue o bule de chá e se ofereça para ser maternal. Prefira ficar quieta e morrer de desidratação.
- Remova da gaveta de sua mesa de trabalho qualquer material médico, prático ou de cuidados pessoais, como curativos, comprimidos para dor de cabeça, meias-calças de reserva, alfinetes de segurança e kits de costura.
- Nunca faça vaquinha para *nada*.

- Se um colega vier à sua sala pedindo-lhe que você o escute, fique de pé imediatamente. Não ofereça um assento. Mostre-se interessada (cabeça inclinada para o lado, expressão preocupada, sorriso discreto), mas não esmoreça.
- Nunca use linguagem infantil no local de trabalho. Soa amigável e atrai os tipos dependentes.
- Use poucos gestos fechados. Braços cruzados sobre os seios parecem muito maternais, da mesma forma que as mãos apoiadas nas costelas, logo abaixo dos seios.
- À medida que for envelhecendo, desenvolva mais nitidamente uma espécie de limite. Por alguma razão, as pessoas sempre esperam que as mulheres mais velhas se transformem em almas caridosas. Para evitar o rótulo de mãe de aluguel, esteja certa de que você não se parece com a mãe de nenhuma daquelas pessoas, à exceção – possivelmente – da de Johnny Rotten.* Faça muita cara feia e pragueje nas situações mais estranhas.
- Ande bastante, o que lhe impedirá de alimentar a ilusão de construir um ninho de bem-estar em sua mesa ou local de trabalho.
- Se seus colegas mais jovens vierem procurá-la para pedir ajuda porque você é uma fonte de conhecimento, não se sinta excessivamente lisonjeada. Eles a estarão usando da mesma forma que nós utilizamos o corretor ortográfico – porque somos muito preguiçosos para aprender enquanto há alguém à nossa disposição para fazer o serviço em nosso lugar. Devolva as perguntas que lhe são feitas, como: "Onde é guardado o papel da copiadora?", "Bem, onde você acha que ele deve ser guardado?". Esse é exatamente o espírito de treinar uma equipe, em vez de simplesmente responder o que lhe perguntam, e isso está muito na moda nos negócios atualmente – portanto, ninguém poderá acusá-la de ser rude.
- Nunca dê tapinhas nas costas de ninguém.

---

*Vocalista da banda Sex Pistols, símbolo do movimento punk inglês. (N. do E.)

- Não mantenha nenhuma bugiganga de seus filhos em torno da mesa, como fotos, desenhos ou aqueles horríveis objetos de massinha feitos por eles. Quando chegarem à idade e ao nível de talento em que consigam pintar como um Van Gogh, você poderá emoldurar alguns de seus quadros e pendurá-los à sua volta, mas somente neste caso.
- Não use medalhões ou broches grandes.
- Evite cachecóis e suéter.
- Mostre indiferença por biscoitos. Nunca seja vista abrindo um pacote.
- Nunca seja aquela que afixa bilhetes nos banheiros com avisos do tipo "Dê a descarga".

2. O cartão de visitas da empresa

Se "a babá" é, invariavelmente, uma mulher, então o palhaço será, quase sempre, um homem. Divertir alguém é uma coisa boa, mas ser tachado como o palhaço da empresa é um péssimo passo em sua carreira, a não ser que você trabalhe no Billy Smart's Circus. Se o som das risadas significar mais para seus ouvidos do que o do dinheiro caindo na sua conta corrente, então leve essa imagem às últimas conseqüências, mas lembre-se de que as pessoas no trabalho, de um modo geral, sorrirão apenas por uma questão de educação ou porque estarão totalmente esgotadas. Não considere um sorriso como sinal de aprovação. Para evitar ser visto como o palhaço do escritório (ou a grande piada):

- Nunca use roupas engraçadas. A moda pode ser fascinante, mas meias e gravatas cômicas são um golpe fatal para o estilo e o bom gosto. Se elas também executarem uma musiquinha, considere-se tão divertido quanto uma crise de herpes.
- Não dê apelidos aos colegas. Eles podem não gostar e não compartilhar desse seu senso de humor perverso.

- Evite os ditos populares verdadeiramente medonhos, especialmente aqueles roubados da televisão. Se usados com muita freqüência, podem soar como unhas arranhando um quadro-negro.
- Tente não fazer sons que possam ser ouvidos da sala do seu chefe, como vozes cômicas idiotas e risadas sem sentido.
- Estabeleça um equilíbrio entre o seu lado divertido e o seu lado sério. As pessoas precisam saber que você é capaz de realizar um bom serviço no trabalho, mas isso não acontecerá se elas começarem a duvidar de sua sanidade ou não tiverem certeza de quando você está falando sério ou quando está debochando.
- Evite objetos cômicos em volta de sua mesa.
- Nunca seja aquele que faz os comentários ferinos nas reuniões de negócios. Algumas frases engraçadas podem quebrar o gelo, mas um bombardeio de sarcasmo e espirituosidade pode ser visto como algo negativo, que faz perder tempo.
- Sente-se na frente nas reuniões. O palhaço, tradicionalmente, vai se acomodar no fundo, para fazer com que suas observações cômicas interrompam o palestrante.
- Tente não ficar excessivamente animado ao falar. Os palhaços trabalham duro para ser engraçados. Um humor mais sutil funciona melhor nos negócios, e significa capacidade de raciocínio. Parecer sério, mas ser engraçado, é muito melhor para a sua carreira do que parecer engraçado, mas ser estúpido.
- Evite seqüências de piadas muito longas no trabalho. Raramente elas são tão engraçadas assim e os colegas costumam rir por piedade, tédio ou vergonha. Para muitos deles é como fingir o orgasmo – eles esperam que isso o estimule a acabar logo.
- Evite cabelos compridos, assim como penteados para a frente ou com muito gel.

3. O profissional incurável

Se esse for o seu caso, você será capaz de fazer com que até mesmo o tipo palhaço pareça adorável. Você é frio, insípido e não demonstra emoções, a ponto de parecer quase um cadáver dentro de seu terno. Está sempre cercado de boas companhias no seu local de trabalho e existem legiões de pessoas iguais a você. Ser profissional é uma coisa, mas de vez em quando você precisa provar que não é um holograma.

- Sorria ocasionalmente, especialmente quando os colegas o cumprimentarem. Deixe o sorriso no rosto por um certo tempo. Profissionais incuráveis costumam empregar o sorriso "*the flash*", um rápido espasmo dos músculos da boca, que vai embora tão rapidamente quanto apareceu.
- Jogue conversa fora. Os clientes, particularmente, não gostam de ser colocados logo contra a parede em reuniões. Estabeleça alguma afinidade com eles.
- Transforme o aperto de mãos em alguma outra coisa que não seja uma arma de combate. Pense que ele serve para quebrar o gelo, e não é uma manobra para quebrar as articulações dos dedos.
- Conheça os membros de sua equipe. Pergunte-lhes sobre suas famílias de vez em quando. Compre biscoitos para eles.
- Faça algo engraçado. Uma vez é o suficiente.
- Pare de usar jargões.

4. O espreitador

Há sempre alguém pairando em torno da mesa dos chefes, esperando para falar ou criando coragem para interromper. Eles tentam ser quase invisíveis durante a maior parte do dia, e, com isso, tornam-se estranhamente perceptíveis pelas piores razões. Para evitar isso:

- Nunca fique se insinuando no local de trabalho. Locomova-se com uma sensação de que há um motivo para isso, mesmo se não tiver certeza para onde está indo.

- Faça uma boa entrada. Nunca abra uma porta vagarosamente ou ande na ponta dos pés em uma sala de reuniões.
- Nunca se sente na beira da cadeira, especialmente se ela for sua.
- Pare de usar a palavra "desculpe-me", como em "Desculpe-me incomodá-lo, mas...".
- Não hesite. Se você começar a cumprimentar ou a abrir a porta para alguém, ou levantar a mão para fazer uma observação em uma reunião, siga em frente.
- Use mais contato visual. Se você conseguir atrair atenção dessa maneira, a pessoa com quem você quer falar poderá lhe responder se estiver temporariamente ocupada, e isso evitará que você fique espreitando em torno de sua mesa, esperando que ela acabe seus afazeres. O contato visual seguido por um pequeno levantar das sobrancelhas a estimulará a sinalizar quando tiver acabado. Se ela parar de falar para perguntar por que você está vagando em torno dela, explique-lhe o motivo.
- Sorria menos, especialmente para os objetos inanimados. Sorrir demais pode fazer com que você pareça nervoso, dócil e passivo.

5. Débi e lóide

Expressar-se em linguagem infantil não é um bom passo na carreira e, ainda assim, muitos fazem isso de forma regular, seja para dar a impressão de que são prestativos ou adoráveis, ou para parecer ainda mais idiotas que seus chefes (algo como perder deliberadamente uma partida de squash), ou como um artifício de manipulação ao dar ordens ou fazer com que alguém realize o trabalho ou faça hora extra em seu lugar. Entretanto, ao aderir ao uso de uma linguagem mais idiotizada, você terá cavado um buraco do qual nunca mais vai sair. Você nunca mais será visto novamente como um intelectual sofisticado.

O "débi e lóide" é, basicamente, um estratagema de linguagem corporal. As mãos ficam pressionadas uma contra a outra na frente do corpo, seja na altura da caixa torácica ou acima do peito. O rosto estará sorrindo de maneira faceira ou formando um biquinho com os lábios, o que distorcerá as palavras com a pronúncia defeituosa de uma criança. A cabeça poderá estar inclinada para ganhar um efeito extra. O corpo oscilará ou balançará um pouco. Surgem palavras infantis, como "gugu" e "dadá". O efeito é como ser afogado em uma calda de açúcar. Ver uma mulher madura participar desse ritual em uma tentativa de bajular um colega para que ele faça um serviço para ela é como lutar contra uma ânsia de vômito.

Os homens também usam essa simplificação da linguagem, geralmente com os confusos procedimentos de quando eram meninos. Conheço um homem de negócios que alega ter dificuldade de escolher sua própria comida, o que o faz pedir à sua assistente que se desdobre para preparar seu prato. Ela pensa que o está ajudando nessa difícil decisão. No fim, parece que ele usa a equipe para realizar as tarefas mais subalternas.

Evite infantilizar a sua linguagem, por mais manipuladora que ela possa ser, fazendo o seguinte:

- Sempre use palavras adequadas, adultas.
- Nunca faça biquinho, a menos que esteja flertando escancarada ou ironicamente.
- Mantenha suas mãos ao longo do corpo e dentro dos bolsos quando estiver fazendo uma solicitação.
- Nunca use as palavras: "Me faz um favor?".
- Mantenha seu corpo estático ao fazer uma solicitação – nunca se balance, nunca oscile.

6. O viciado em estresse

O estresse é parte da vida moderna nos negócios. Algumas pessoas sofrem seriamente com ele, lançando-se a qualquer tipo de cura conhecida, desde aulas de ioga balsâmica até tanques de flutuação macrobióticos, na busca por serenidade e tranqüilidade. Outros, simplesmente, sentem-se estimulados com a descarga de adrenalina e com a ansiedade permanente, pressionando constantemente as velhas glândulas supra-renais em um esforço para alcançar o máximo nível possível.

Não há necessidade de se vivenciar o estresse em silêncio, mas o viciado parte para o outro extremo e anuncia os seus sintomas para a maior platéia possível. Sua imagem é como Lloyd Bridges em *Aeroporto* – as mangas arregaçadas até os bíceps, o cabelo bagunçado, movimentos constantes e ritmados de inquietação, além de uma tendência de comer demais e respirar rápido. Os gestos são descoordenados, a fala é rápida e as roupas são de uma cadeia de lojas que eu nunca ouvi falar, mas que, obviamente, levam um nome como "Wired Geeks R Us" ("Somos idiotas cheios de energia").

Se você exibe seu estresse dessa forma, só pode ser por uma destas três razões:

1. Você realmente está trabalhando em um nível muito estressante e prestes a explodir, caso em que tem a minha total simpatia quanto ao fato de que essa não é, obviamente, uma situação engraçada.
2. Você é uma diva do teatro.
3. Você quer impressionar todo mundo pela enorme carga de esforço que deposita no trabalho. Você supõe que a visão de seu suor lhe trará admiração, piedade e promoções.

Se a sua motivação provém de uma das duas últimas categorias, então você merece apenas piedade mesmo, mas não pelas razões nas quais acredita.

Ter autocontrole é algo bom nos negócios modernos. A inspiração e a ostentação impressionavam somente no século passado. Livre-se de todos os seguintes hábitos imediatamente:

- Estar sempre esbaforido.
- Colocar a língua entre os dentes, indicando impaciência.
- Resmungar.
- Ficar dando voltas pelo local de trabalho.
- Morder suas unhas ou qualquer outra parte de seu corpo.
- Mexer nervosamente qualquer parte de seu corpo.

- Empurrar constantemente seus óculos até o limite do seu nariz.
- Girar o pescoço para relaxar os músculos, *à la* Mike Tyson.
- Tamborilar com os dedos.
- Limpar o suor do rosto com a mão.
- Usar a mesma mão e passá-la pelo cabelo para transformar o suor em um creme.
- Arregaçar as mangas e afrouxar a gravata no exato momento em que você chega para trabalhar.
- Fazer juras a si mesmo (ou aos outros, é claro).
- Dar aquela terrível risadinha martirizada toda vez que alguém lhe pede para fazer algo.
- Chutar ou até golpear objetos inanimados.

7. O imbecil autêntico

A questão com o imbecil autêntico é que ele não precisa infantilizar a linguagem, porque ele já está no último grau dessa escala. A amplitude de sua atenção é equivalente a de um inseto, e sua memória, a de um peixinho de aquário. Seu cérebro funciona apenas para cuidar da própria agenda, e isso é desconcertante para todos, especialmente para ele. Há apenas dois lugares que ele pode ocupar no mundo dos negócios: o topo ou a base da empresa. Se ele tiver consciência de sua própria estupidez, a empresa, provavelmente, lidará bem com ele. Se tiver pretensões intelectuais, no entanto, estará em apuros. Para se precaver de ser percebido como um imbecil autêntico, evite:

- Gabar-se de suas ressacas.
- Gabar-se de seus piercings.
- Fixar objetos constrangedores na tela de seu computador.
- Balançar a cabeça ou simular que está tocando violão durante o trabalho.
- Criar apelidos detestáveis para os outros colegas.

- Usar tantos jargões a ponto de parecer que você está falando uma língua estrangeira.
- Começar todos os dias de trabalho com os mesmos clichês irritantes, como, por exemplo, "Outro dia, outro dólar".
- Fingir que você acabou de acordar quando alguém lhe pergunta algo.
- Agir por conta própria – conferir e verificar tudo novamente.

8. O lúcio

Esse apelido é uma referência ao fato – real ou inventado, não sei – de que se você colocar um lúcio* em um tanque cheio de peixes tropicais, ele comerá o menor peixe. Coloque uma lâmina de vidro transparente entre os dois e o lúcio logo aprenderá que não conseguirá alcançá-lo. Remova a lâmina e ele não tentará novamente, porque aprendeu a esperar pelo fracasso.

Os lúcios são cínicos no trabalho. A idade e a experiência não lhes ensinaram nenhuma sabedoria, apenas precaução e negatividade. Eles recebem as novas idéias com escárnio. Se alguma coisa não funcionou quando foi tentada anteriormente, eles não vêem razão para dar uma nova chance.

Para não ser considerado um lúcio (mesmo se você for um), evite:

- Se afundar em sua cadeira durante as reuniões.
- Começar as frases com: "Sim, mas...".
- Suspirar ou colocar a língua entre os dentes, em sinal de desaprovação.
- Revirar os olhos.
- Balançar a cabeça e olhar para baixo.
- Cruzar os braços em uma postura de total negação.
- Bocejar.

---

*Peixe encontrado em rios e lagos europeus, que atinge 1,5m de comprimento, de corpo esverdeado.

- Dar uma palestra com as mãos enfiadas nos seus bolsos traseiros.
- Parecer desnecessariamente mais velho, ao usar ternos muito grandes ou sem caimento, gravatas fora de moda, broches e artigos de malha variados.
- Usar frases como "no meu tempo", ou "é claro, vocês são muito jovens para se lembrar disso".
- Ficar grisalho ou com pêlos brancos no rosto.
- Usar o mesmo estilo de óculos por anos a fio.

Agora que você conhece os vários tipos de imagem que são especialmente importantes evitar, vamos considerar como você gostaria de ser percebido pelos seus colegas.

▸ Como parecer assertivo

Desde que o termo foi cunhado nos anos 1970, todos nós queremos nos tornar mais assertivos no local de trabalho, isto é, nem agressivos nem passivos, mas eficientes, cheios de integridade e capazes de nos defender adequadamente.

Aprender sobre assertividade é fácil. Colocá-la em prática é que é complicado. É preciso entusiasmo e persistência. Executá-la bem pressupõe envolver todas as partes do seu corpo à sua disposição. Dito de maneira simples, significa colocar seus pés no chão, mas sem sapatear. A palavra "não" encaixa-se perfeitamente no vocabulário da assertividade, da mesma forma que as habilidades de ouvir e negociar.

Seguir o roteiro da assertividade corretamente não é assim tão difícil. Duro é ficar atento à sustentação da prática. Muitas pessoas se dizem assertivas, mas se parecem mais com capachos. Outras lutam por flexibilidade e retidão de caráter, mas terminam se parecendo com Dirty Harry, sofrendo com variações de humor.

Aqui vão alguns sinais de linguagem corporal que mostram se você está indo longe demais em relação à agressividade ou à passividade:

Sinais de agressividade

- Olhar fixamente.
- Apontar com os dedos.
- Cerrar os lábios.
- Esgarçar o sorriso.
- Comprimir os olhos.
- Ficar muito próximo de alguém.
- Inclinar-se sobre outra pessoa em sua mesa de trabalho.
- Sorrir com sarcasmo.
- Franzir as sobrancelhas.
- Cruzar os braços.
- Desviar o olhar.
- Ficar com os olhos "mortos".
- Levantar o queixo.
- Colocar as mãos na cintura.
- Colocar as mãos atrás da cabeça e os pés sobre a mesa.
- Medir os passos.
- Cerrar os punhos.
- Balançar a cabeça para interromper alguém.
- Manter uma postura ereta.
- Estufar o peito.

Sinais de passividade

- Cruzar os braços como se estivesse se abraçando, ou fazendo qualquer outro gesto de defesa.
- Ocupar-se com besteiras.
- Sorrir excessivamente.
- Dar uma risada nervosa.
- Reduzir o contato visual.
- Coçar o rosto com as mãos ou brincar com o cabelo.
- Abaixar o queixo.
- Adotar uma postura deprimida.
- Abaixar os ombros.
- Mover-se para a frente e para trás.
- Alternar o apoio entre um pé e outro para sustentar o peso do corpo.
- Enfiar as mãos nos bolsos.
- Torcer ou entrelaçar as mãos.
- Suspirar.

Estes são os sinais de linguagem corporal de uma pessoa assertiva:

Sinais de assertividade

- Contato visual constante, usado mais na hora de ouvir do que de falar.
- Um sorriso expressado pelos olhos.
- Nenhum gesto de defesa.
- Gestos abertos.

- Gestos usados para enfatizar a fala.
- Utilização de sinais de escuta.
- Concordar com a cabeça para estimular a outra pessoa a falar.
- Uma postura bem equilibrada.

Isso deve ajudá-lo a parecer assertivo – o que, no fim, pode significar metade da batalha ganha.

► Como gerar empatia

Expressar empatia e afinidade é uma das maiores proezas da linguagem corporal que posso lhe ensinar. A técnica é simples de descrever, e eficaz se você souber colocá-la bem em prática. "Colocá-la bem em prática" precisa atender, entretanto, a dois critérios: i) sutileza, e ii) perspicácia. Ao empregar essa técnica, você nunca deve deixar que alguém o inspecione. Leia os meus lábios: ninguém nunca deve saber que você está fazendo isso.

Espelhamento é o nome do jogo e, provavelmente, você já deve ter ouvido algo a respeito. Pense nas pessoas com as quais você já tem alguma afinidade – seu parceiro, seu melhor amigo, um colega com quem você se relaciona bem. Essa afinidade irá transparecer para os outros. Quando você conhece bem uma pessoa e gosta dela, começa a falar e a andar da mesma maneira que ela. Algumas vezes, até se veste de modo semelhante. Quando vocês se encontram, suas expressões faciais tornam-se parecidas. Portanto, a afinidade e a empatia se parecem com uma imagem espelhada.

Nos negócios, temos de criar uma afinidade instantânea, em vez de alimentar uma relação de longo prazo, que seria um subproduto da amizade. As relações de negócios com os clientes podem denotar todos os sinais de uma relação entre amigos, com a diferença de que não precisam da socialização. Essa pode ser uma tarefa difícil de levar a cabo. Talvez você só veja aquela pessoa algumas vezes durante o ano, e, mesmo assim, terá de estabelecer um vínculo rapidamente. Relações de amizade com clientes e fornecedores não são necessariamente falsas, mas não são fundamentadas nos mesmos valores usuais da amizade. Há um grau de profissionalismo presente.

Você pode ter um emprego que o obrigue a estar mais ainda na linha de frente. Talvez você precise estabelecer um vínculo com um cliente com mais rapidez do que um chiclete gruda na sola do sapato. Essa pessoa será uma estranha, tanto antes quanto depois da transação. O espelhamento é, então, a maneira ideal para produzir um alto impacto e uma afinidade eficaz, sem parecer bajulador.

Felizmente, você pode precisar de apenas alguns instantes para verificar os gestos, a postura corporal, o tom de voz e o comportamento geral do seu cliente, e espelhá-los de modo bastante sutil.

Continuo insistindo na palavra "sutil" por uma boa razão. Algumas pessoas com cérebro de anfíbio lerão este livro e acreditarão que o segredo de se relacionar com os outros é copiar todos os seus movimentos, como se fosse um mímico executando o exercício do espelho invisível. Não é bem assim. Já estive na outra ponta dessa espécie de imitação desajeitada, e seria algo risível se não fosse tão medonho.

Há muitas maneiras pelas quais você pode manter o espelhamento com sutileza. Se a outra pessoa se expressar serenamente, você pode abaixar o tom da sua própria voz. Se ela usar gestos de defesa, seja menos aberto com os seus. Se ela usar um tom formal, use-o também. Se ela estiver descontraída e cordial, faça o mesmo. Isso é tudo. Mas se ela coçar o nariz, *não* coce o seu. Você pode se sentar ou ficar de pé em uma posição semelhante, mas não exagere.

Conduzindo

Se você se sair bem nesta tarefa, poderá dar um passo adiante. Se estiver lidando com alguém que esteja muito quieto, nervoso, fechado ou reservado, você pode conduzi-lo para descontraí-lo e torná-lo mais acessível, ajustando lentamente seus próprios sinais.

A maneira de fazer isso é começar com uma postura similar, e adotar, gradativamente, uma postura mais relaxada e mais aberta. A pessoa pode entender isso como uma condução subconsciente para descontrair o próprio comportamento. É mais ou menos um equivalente não-verbal de jogar conversa fora para quebrar o gelo em uma reunião de negócios, ou a brincadeira que dissolve a tensão em uma entrevista – um convite sutil para se acalmar e relaxar um pouco.

Pontos-chave, em poucas palavras

- O trabalho pode significar um conflito constante entre "ser" e "fazer". A composição ideal é ser perfeito no seu trabalho e fazer tudo o que poderá transmitir sua excelência para todos à sua volta.
- Aprimore suas habilidades profissionais se for necessário, mas nunca subestime o poder da autopromoção.
- Use as dicas deste capítulo para evitar cair nas armadilhas negativas da carreira, como estereotipia ou má administração de equívocos.

Capítulo 7

Habilidades espaciais específicas

NOS NEGÓCIOS, O ESPAÇO realmente é importante, conforme já dissemos. Todos nós temos nossos limites e nosso território. Chegou o momento de analisar mais profundamente as habilidades espaciais.

▸ Demarcando seu território

Dê uma olhada em volta de seu local de trabalho. Se você se sentar em sua mesa, poderá ver as bordas, que são os limites finitos da mesa. Se você for um professor ou um palestrante, promotor de vendas ou recepcionista, o mesmo, provavelmente, será verdadeiro. A maior parte dos empregos envolve o uso de uma mesa ou escrivaninha e de uma cadeira.

Se a sua função compreender um território menos definido, então você terá que pensar um pouco mais. Entretanto, onde quer que você trabalhe, terá seu próprio espaço. Até mesmo as pessoas que circulam em mundos habitados por outros, como fotógrafos, jardineiros, corretores de imóveis, costumam ter uma base de trabalho para onde retornarão, talvez uma câmara escura ou um galpão. Mesmo se o seu trabalho cultuar o altar do *hot-desk*, você terá a posse de uma certa parte do território pelo período de tempo em que a estiver usando. De um modo geral, ela pode não ser conhecida como a "sua" mesa, mas enquanto você estiver nela, qualquer tentativa de usurpá-la ainda será vista como um ato de agressão.

Como já foi mencionado, somos animais que gostamos de nos aninhar, e sofremos de uma necessidade eterna de adotar determinadas áreas e, então, protegê-las ferozmente. Começamos pela demarcação de nosso território. Se o seu escritório permite ampla liberdade na escolha dos móveis, você, provavelmente, trabalhará com uma baderna de pequenos objetos personalizados. Até mesmo os usuários dos *hot-desks* irão demarcar seu território. Eles esquecem de jogar fora os copos usados de café, de modo que sempre haverá pelo menos alguns guardando o lugar o dia todo. Pode não ser permitido enfeitar a mesa, mas haverá canetas e outros pequenos materiais de escritório que sinalizam um único dono.

O território pode ser demarcado por qualquer objeto ou pedaço de papel que, de uma forma ou de outra, foi parar em sua mesa. Já vi os usuais bichos de pelúcia, porta-canetas de cerâmica, vasos de plantas quase mortas, cartões-postais envelhecidos, pequenos objetos usados por executivos para reduzir o estresse, prêmios e fotos de crianças. Mas também já vi um vibrador de plástico, duas colheres de chá presas na tela de proteção do computador, uma fileira de girassóis dançantes, cacto, colar de contas e um sutiã enorme funcionando, às vezes, de fones de ouvido.

O espaço sob a sua mesa costuma ser ainda mais anárquico no acúmulo de entulho territorial. Essa é, geralmente, uma área com acesso verdadeiramente bloqueado para outros colegas, que sabem que não podem se aproximar dos 12 pares de tênis velhos, das duas embalagens velhas de sanduíches e das cinco sacolas de plástico contendo Deus-sabe-o-quê, escondidos no crepúsculo.

Se você fosse filmado secretamente do alto, veria a real abrangência de seu infinito território. Ao contrário dos limites finitos determinados pelas bordas de sua mesa ou balcão, o material ilimitado costuma existir, principalmente, em seu subconsciente. E, ainda assim, seus limites podem estar tão bem definidos quanto se fossem demarcados com arame farpado. Portanto, você terá a tendência de se locomover em um espaço particular. Se a sua cadeira tiver rodas, ela só vai girar dentro de determinados limites. É claro que você terá de se deslocar para outras áreas, mas sua linguagem corporal mudará sutilmente ao fazer isso. Fora da sua área, você se tornará um pouco mais formal e social. De volta ao seu ninho invisível, você tenderá a agir de uma maneira muito mais segura e menos vigiada, mesmo que as outras pessoas do escritório sem divisórias ainda possam vê-lo nitidamente.

O mesmo comportamento "visível, mas invisível" nos afeta em nossos automóveis. Os motoristas costumam agir como se ninguém pudesse vê-los. Eles falam alto, cantam e colocam o dedo no nariz nos sinais de trânsito de maneira tão despreocupada quanto se estivessem sentados em uma área isolada.

Isso provavelmente explica a quantidade de pessoas que colocam o dedo no nariz ou que mexem nas partes baixas no local de trabalho. Alguma coisa sobre a psicologia do ninho faz com que as pessoas pensem que são invisíveis ao se sentarem em suas mesas. No entanto, se a pessoa que mexe compulsivamente nas partes baixas também se mostra feliz ao anunciar ostensivamente sua "mercadoria" nas áreas públicas do local de trabalho, você está trabalhando com um completo pervertido anti-social, que não tem nenhuma percepção de sua consciência corporal ou, então, é um exibicionista inveterado.

▸ Ladrões de espaço

É importante reconhecer a posse do território tanto do espaço finito quanto do ilimitado. Se usarmos a mesa como uma regra, pode-se considerar como limites as próprias bordas. As pessoas que descansarem, se debruçarem, se intrometerem ou colocarem objetos nesse território serão vistas como ladrões de espaço. Imagine perguntar para um colega ao seu lado se você pode deixar na mesa dele um pequeno e lindo calendário? Qual você acha que seria a resposta, mesmo se houvesse espaço?

Os ladrões de espaço profissionais raramente são tão óbvios assim, mas suas táticas destrutivas são muito assustadoras. Eles agem sob três formas distintas:

1. Pilhagem sonora – poluindo o seu espaço auditivo com risadas de hiena, telefones celulares ou walkmans.

2. Pilhagem aérea – poluindo o seu espaço aéreo com o cheiro de macarrão instantâneo.
3. Pilhagem espacial – roubando, de fato, espaço de seu território. Eles começam usando os espaços comuns, ou que não tenham sido requisitados por ninguém anteriormente, e vão aumentando seu raio de ação, descarregando ali documentos, pastas ou equipamentos quando ninguém está olhando. Eles também podem se valer de pequenos atos de terrorismo, como sentar-se na sua cadeira ou na sua mesa, debruçar-se ou colocar objetos na sua mesa provisoriamente, mas de maneira altamente traumatizante.

Uma vez, observei uma vítima que teve de lidar com uma sacola de plástico cheia de comida, esquecida inesperadamente em sua cadeira por um colega ladrão de espaço, enquanto ela havia saído para pegar um café. Ela ficou totalmente desesperada em sua tentativa de se ver livre do objeto ofensivo. Quando, finalmente, o colega reivindicou a sacola de uma forma exageradamente despreocupada, a mulher teve de fingir que havia ficado com medo de que aquilo pudesse ser uma bomba.

"Mas você pode ver daqui o conteúdo", disse o ladrão de espaço para todo o escritório ouvir, humilhando ainda mais a colega. "É só um sanduíche e um pacote de batatas fritas".

Aquele ladrão de espaço estava quebrando todas as regras do manual de direitos territoriais. Ele merecia que atirassem seu sanduíche de atum derretido da janela do quarto andar.

Esteja atento para não se tornar, inadvertidamente, um ladrão de espaço. Ficar em pé atrás dos colegas, lendo por sobre seus ombros enquanto estão trabalhando, parecerá ameaçador. O mesmo acontecerá se você invadir o território errado, ou arrastar a cadeira até não haver nenhuma barreira entre você e seu colega, e você fique próximo o suficiente a ponto de tocá-lo com qualquer parte de seu corpo. Compartilhar a leitura de um documento ou um folheto pode ser algo inibidor. Permita aos seus colegas e clientes que eles ocupem seu espaço natural. Permita-lhes, também, liberdade de movimentos, sem que precisem pedir por isso.

Odiamos nos sentir restringidos em quaisquer circunstâncias. Ainda assim, somos geralmente muito polidos para pedir que alguém retorne a seu próprio território.

▸ Como proteger o seu território

A questão é: como proteger o seu território já existente no trabalho, ou, até mesmo, expandi-lo?

Como você demarca atualmente o próprio território? Que toques pessoais você usa? Se você trabalha em uma loja ou em um restaurante, geralmente, definirá o seu território pelo toque. Você muda os objetos de lugar antes de começar a trabalhar? Tira o pó ou ajeita as coisas? Fica ajeitando os cabides na arara, mesmo que eles já estejam alinhados? Sente um impulso de fazer isso na frente do freguês?

O que você está fazendo ao realizar esses pequenos ajustes é evidenciar que você é o dono daquele espaço. De certa forma, é um sinal de que, mesmo que esteja lá para servir, você ainda será o chefe. Lembra da brincadeira de pique quando era criança? E que, quando você tocava em outra criança, o jogo passava a "estar com ela"? Esse estilo de toque para sinalizar posse, propriedade ou "passar a vez" ainda desempenha um papel importante no ritual de acasalamento/namoro e nas experiências de trabalho. Você "toca" uma cadeira em um bar ou restaurante colocando um casaco ou um jornal sobre ela. Você "toca" a mesa de um colega colocando a mão ou uma bolsa, um copo de café ou um trabalho pessoal sobre ela.

Além do toque, você pode ampliar seu raio de ação sobre o espaço de outra pessoa. Observe os pequenos rituais de poder que podem acontecer durante o dia se dois colegas compartilharem as duas extremidades da mesma estação de trabalho e suas pernas puderem ser estendidas, de modo a invadir o espaço do outro sob a mesa.

A regra número um sobre o território no escritório: o que você não conseguir exigir para si, alguma outra pessoa conseguirá. Antes de bagunçar sua mesa com uma exibição de brinquedos e símbolos de sucesso, no entanto, lembre-se, por favor, que cada item que você escolhe diz bastante sobre quem você é, em termos de imagem. Como uma rápida regra prática:

- Brinquedos fofinhos – "Sou uma pessoa bobinha, bonitinha e divertida" ou "Olhe como sou adorável". "Todos esses são presentes de admiradores que acham que sou tímido e recatado".
- Recados adesivos velhos – "Recebo tão poucos recados que tenho de guardar esses que já passaram da data de validade" ou "Preciso ser lembrado de todas as coisas. Esqueci até mesmo de arrancar esses velhos recados adesivos."
- Cartões ou cartões-postais – "Tenho poucos amigos. Se não fosse por causa disso, por que ostentaria aqueles que escreveram para mim?"
- Fotos – "Veja – posso agir como se fosse alguém de outro planeta, mas aqui está a minha família para provar que sou um humanóide."
- Brinquedos executivos – "Sou uma pessoa muito triste" (dizer que não foi você que os comprou não serve como desculpa).
- Cacto – "Vá embora e deixe-me em paz."
- Bonsai – "Gosto de reduzir as coisas a um tamanho compatível."
- Frases engraçadas – "Não tenho senso de humor, caso contrário, por que acharia isso divertido todos os dias depois de seis anos?".
- Frases expressivas – "Gosto de passar a idéia de que sou profundo e inteligente. A realidade é que tirei esse pequeno ensinamento de um biscoito de Natal."

Depois de organizar sua mesa, você pode se concentrar no restante do seu território:

- Use todo o seu espaço. Coloque as coisas em compartimentos vazios. Espalhe pelo espaço, se for necessário. Flexione e alongue seus membros para redefinir seus limites. Coloque as coisas nas bordas da mesa. Seja tão grande quanto o espaço que você tem, em termos de movimento.

- Quando puder, retire as coisas que estão próximas a paredes e a quinas. As paredes são boas, porque elas fazem você se sentir seguro se estiver de costas para elas, mas nunca permita que sua cadeira fique pressionada contra uma parede ou uma quina, e que sua mesa fique virtualmente apertada contra seu peito. Exija seu espaço aos poucos, se precisar. Trabalhe até tarde e mude os móveis centímetro por centímetro quando todos tiverem ido embora.
- Se sua empresa permitir que você leve plantas de casa, compre uma bem bonita e coloque-a em um lugar um pouco afastado de sua própria mesa. Escolha um lugar que seja iluminado, e que ninguém mais esteja usando. Esse recurso tornará aquele lugar parte de seu espaço não-oficial. Ele lhe dará uma desculpa para dar uma olhada panorâmica na sala. A distância entre você e a planta começará, então, a se tornar parte de sua área ilimitada.
- Nunca se diminua em seu próprio espaço. Não há necessidade de usar gestos expansivos arrogantes, mas evite uma tendência à timidez. Nunca se sente encurvado ou com os braços e as pernas cruzados.

O mesmo deve-se aplicar a áreas comunitárias que são provisoriamente experimentadas como suas, por exemplo, em um curso de treinamento ou em uma reunião. Pendurar o seu casaco em outro canto da sala é uma excelente maneira de aumentar seu território. Coloque papéis na sua parte da mesa. Ajuste a cadeira, se possível. Coloque a própria caneta em cima da mesa. Olhe em volta. Guarde as pastas maiores no fundo da sala, se puder. Dê uma volta e olhe pela janela enquanto estiver esperando para o curso/a reunião começar. Sirva-se de café ou água. Jogue algo na lixeira. Tudo isso poderá ser feito de uma forma inocente e relativamente sutil, mas ajudará a movimentar os músculos do poder sem causar nenhuma ofensa.

Você pode ir mais além, no entanto. Uma vez entrei em minha sala de treinamento e encontrei um participante que havia chegado mais cedo e montado todo o seu escritório lá. Ele estava com o laptop ligado e incandescente, sua pasta aberta e esvaziada sobre a mesa, e ocupado, falando ao telefone celular. Quando entrei na sala, ele estava muito entretido para responder ao meu cumprimento, e senti que seria atirada contra uma cadeira e solicitada a esperar em minha própria sala.

Cumprimentando o sucesso

Uma das maneiras mais agradáveis de ser territorial é fazer um bom cumprimento. Um aperto de mãos aumenta sua visibilidade, quebra o gelo e amplia, também, o seu espaço. Quando você entrega o seu cartão de visitas, seu território se amplia ainda mais. Esse cartão é uma parte sua, mas será colocado em algum lugar do bolso ou da pasta de seu parceiro comercial, ou será, até mesmo, jogado na lixeira.

Espaço de fumantes

O fumo foi virtualmente banido de todos os locais de trabalho, embora existam algumas empresas em domínios distantes que ainda destinam uma sala a fumantes, para que os empregados possam dar uma baforada sem precisar recorrer a cremes hidratantes para os lábios ou a uma capa de chuva, caso esteja fazendo um clima inclemente na rua.

Em termos de linguagem corporal, o fumo, infelizmente, faz as pessoas parecerem ótimas, e não há nada como um cigarro para causar a impressão de que você está absorto em seus pensamentos. Talvez isso tenha a ver com o ângulo de inclinação da cabeça e a compressão dos olhos, empregados para evitar a inalação de fumaça.

Se você ceder ao desejo, há apenas um único aspecto bastante negativo em termos de linguagem corporal para se recordar: não acenda o cigarro na porta de entrada da empresa. As salas para fumantes são um local adequado para fazer fofoca e destruir seus pulmões ao mesmo tempo, mas juntar-se em grupos na entrada principal da empresa transforma o prédio inteiro em algo parecido com as filas de distribuição gratuita de comida da América dos anos 1930. Se houver um braseiro por perto, o quadro estará completo.

Fará você e sua empresa parecerem medonhos. Se você quiser atrapalhar a paisagem, vá fumar do lado de fora de uma empresa concorrente, então.

Comportamento nos toaletes

E, já que estamos no assunto das ações revoltantes, fumar nos toaletes está fora de cogitação em termos de melhoria de imagem. Idem para a comida. Ou parar para ter uma conversa particular.

Os toaletes são úteis no trabalho por três razões:

1. Pela razão óbvia.
2. Para fazer reparos na própria imagem, como mudar a meia-calça ou as meias, limpar os dentes, renovar o desodorante, ou rearrumar o cabelo.
3. Para ficar sozinho quando tiver um rompante emocional. Onde mais você poderia ter aqueles súbitos ataques de raiva ou crises de choro, ou ficar parado na pia com seus pulsos submersos na água fria enquanto espera o rubor do rosto desaparecer?

Esteja atento para a privacidade de algum colega, se ele se fechar em uma cabine. Ele pode estar com uma dose excessiva de bílis ou com vontade de chorar, e é melhor deixá-lo sozinho.

Comportamento nos elevadores

Os elevadores exigem um estilo completamente novo de linguagem corporal, porque quebram todas as regras existentes. Você está muito próximo de estranhos, algumas vezes, inclusive, estabelecendo contato físico com eles. Geralmente, fica circundado por espelhos, o que faz com que olhar em volta torne-se um tanto perigoso. Você pode conhecer as pessoas que estão ali – elas podem até ser seus clientes –, mas estabelecer uma conversa nessa situação é difícil, porque há muito pouco tempo para desenvolver os assuntos.

Quando você entrar em um elevador, sempre se posicione de modo a deixar seu tronco virado para a porta, a menos que esteja acompanhado de um colega muito próximo do trabalho. Caso contrário, sua linguagem corporal poderá ser intimidadora. Como já foi mencionado, é comum observar as portas ou o número dos andares durante o percurso – não use o contato visual, já que a proximidade poderá torná-lo um tanto ameaçador. Cumprimente brevemente os outros passageiros com um pequeno menear da cabeça ou um sorriso discreto. Fale somente se você estiver acompanhando a pessoa que está ao seu lado ou se conhecer os outros passageiros.

Seja educado: indique a porta aos outros passageiros com seu braço, especialmente se eles forem seus clientes.

Espaço de reflexão

Incluí o ato de reflexão no trabalho aqui porque trata-se de uma habilidade bastante espacial, com muitas complicações em termos de linguagem corporal.

Raciocinar é uma boa habilidade no trabalho – certo? O *staff* tem que ser estimulado a pensar mais. E, ainda assim, é algo que, provavelmente, você não estará autorizado a fazer. Parece que você está fugindo de seus afazeres, ou sonhando acordado. Logo, a maior parte do raciocínio no trabalho tende a ser feita pelas pessoas que dispõem de tempo, espaço e privacidade. Isso, geralmente, significa o chefe.

Para raciocinar realmente bem e ser criativo, o cérebro precisa funcionar no estado alfa, que é um estado parcialmente adormecido e parcialmente desperto. Ele precisa dos seguintes ingredientes:

- Calma.
- Tempo.
- Ausência de estímulos externos, como barulho e distrações.
- Ausência de pressão.

Ótimo. Então, você já pode sair e sentar-se no telhado por algumas horas.

Provavelmente, você também precisará de algum espaço. Condições limitadas não estimulam o processo criativo. Se você trabalha em casa, saberá o que estou dizendo. Você fica olhando para o espaço vazio muitas vezes. Lixa as unhas. Passa um longo tempo olhando para a geladeira e termina não comendo nada. Cochila no sofá. Também fica perambulando bastante. Talvez você até saia para dar uma volta e, assim, estimular o cérebro. Quanto a mim, preciso tomar um café em uma lanchonete e dar uma olhada em um jornal.

Quaisquer que sejam as circunstâncias em que se encontre, tente usar algum tempo para reflexão no início de cada dia de trabalho. Ou, então, chegue mais cedo ao escritório e faça isso quando ninguém estiver lá, ou faça-o no café da esquina.

Se você precisar fazê-lo durante o dia de trabalho, terá de adquirir alguns sinais de linguagem corporal, especialmente se trabalhar em um escritório sem divisórias, ou em algum outro lugar onde a privacidade for escassa:

- Dobre os braços, coloque seus dedos sobre a boca e olhe fixamente para o teto. Use os dedos e bata-os levemente nos lábios de vez em quando.
- Apóie seu cotovelo em uma cadeira e sua testa na ponta dos dedos.
- Apóie ambos os cotovelos em uma cadeira e gire seu corpo suavemente para a frente e para trás, com os lábios franzidos.
- Com o cotovelo sobre uma cadeira, sente-se curvado, com as pernas alongadas, e bata levemente o lápis em seus dentes.
- Converse consigo mesmo (arriscado, mas eficaz).
- Dê algumas voltas, mas faça parecer que você está em uma missão. Carregue documentos. As escadas de serviço podem ser bons lugares para refletir, especialmente em um prédio alto, em que todos usam o elevador.

Pontos-chave, em poucas palavras

- Esteja atento ao seu território no trabalho e ao efeito que ele pode ter sobre o modo como os outros avaliam seu status. Não faça nenhuma concessão. Use cada centímetro.
- Expanda seu império. Exija qualquer território livre e amplie o que você já possui através de movimentação, saudação aos outros e ocupando-o com legítimos itens pessoais de trabalho.
- Preste atenção a seu comportamento em certas áreas comunitárias, como salas para fumantes, elevadores e toaletes.
- Destine algumas horas de cada dia apenas para reflexão.

PARTE 2

"Escuta visual": interpretando a linguagem corporal dos outros

Capítulo 8

Desenvolvendo suas habilidades básicas de leitura corporal

INTERPRETAR OS SINAIS de linguagem corporal dos outros é algo arriscado. Na verdade, deveria vir acompanhado de uma advertência da saúde pública. Certos indivíduos infelizes, que não costumam sair de casa com muita freqüência, podem cismar com as ilustrações sobre linguagem corporal que lembram os anos 1970, com garotas mexendo a pélvis em festas regadas a bebidas, ou homens sorrindo maliciosamente, com os polegares enfiados na fivela do cinto, apontando para seu sexo, mas nada é tão simples assim. Os seres humanos são sutis em sua sinalização não-verbal. É essa complexidade que torna tudo o que diz respeito à comunicação algo tão fascinante.

Da mesma forma que as mensagens que você envia, as outras pessoas ao seu redor trabalharão com um conjunto de sinais, usando uma variedade de gestos e mudanças de expressão, desde um movimento dramático do braço até um sutilíssimo movimento da sobrancelha. Alguns desses sinais estarão em contradição entre si. Seu chefe pode sorrir enquanto o informa que você fez algo errado, ou seu melhor cliente pode franzir as sobrancelhas em uma expressão de discordância, enquanto suas mãos estão repousadas pacificamente. Lembre-se que os seres humanos disfarçam seus próprios sinais de linguagem corporal. No trabalho, as pessoas podem disfarçar entre 80% e 90% do tempo, porque querem causar uma boa impressão, manter seus empregos, ser um bom modelo de comportamento para os outros, ser apreciadas ou até mesmo imitar uma outra pessoa.

Portanto, para interpretar bem os outros, você precisará estar alerta, manter a mente aberta para diferentes idéias. Suposições ou avaliações preguiçosas dos sinais mais óbvios constituirão uma receita para o desastre. Inicialmente, você precisará ser altamente observador e analisar os mínimos detalhes. Depois de um tempo, no entanto, poderá, com esperança, permitir que seu subconsciente comece a fazer novamente o trabalho principal, revertendo a situação para uma versão mais elaborada e habilidosa da reação instintiva.

Você também precisará interpretar os outros segundo os valores deles, e não os seus. Costumamos ver o mundo somente através de nossos próprios olhos, supondo que nossas opiniões e decisões sejam as corretas. Entretanto, estamos assumindo que você estudará a linguagem corporal dos outros de maneira imparcial, tendo em mente que eles reagirão às situações de modo diferente do seu, já que pensam e agem de forma diferente. Eles foram criados em outro ambiente, e trabalharam com outros modelos de comportamento e estereótipos.

Finalmente, quando você analisa as reações dos outros, sempre fica faltando uma peça do quebra-cabeças – você mesmo. As outras pessoas estarão sempre respondendo à sua imagem que, para elas, estará em constante mutação. Tenha consciência disso, e mantenha essa percepção em primeiro plano em sua mente quando tentar descobrir o que as faz se comportar daquela maneira.

▸ Clichês da linguagem corporal

Os clichês de negócios são aquelas frases triviais que as pessoas usam para esconder seus verdadeiros pensamentos e sentimentos. Eles são a forma mais primária de se expressar, um ritual verbal que diz muito pouco, pois significam a mesma coisa que qualquer outra frase. Por exemplo, "Tenha um bom dia", ou "Vamos entrar em contato com ele". Não preciso dizer mais nada, você já percebeu qual é o panorama.

A linguagem corporal também é composta por uma grande quantidade de clichês. Como os clichês verbais, são os gestos de disfarce ou de retardar a mensagem, que servem para encobrir nossos sinais mais amadores ou para oferecer uma solução rápida para momentos um tanto complicados.

Os clichês de linguagem corporal podem ser transitórios ou podem fazer parte de uma rotina maior. Quando você identifica um clichê de linguagem corporal em um colega ou um cliente, há pouca coisa a fazer, a não ser esperar o temporal passar. Como o uso de uma gravata brilhante e sapatos de amarrar, eles são parte das proezas do mundo dos negócios.

Muitos clichês se tornarão entediantes porque eles o deixarão ansioso para descobrir a verdadeira pessoa por trás daquele gesto. Já encontrei pelo menos duas pessoas que se converteram em clichês quase absolutos e – é difícil dizer isso – nenhuma delas trabalhava com política. A longo prazo, o efeito é unidimensional. Você tenta quase espreitar a parte de trás da cabeça dessas pessoas para saber onde elas escondem as pilhas.

Se você está disposto a manter a mente aberta para as situações das quais estamos falando, poderá especular se a pessoa real é muito nervosa ou muito tímida para vir à tona e se apresentar. Infelizmente, diante de uma cortina de fumaça, geralmente pensaremos o pior sobre o que está sendo ocultado. Tememos que o sorriso da pessoa esconda uma antipatia ou agressividade, ou que o menear de cabeça como forma de concordância seja um sinal de que, no fundo, ela considere o que estamos dizendo uma grande asneira. Quando o assunto é ler a mente dos outros, somos todos verdadeiros paranóicos.

Espere o melhor

Quero, ao contrário, que você aprenda a se tornar um paranóico invertido. Acreditar que os outros estão sempre falando bem de você é o melhor estratagema, porque permite que você responda otimista e positivamente. Isso, por si só, já pode ser auto-satisfatório. Não me bata por causa disso, no entanto. Há uma escola de pensamento que diz "sorria e o mundo sorrirá como resposta". Acho isso praticamente uma bobagem. Há pessoas por aí que se parecem com gárgulas e todas as risadas do mundo não irão provocar nada mais promissor do que uma expressão de mau humor da parte delas. Na verdade, dar um sorriso para essas pessoas pode até tornar as coisas piores, porque elas o odeiam por estar feliz.

Finja, no entanto, que todos nós começamos, grosso modo, do mesmo ponto de partida. A resposta positiva lhe dará, de um modo geral, a melhor oportunidade para um bom resultado. Quando você se deparar com disfarces e clichês de linguagem corporal, não assuma automaticamente que a pessoa o odeia. Pelo menos, ainda não.

▸ Disfarce social para preservar a sanidade

O disfarce social não é, na verdade, um sinal de mentira. Alguns rituais de linguagem corporal, como um sorriso de saudação, são uma parte importante dos negócios. Eles tornam nosso comportamento padrão mais aceitável. Muitos de nós temos um lado de nossa personalidade que seria inaceitável em nosso local de trabalho. É um lado irritante, entediante, nervoso, aborrecido, inseguro, infantil, zangado, revoltado, tímido, assustado, hesitante, confuso – qualquer um ou todos esses juntos.

Portanto, as pessoas que, no trabalho, se recusam a usar um disfarce em uma tentativa de ser honestas, serão anti-sociais. Seu comportamento é, geralmente, desagregador para o resto da equipe. Se você trabalha com um colega que expõe totalmente suas emoções, você se verá implorando para que ele encubra educadamente esse seu aspecto. "Me aceite como eu sou" é uma afirmação de arrogância e desconsideração pelo sentimento dos outros. As pessoas que funcionam dessa forma podem ser mais facilmente interpretadas, é claro, mas são muito mais difíceis de se trabalhar.

▸ Processamento analítico

Vou lhe pedir para fazer algo impossível agora. Pedirei que você seja lógico e analítico a respeito de um processo que considere aleatório. Quero que participe de várias reuniões, comunique-se com outras pessoas, e estude por que você respondeu de determinada maneira.

As primeiras impressões são mais adequadas nesse caso, mas você também pode analisar algumas interações já em andamento. Quero que examine todas as mensagens que considera ter recebido. Olhe mais além das palavras. Como você sentiu que cada pessoa estava reagindo?

Exercício

Planeje três reuniões que você terá na sua semana de trabalho. Se puder, escolha ter contato com alguém que você encontrará pela primeira vez, como um novo cliente ou visitante. A segunda deve ser com alguém que você vê ocasionalmente, como um fornecedor ou um membro da equipe com quem lida com pouca freqüência; e a terceira deverá ser com alguém do seu trabalho que você já conheça bem.

Aborde cada uma dessas transações de modo usual, mas, ao fazê-lo, fique ligeiramente mais sintonizado com as mensagens e os sentimentos visíveis da outra pessoa, além de suas próprias reações e suposições.

Pense conscientemente sobre aquilo que, normalmente, se passa em nível subconsciente. Estabeleça a diferença entre o que cada pessoa lhe *disse* verbalmente e o que você levou em consideração a partir de seus sinais não-verbais.

Por exemplo, você pode chegar à conclusão que uma das pessoas com as quais se encontrou parecia nervosa. Tente se lembrar. Elas lhe *disseram* isso, ou você leu essa informação de alguma outra forma? Em caso positivo, como?

Após cada transação, faça anotações sobre toda a comunicação, listando a mensagem que você recebeu ou presumiu receber, e como ela parece ter sido enviada. Comece a investigar todas as incongruências. Você pode ter anotado "satisfeito por me encontrar" como um sinal, e "parecia querer estar em algum outro lugar" como outro, sustentando o primeiro. A pessoa lhe disse que estava satisfeita por encontrá-lo, enquanto desviava o olhar e perdia tempo com sua gravata?

Transforme a reação emocional em uma afirmação de fato. Imagine que você está em um tribunal, sendo solicitado a entregar detalhes, em vez de suposições.

Criar esse registro de sinais não-verbais o ajudará a entender suas próprias análises subconscientes. Uma vez tendo listado vários estímulos, você pode começar a agrupá-los sob títulos diferentes. Enumere-os sob os seguintes cabeçalhos:

1. Postura geral e ângulo do corpo
   (Ereto? Tombado? Equilibrado? Inclinado para a frente?)
2. Gestos enfáticos com a mão ou com o pé
   (Braços cruzados? Pernas cruzadas? Punhos fechados? Mãos apertadas uma contra a outra?)
3. Expressões faciais enfáticas
   (Contato visual, sorriso, franzimento de sobrancelha etc.)
4. Movimento espacial
   (Como as pessoas se moviam e qual espaço empregavam durante a conversa, isto é, elas se transformaram em ladrões de espaço ou diminuíram o seu território pessoal? A que distância elas ficaram de você?)
5. Dispersão
   (Gestos menores que pareceram menos intencionais, como dar batidinhas com os pés ou mexer em jóias e bijuterias etc.)
6. Microgestos
   (Expressões pequenas e passageiras, movimentos oculares ou piscadelas cuja tendência era serem logo disfarçadas)
7. Gestos de negação
   (Aqueles breves discernimentos que fizeram você supor que elas estavam discordando de sua visão).

Pergunte-se mais três coisas:

1. Qual foi a minha impressão geral sobre seu estado de espírito e seus pensamentos?

E, então, a difícil e inevitável questão:

2. Por que pensei isso?

E:

3. Quanto de sua linguagem corporal refletia a minha própria linguagem? Em que momento meus próprios movimentos afetaram os seus?

A terceira seção deste livro tratará dos diálogos de linguagem corporal e dos diálogos intencionais e involuntários. Agora é um bom momento de começar a monitorá-los.

Quando duas ou mais pessoas estão se comunicando, sempre haverá um efeito propagador. Depois de um tempo, a maior parte de nossos sinais não-verbais passa a ser uma reação a toda a ação que está sendo produzida. Isso pode gerar grandes flutuações em nosso comportamento normal. Por exemplo, um colega pode apresentar toda a insolência normal de um John Wayne, andando todo prosa e falando de modo agressivo, através de seus gestos e do roubo de espaços. Colocado em uma reunião diante de um tipo mandão como Margaret Thatcher, entretanto, o John Wayne pode responder se transformando em um Mr. Bean.

Observar os confrontos das linguagens corporais nos negócios é, de um modo geral, bastante divertido, especialmente quando os gladiadores participantes estão envolvidos em batalhas corporais subliminares.

▸ Jogo limpo

Parta do princípio que você nunca será um completo e vigoroso especialista na leitura dos sinais da linguagem corporal alheia. Lembre-se de que essa não é uma ciência exata. Sou uma especialista em linguagem corporal e nunca iria supor que sou amplamente abalizada para avaliar os sinais não-verbais de qualquer pessoa, a não ser parcialmente, ocasião em que estarei, provavelmente, 80% certa, o que significa 20% de erros. Algumas vezes ficamos todos tão fora de propósito que chega a ser vergonhoso. Esse é um terreno em que os especialistas arrogantes e sabichões têm total credibilidade. Então, lembre-se de ser imparcial ao fazer suas avaliações.

Certo programa de TV mostrava uma equipe de escaladores procurando pelos restos mortais do montanhista George Mallory, que escalou o Monte Everest nos anos 1920. Eles encontraram um corpo na montanha, mas seria mesmo de Mallory? Ele estava subindo ou descendo a montanha? Ele conseguiu concluir a escalada? O nome que estava na etiqueta do colete era o do montanhista. A descoberta de um par de óculos no seu bolso sugeria que ele estava descendo, porque os teria usado ao subir, para proteger-se do sol. A suposição foi de que esse *era* o corpo de George Mallory e que ele *foi* o primeiro homem a escalar o Monte Everest.

E, então, sugeriu-se que o colete poderia ter sido tomado emprestado de um companheiro de escalada. Os óculos em seu bolso poderiam ter sido um par de reserva. Os óculos que o montanhista falecido estaria usando poderiam ter se perdidos na queda. Cartas endereçadas a Mallory foram encontradas nos bolsos do cadáver. Mas a equipe admitiu que nada era conclusivo.

Esse é um caminho similar àquele que você seguirá ao processar informações sobre outras pessoas. Um dos problemas que a equipe enfrentou foi que eles *queriam* que o corpo fosse de Mallory e *queriam* provar que ele havia sido o primeiro a chegar ao topo da montanha. Era uma investigação emotiva. Suas próprias investigações também serão afetadas pela emoção. De um modo geral, você também investigará mais detidamente aquilo que deseja ou espera encontrar.

Uma colega me perguntou qual era o significado de um homem passar a mão sobre os cabelos enquanto falava. Disse-lhe que poderia ser um indício de que ele estava confuso ou desconcertado por alguma coisa. Também poderia significar que ele sofria de alguma coceira no couro cabeludo. Talvez ele não tivesse nada mais expressivo em sua cabeça a não ser um iminente período de atividade da caspa. Mas a mulher desejava aquele homem, e queria que seu gesto significasse que ele também a desejava. Ela estava moldando e adaptando o sinal recebido para encaixá-lo em sua história idealizada, de um modo mais rápido que as colheres tortas de Uri Geller.

▸ Cegueira cognitiva

Além desse fator da lista de desejos, há também o problema de fazer vista grossa para as mensagens que mais tememos. Essa é uma outra forma de distorcer a evidência visual para evitar ouvir um resultado que nos pareça desagradável. Essa é, geralmente, a razão pela qual acreditamos no mentiroso, mesmo quando somos capazes de ler todos os sinais de seu comportamento evasivo.

Com que freqüência você ouviu objetivamente uma amiga lhe contar uma história sobre o comportamento de seu parceiro? Você apostaria alto que ela está sendo enganada. Acha difícil acreditar que ela possa ser tão estúpida, mas pode observar que ela está se deixando levar pelas histórias. O cheiro de perfume na camisa foi causado pelo fato de ter ajudado uma velhinha a atravessar a rua – uma jovem senhora que parece usar Ópio. O sutiã rendado que estava no bolso do paletó foi colocado ali por um colega de trabalho que estava querendo deixá-lo em apuros. A fatura do hotel com o registro de "café da manhã duplo" foi um equívoco do recepcionista. É claro.

De um modo geral, se queremos acreditar em uma mentira, acreditaremos. Quando estamos emocionalmente envolvidos, todas as fibras de nosso ser podem estar nos apontando na direção dos sinais de perigo, mas desenvolvemos uma espécie de miopia.

Portanto, apenas procure a verdade se você quiser descobri-la. Se quiser distorcer a informação para ajustá-la à sua versão desejada dos acontecimentos, a primeira coisa que você tem a fazer é nem se dar ao trabalho de escutar nada.

▸ Manipulação

Geralmente, as pessoas no local de trabalho vão fazer perguntas manipuladoras, tanto com suas palavras quanto com sua linguagem corporal. Considere as seguintes situações:

Situação 1

Uma instrutora está dando um curso para um pequeno grupo de gerentes. Depois de explicar todos os pontos, ela se vira para o grupo e pergunta: "Tudo bem?". Ao fazer isso, ela levanta suas sobrancelhas, abre seus olhos e acena com a cabeça para cada participante. Sua outra pergunta é: "Isso faz sentido?", acompanhada pela mesma série de gestos, dessa vez um pouco mais exagerados.

A platéia toda balança a cabeça afirmativamente em todas as ocasiões. Ela, então, prossegue para o próximo ponto, confiante que eles estão acompanhando todos os seus passos. Mas quando o formulário de feedback chega no dia seguinte, muitos deles escreveram que ficaram confusos ou que tiveram dificuldades para acompanhar as instruções.

Situação 2

Um grupo de pessoas está sentado em um restaurante, fazendo uma refeição. Ao concluir o último prato, o garçom chega apressadamente e parecendo bastante ocupado. "Estava tudo bem?", ele pergunta para o grupo como um todo, sem olhar para nenhum dos fregueses. Seu queixo está levantado e ele está sorrindo de modo confiante. Seu tronco está virado para o lado oposto ao do grupo, como se ele quisesse se encaminhar para a próxima mesa. Os fregueses balançam a cabeça afirmativamente e alguns até comentam que a refeição estava ótima. Mesmo assim, uma reclamação aparece alguns dias depois, solicitando um reembolso, pois a comida estava aquém dos padrões.

Situação 3

Um casal está na cama depois de ter feito sexo. O homem recosta-se feliz, sorrindo ao acender um cigarro. Ele, então, pergunta para a mulher:

– Foi bom para você?

– Ótimo.
– Sério?
– É claro.
– Muito bom?
– Maravilhoso.
– O melhor?
– Sim.
– Mesmo?
– Sim.

Algumas semanas depois, ele ouve, por acaso, ela confidenciar a uma amiga que fazer sexo com ele é como esperar a tinta secar.

Cada uma dessas situações envolveu intimidações verbais e visuais. É claro que não foi algo manifesto, mas tanto a linguagem verbal quanto a corporal empregadas geraram uma resposta falsa. Ao ter a opção de concordar ou discordar, de ser diplomático ou honesto, a maioria das pessoas vai escolher a primeira, já que isso evita conflitos, discussões e tempo gasto com explicações. Os participantes, provavelmente, queriam que a instrutora desse continuidade às explicações. Os fregueses queriam sair da mesa. A mulher não queria uma noite inteira de conversas metafísicas. Foi mais fácil usar o espelhamento, imitar a técnica da instrutora de acenar com a cabeça, o sorriso do garçom e a postura do parceiro de completa satisfação.

Dificilmente você conseguirá evitar ser manipulador em sua linguagem corporal. Não há meios de impedir os outros de reagir à sua presença, e no momento em que se encontra com alguém, você iniciará uma dança a dois. No entanto, a manipulação ativa é algo a ser evitado, particularmente em situações como os exemplos do garçom e da instrutora, quando teria sido mais útil para ambos ouvir as queixas antes de mais nada (o rapaz da cama é discutível. A honestidade, provavelmente, teria reduzido definitivamente a sua libido doentia).

A instrutora deveria ter estudado a linguagem corporal dos participantes para identificar qualquer sinal de confusão. Quando as pessoas não conseguem acompanhar, elas param de fazer anotações, começam a demonstrar uma expressão de desagrado, usam gestos de tocar o próprio rosto e terminam bocejando ou desviando o olhar. Começam a cruzar os braços. Rabiscar o papel é algo comum. Ela poderia ter se dirigido a eles individualmente, ou questioná-los sobre o último ponto.

O garçom deveria ter empregado a técnica de atravessar a rua: pare, olhe e escute. Ele deveria ter mostrado que dispunha de tempo para ouvir a resposta. Poderia ter usado o contato visual enquanto esperava. Sua expressão deveria ser de interesse e preocupação.

O rapaz da cama poderia ter se virado para a parceira e perguntado se havia alguma outra coisa que ela gostaria que ele fizesse.

Mais uma vez, mantenha, no entanto, sua mente aberta quando estiver interpretando seu feedback visual, porque seu único valor estará no fato de interpretar os sinais com honestidade. Caso contrário, a escuta visual será inútil.

▸ Animadores de auditório

Talvez então surja aquela situação estranha quando a manipulação pode ser adequada. A principal razão para isso seria influenciar o grupo ou a multidão a seu favor. O objetivo da instrutora era o de ensinar algo e, portanto, usar técnicas de animação de multidões não teria sido uma opção válida. Mas, e quanto àquele comício político ou à conversa após o jantar? Ótimos oradores geralmente utilizarão técnicas para levantar a platéia e aumentar a aprovação geral. Há truques que você pode usar, como o tom de voz ou gestos para garantir uma salva de palmas ou risadas.

Grupos grandes sofrem de mentalidade de rebanho. Quando alguns riem ou batem palmas, todos rirão e baterão palmas. E, então, todos irão embora acreditando que passaram ótimos instantes juntos. As multidões criam sua própria cinética. Algumas vezes elas se divertirão mais quando não houver nenhuma apresentação para assistir. Portanto, animar um grupo grande pode funcionar se o seu objetivo principal for enganar muitas pessoas a maior parte do tempo. Se o seu objetivo for uma aceitação imediata com grande quantidade de aplausos, então vá em frente. Se estiver pretendendo construir uma relação autêntica com seus clientes, então não prossiga.

Pontos-chave, em poucas palavras

- Sempre mantenha a mente aberta ao interpretar a linguagem corporal dos outros.
- Trabalhe todo o comportamento manipulador que você possa estar usando – nunca tente moldar uma mensagem para que ela se transforme naquilo que você quer ouvir.

Capítulo 9

Posições, posturas e sinais comuns

COMO VOCÊ PODE entrar na pele de outra pessoa? Como você afasta os disfarces, a manipulação e as mentiras deslavadas nos negócios e começa a ver a verdadeira pessoa que está por trás de tudo isso?

A pausa visual

Observar outras pessoas sem parecer encará-las é difícil. Então, como você conseguirá mais informações sem causar ofensa?

Felizmente, para interpretar a linguagem corporal não é necessário mais do que alguns segundos de observação. Enquanto estiver aprendendo, você precisará de mais tempo para avaliar e assimilar as informações, mas o olho trabalhará rapidamente depois que as técnicas tiverem sido apreendidas. Sua velocidade de avaliação corresponderá a pouquíssimos segundos. Tudo o que você precisará fazer é usar o mesmo processo, somente com mais sabedoria e, espero, com mais precisão.

Considero útil observar através da visão periférica. Algumas vezes, evito olhar para tudo, para me dar a chance de trabalhar com todas as formas de comunicação: o uso de palavras, o tom e a comunicação não-verbal. Movendo-se de uma para a outra, e por vezes, esquecendo-se das informações visuais para se concentrar no tom de voz e nas palavras, você começa a trabalhar com todos os aspectos de sinalização da linguagem corporal.

Observar o corpo na situação de trabalho é muito mais aceitável socialmente do que fora do local de trabalho. O trabalho propicia oportunidades únicas para olhar fixamente sem ofender. Você será parte da platéia quando um colega estiver falando durante uma palestra ou, menos formalmente, em uma reunião de negócios. Você pode observar satisfeito todas as pistas visuais em uma entrevista e pode estudar a dinâmica em um escritório sem divisórias com toda a intensidade de um zoologista estudando o comportamento animal.

▸ Congruência

Sua avaliação das pistas visuais começará com a congruência. Quando observa ou escuta alguém falando, você tem de se perguntar se as mensagens que essa pessoa está transmitindo parecem se complementar. Raramente as pessoas são congruentes em todos os sinais que emitem.

Por exemplo, em uma reunião para transmitir informações a uma platéia de acionistas, um diretor financeiro estaria arriscando a sorte e a credibilidade da platéia se combinasse as seguintes mensagens:

> "Enfrentamos um ano ruim, com uma rentabilidade anual abaixo da esperada."
> (Amplo sorriso, olhos fixos na platéia, uma gravata do Ursinho Pooh no pescoço, braços se movendo com extravagância).
>
> "Mas esperamos que no próximo trimestre tenhamos índices melhores, devido ao reaquecimento do interesse do consumidor pelos produtos e a uma nova campanha de marketing."
> (Olhando para baixo, coçando a nuca, balançando a cabeça e suspirando).

Você também é uma pessoa terrivelmente incongruente em muitas ocasiões. Provavelmente, já se sentiu culpado por dar um largo sorriso ao dizer, "Oh, sinto muito", ou dizer a um colega que o interrompeu "Tudo bem, pode continuar", enquanto manuseava documentos ou digitava algo em seu teclado.

Nas páginas seguintes, há algumas combinações de posturas/gestos/expressões que podem lhe fornecer mais algumas pistas.

Ficando em pé

▸ Pés mais abertos que a largura dos ombros, braços dobrados

Essa posição denota um senso de confrontação. A pessoa está aumentando seu centro de gravidade como se estivesse se preparando para uma luta. As pernas mostram um desejo de provar sua autoridade, ampliando o território. Essa pessoa pode querer estar no comando, mas de uma maneira agressiva, e não por ter um status superior. Os braços dobrados traduzem uma mente fechada. (*Veja a figura 1, na próxima página*).

▸ Pés juntos, mãos unidas na frente

Essa posição é, geralmente, acompanhada de uma inclinação do tronco superior, demonstrando pouca energia. Os pés, que estão juntos, significarão uma natureza ligeiramente meticulosa, perfeccionista. Essa pessoa pode não parecer ambiciosa, mas pode ser passivo-agressiva, defendendo teimosamente seu ponto de vista de uma maneira comedida. (*Veja a figura 2, na próxima página*).

▸ Pés separados com a distância de um passo entre eles, as mãos unidas suavemente na frente

Essa pessoa está demonstrando uma mente aberta a novas idéias, atitude confiante e parece suficientemente contente por trabalhar com você. Esta, no entanto, raramente é a postura do comprador. Os vendedores são os que mais costumam adotar essa posição. (*Veja a figura 3, na próxima página*).

▸ Mãos na cintura

Encare essa postura como potencialmente agressiva. O corpo parece aumentar de tamanho com esse movimento, o que pode ser algo confrontador, especialmente se os pés parecem plantados. Se houver alguma oscilação nos pés, a posição estará mais próxima da variação "chefe do grupo de escoteiros", sugerindo liderança e autoridade, mas com uma ênfase no "vamos nos divertir". (*Veja a figura 4, na próxima página*).

Ficando de pé

1

Pés mais abertos que a largura dos ombros.

2

Pés juntos, mãos unidas.

3

Pés separados com a distância de um passo entre eles.

4

Mãos na cintura.

▸ **Pernas cruzadas na altura dos tornozelos, mãos unidas na frente**

Essa postura desafia o equilíbrio, é desajeitada e esportiva, e deixa a pessoa em uma posição instável. Um só movimento e ela poderá oscilar. O principal desejo aqui é disfarçar a impotência e a fraqueza. Essa pessoa quer que você não seja crítico e que goste dela, e, possivelmente, que a ajude de alguma forma. (*Veja a figura 5, na próxima página*).

▸ **Pernas retas, pés tombados sobre os tornozelos**

Muito semelhante à anterior, essa postura de jovem menina é mais suave, adotada algumas vezes por executivas que demonstram preferência inicialmente pelo passo equilibrado, mas que se preocupam com o fato dele parecer muito dominante e agressivo. (*Veja a figura 6, na próxima página*).

▸ **Uma perna reta, a outra dobrada**

Essa clássica postura de rainha da beleza é adotada por uma questão de vaidade, ou porque essa pessoa já está de pé há muito tempo e quer trocar o peso do corpo de uma perna para a outra, em uma tentativa de se ver livre da dor nas costas. (*Veja a figura 7, na próxima página*).

▸ **Mãos presas nas costas**

Educadamente autoritária ou, até mesmo, um tanto esnobe. As mãos não foram utilizadas aqui, o que pode significar um movimento elegantemente passivo, como se a pessoa quisesse ser vista como não-ativa e não-ameaçadora. Os serviçais de hotelaria geralmente usam essa posição quando não estão executando nenhuma tarefa, para sinalizar que não estão trabalhando, mas estão dispostos a ajudar.

A outra razão por trás dessa postura é completamente diferente. Ela pode parecer autoritária e traduzir um alto status, significando "Não quero sujar minhas mãos com isso, portanto vou mantê-las afastadas do caminho".

Se for o braço que estiver preso, em vez da outra mão, a pessoa pode estar tentando controlar um acesso de raiva. (*Veja a figura 8, na próxima página*).

Ficando de pé

5

Pernas cruzadas na altura dos tornozelos.

6

Tornozelos virados.

7

Rainha da beleza.

8

Mãos presas nas costas.

▸ **Mãos totalmente apertadas**

Chamo esta posição de "mãos de hamster", porque ela é tão assustadoramente engraçadinha que lembra um hamster alimentando-se com uma semente de girassol. Só testemunhei essa posição utilizada por mulheres, e, geralmente, ela é acompanhada de um voz infantil. Essa pessoa pensa que agir como um bebezinho vai fazê-la parecer totalmente desprotegida e adorável. É uma posição de péssima qualidade. (*Veja a figura 9, abaixo*).

▸ **A folha de parreira**

Os homens podem adotar essa posição, como se estivessem pela primeira vez em uma praia de nudismo, com as mãos unidas diante de seu sexo. Obviamente, essa é uma posição defensiva. Eles estão esperando alguma crítica ou reprovação. (*Veja a figura 10, na página próxima*).

▸ **Roupas íntimas "enfiadas" ou coçar as nádegas**

Há uma arrogância óbvia em qualquer uma dessas duas atividades, quando exibidas diante de um grupo. Os homens fazem isso com mais freqüência, as mulheres um pouco mais raramente. O que quer que signifiquem, não se deve praticá-las.

Ficando de pé

9

Mãos de hâmster.

▸ **Falar ou escutar com o tronco ligeiramente virado para o outro lado**

Demonstra arrogância ou nervosismo. A pessoa quer evitar uma comunicação direta e está querendo se ver livre, por pensar que você ocupa uma posição inferior na hierarquia, ou porque está intimidada. Procure observar os sinais de impaciência ou de nervosismo em outros gestos. (*Veja a figura 11, abaixo*).

▸ **Pernas cruzadas ao ficar em pé**

Significa que a pessoa não tem confiança naquilo que está dizendo.

▸ **Pernas arqueadas a partir do tornozelo**

Uma insegurança quase infantil. A pessoa deseja ser aceita e julgada favoravelmente. Não assertiva.

Ficando de pé

10

Folha de parreira.

11

Tronco virado para o outro lado.

Sentando-se

► **Pernas cruzadas, braços abertos e apoiados na cadeira ou relaxadamente unidos sobre o colo**

Pessoa calma, relaxada e confiante, ou disposta a transmitir essa imagem. (*Veja a figura 1, na próxima página*).

► **Sentar-se na borda da cadeira**

Aqueles que se sentam dessa forma sofrem de baixa auto-estima ou de culpa. Ou, então, pensam que suas nádegas não são dignas da cadeira, ou ficaram em pé por algum motivo e estão prontos a se levantar novamente. Prepare-se para observá-los se encaminhar para a porta depois de alguns instantes. (*Veja a figura 2, na próxima página*).

► **Sacolas no colo**

Incrivelmente nervosa e insegura, essa pessoa está pronta para alçar vôo, ou pode até sentir que as sacolas formam um muro de proteção entre vocês.

► **Segurando o assento**

Essa postura um tanto infantil sugere naturalidade e honestidade, mas uma falta de astúcia. Há um nervosismo óbvio aqui também. Se a pessoa for muito baixa, suas pernas começarão a balançar depois de alguns instantes e, então, estaremos de volta ao jardim-de-infância. Se essa pessoa for minimamente confiante, isso pode ser um estratagema para parecer que, no fundo, ela é uma criança, e que ainda conserva um senso de humor infantil. (*Veja a figura 3, na próxima página*).

► **Braço descansado no encosto da cadeira, mãos levemente presas**

Essa posição parece bastante recatada e sofisticada. Não é tão fácil de ser realizada quanto parece, e essa pessoa, provavelmente, passa uma grande parte do tempo coreografando seus movimentos. Para ser bem-sucedido nessa postura, você precisa conhecer a altura do encosto da cadeira e alinhá-lo com o comprimento do seu braço e a altura do seu ombro, e deve colocar o coto-

Sentando-se

1

Pernas cruzadas, braços relaxadamente unidos.

2

Na borda da cadeira.

3

Segurando o assento.

4

Braço descansado no encosto da cadeira.

velo no ângulo correto, para sugerir uma descontração genuína. Além disso, as roupas têm de ser adequadas a essa posição, ou os botões vão começar a pular e o sutiã ou o colete aparecerão. (*Veja a figura 4, na página anterior*).

▸ Sentar sobre as mãos, ou com as mãos enfiadas entre as pernas

Desesperadamente retentiva e, possivelmente, no outro extremo, desajeitada, essa é uma pessoa que se autopolicia muito. As palavras são escolhidas cautelosamente. A pessoa pode até ter aulas de oratória. Depois de algumas doses de Bacardi Breezers, no entanto, você vai desejar que ela volte ao modo anterior, pois seus membros irão se distender e ela começará a quebrar objetos e a se chocar contra tudo, cometendo erros estúpidos de forma grotesca. (*Veja a figura 5, na próxima página*).

▸ Braço pendurado no encosto da cadeira

Essa posição parece sempre tão despreocupada que chega a lembrar a da embriaguez. Essa pessoa reage de forma desajeitada, sendo uma zona franca de estilos. Por falta de tato, ela vai se expressar de modo grosseiro, mas alegremente, pedindo que todos a "aceitem como ela é". (*Veja a figura 6, na próxima página*).

▸ Cotovelos nas bordas da mesa ou nos braços da cadeira, dedos unidos pelas pontas, com as mãos apontadas para cima

Essa é posição do chefe que demonstra um alto status. Essa pessoa é crítica e um tanto distante. Ela disfarçará muito suas reações. (*Veja a figura 7, na próxima página*).

▸ Braços dobrados na mesa sob o peito, o corpo inclinado para a frente

Essa pessoa é cooperativa e entusiasmada. Tem poucos adversários. Se for uma mulher, seus seios estarão provavelmente repousados sobre os braços que estão dobrados. Não há malícia nessa pessoa, ela é franca e modesta.

▸ Pernas cruzadas longe de você e o corpo virado ligeiramente para o lado

O que quer que você tenha feito a essa pessoa, conseguiu uma completa rejeição. (*Veja a figura 8, na próxima página*).

Sentando-se

5

Mãos enfiadas entre as pernas.

6

Braço pendurado no encosto da cadeira.

7

Dedos unidos pelas pontas, com as mãos apontadas para cima.

8

Corpo virado para o lado, pernas cruzadas.

▸ **Apoiada na beira da cadeira, braços e pernas cruzados**
Muito defensiva, possivelmente com falta de auto-estima. Provavelmente, não é cooperativa. Pode se sentir ameaçada por você ou temer o confronto. (*Veja a figura 9, na próxima página*).

▸ **Pernas totalmente abertas, joelhos bem separados**
Os homens assumem essa postura, especialmente em lugares lotados. Eles dizem que a postura não significa nada. As mulheres suspeitam que é uma forma de exibição fálica. De qualquer maneira, demonstra uma desconsideração pela correção social. Essa pessoa é competitiva e, possivelmente, arrogante. (*Veja a figura 10, na próxima página*).

▸ **Pernas cruzadas na altura dos tornozelos, dobradas para um dos lados**
Diz-se que essa postura é elegante. A pessoa deve ter feito o mesmo curso que eu na escola de Lucie Clayton. A rainha tem preferência por essa postura, porque cruzar as pernas na altura dos joelhos ainda é considerado vulgar em certos círculos. Presume-se que essa postura também sirva para mostrar as pernas em seu próprio benefício, a menos que você seja um homem, e, nesse caso, parecerá um tanto estranho. (*Veja a figura 11, na próxima página*).

▸ **Pernas enfiadas sob a cadeira**
Mostra um desejo de se esconder. (*Veja a figura 12, na próxima página*).

▸ **Pernas e braços enrolados nos pés e no encosto da cadeira**
Essa pessoa parece estar sendo mantida como refém. Há, obviamente, uma sensação de insegurança. Talvez ela nunca tenha ganho a brincadeira da dança das cadeiras e pretenda manter-se firme em seu lugar pelo maior tempo possível.

▸ **Pernas totalmente abertas, braço estendido sobre o encosto da cadeira mais próxima**
Uma vez vi um homem sentando-se dessa forma em um ônibus. Estava tudo bem até que um outro homem sentou-se no assento ao seu lado. A coisa normal a fazer teria sido recolher o braço e virar o rosto para a frente. Esse homem continuou onde estava – um óbvio ladrão de espaço da pior espécie.

Sentando-se

9

Apoiada na beira da cadeira.

10

Joelhos bem separados.

11

Pernas cruzadas, dobradas para um dos lados.

12

Pernas enfiadas sob a cadeira.

O homem ao seu lado ficou em pé para procurar o troco em seu bolso, esperando, obviamente, que o ladrão de espaço faria a coisa mais acertada e recolheria seu braço. Mas não. Depois de cinco minutos, concluí que o ladrão de espaço deveria ser um alienígena, ou um estrangeiro, ou muito, muito louco. Então, reparei que seu relógio de pulso estava de cabeça para baixo. Senti que isso comprovava minha hipótese. (*Veja a figura 13, na próxima página*).

▸ Tombado na cadeira

Essa costumava ser uma posição de poder quando os homens que estavam no topo eram todos balofos, usavam coletes e fumavam charutos. Agora, esse tipo de postura sugere uma falta de energia e de comprometimento. Se essa pessoa escolher sentar-se ao fundo, poderá causar problemas. (*Veja a figura 14, na próxima página*).

▸ Perna cruzada na altura da coxa

Essa pessoa está pensando em sua proposta. Parte de sua mente está aberta para a sua sugestão e parte dela ainda está bloqueada. Há falta de concordância, mas, possivelmente, apenas porque ela está assimilando informações. Essa é uma posição que serve para transmitir adequadamente um alto status. Se a pessoa estiver segurando a perna com uma das mãos, a barreira está se tornando um pouco maior, e as opiniões podem entrar em confronto direto. (*Veja a figura 15, na próxima página*).

▸ Sentando-se sobre uma das pernas

Essa pessoa é capaz de se concentrar totalmente no trabalho. Ainda jovem e, no fundo, uma aprendiz, ela é menos capaz de ponderar suas ações e é mais reativa. Desafiá-la enquanto ela estiver tentando se mostrar, poderá fazê-la responder-lhe com a posição de "tirar os sapatos" ou "dependurar os sapatos". Se for uma mulher, você também poderá esperar que ela mude o estilo dos cabelos durante uma conversa, puxando uma daquelas miseráveis presilhas elásticas do próprio pulso para dar um piparote no cabelo e fazer um rabo-de-cavalo. (*Veja a figura 16, na próxima página*).

Sentando-se

13

Braço estendido sobre o encosto da cadeira.

14

Tombado na cadeira.

15

Perna cruzada na altura da coxa.

16

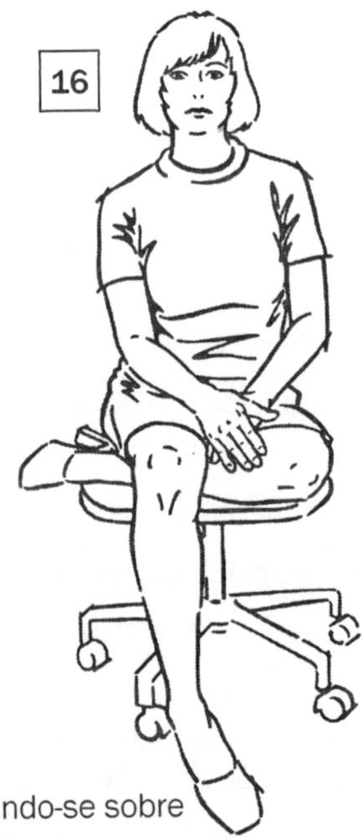

Sentando-se sobre uma das pernas.

Expressões

▸ **Boca ou sobrancelhas franzidas**

Inquisitiva, considerando a sua proposta. Poderá, também, colocar o dedo no queixo ou acariciá-lo. (*Veja a figura 1, na próxima página*).

▸ **Sorriso contido**

Uma infinidade de opções, todas significando alguma coisa diferente. O sorriso contido pode registrar tanto uma piada compartilhada quanto o fato de que a pessoa tem desejo de rir de você. Em qualquer uma das posições, os lábios são mantidos fechados. (*Veja a figura 2, na próxima página*).

▸ **Lábios fechados, boca levemente abaixada dos lados**

Pode ser um desejo de parecer profissional e servir apenas como um indício de senso de humor, logo depois de ouvir uma piada. (*Veja a figura 3, na próxima página*).

▸ **Lábios fechados, boca levemente abaixada dos lados, queixo inclinado para cima (contrair o queixo)**

Uma especialidade de Tony Blair, sinalizando contrição e seriedade. (*Veja a figura 4, na próxima página*).

▸ **Lábios fechados, boca bastante distendida horizontalmente**

Esse sorriso melancólico pode parecer ameaçador. É um sorriso irônico, possivelmente denotando um sarcasmo funesto. (*Veja a figura 5, na próxima página*).

▸ **Lábios fechados, um dos lados da boca levantado**

O sorriso sofisticado, pretendendo traduzir serenidade e inteligência. Se for dirigido a você, significa que você também é uma pessoa serena e inteligente. (*Veja a figura 6, na próxima página*).

▸ **Lábios fechados, ambos os lados levantados**

Estranho e um tanto difícil de executar, é um sorriso híbrido e forçado, e sugere valentia diante do estresse ou de alguma tragédia. (*Veja a figura 7, na página 181*).

Expressões

1

Boca ou sobrancelhas franzidas.

2

Sorriso contido.

3

Boca levemente abaixada dos lados.

4

Contrair o queixo.

5

Boca distendida horizontalmente.

6

Sorriso sofisticado

▸ **Mostrando os dentes**

Riso e divertimento naturais. (*Veja a figura 8 abaixo*)

▸ **Todos os dentes à mostra**

Esse é o sorriso social amplo, o tipo que você faz quando posa para uma fotografia. Raramente é autêntico, e é feito para parecer exageradamente agradável ou para disfarçar uma raiva e um descontentamento intensos. (*Veja a figura 9 abaixo*).

▸ **Dentes ligeiramente separados, língua protuberante**

Sexual. (*Veja a figura 10 abaixo*).

Expressões

7

Valentia diante do estresse.

8

Mostrando os dentes.

9

Sorriso social amplo.

10

Sexual.

Gestos

▸ **Braços cruzados uniformemente, sem pressão corporal**

Escutar de forma descontraída. (*Veja a figura 1, na próxima página*).

▸ **Braços cruzados em um abraço corporal**

Indica uma necessidade de restauração da própria segurança. A pessoa está se sentindo isolada e pode ter se desconcentrado totalmente do que você estava falando. (*Veja a figura 2, na próxima página*).

▸ **Braços cruzados acima do peito ou com os punhos cerrados**

Indica conflito, sem receptividade. (*Veja a figura 3, na próxima página*).

▸ **Braços cruzados, mãos agarrando os antebraços**

Controvérsia. Pessoa opinativa. Pode ser difícil conseguir sua aprovação. (*Veja a figura 4, na próxima página*).

▸ **Braços mantidos afastados do corpo, generosamente abertos, palmas viradas para cima**

Essa pessoa está se desculpando por alguma coisa, ou tentando conseguir a adesão do seu interlocutor através de um gesto de abraço vazio. (*Veja a figura 5, na página 184*).

▸ **O mesmo que o de cima, acrescido de um encolhimento de ombros**

Negação. Essa pessoa está tentando desesperadamente convencê-lo, e pode ser desonesta. (*Veja a figura 6, na página 184*).

▸ **Mãos na cintura**

Confiança, postura de alto status, agressão. (*Veja a figura 7, na página 184*).

Gestos

1

Braços cruzados uniformemente.

2

Abraço corporal.

3

Braços cruzados acima do peito.

4

Agarrando os antebraços.

Gestos

5

Palmas viradas para cima.

6

Encolhimento de ombros.

7

Mãos na cintura.

Pontos-chave, em poucas palavras

- Estude a linguagem corporal dos outros para se tornar mais hábil na interpretação, mas evite olhar fixamente.
- Aprenda a analisar o que você, em determinado momento, percebe como reação emocional.
- Observe as expressões faciais, as mudanças de postura e os gestos das outras pessoas, para monitorar seus sentimentos e variações de humor.
- Mantenha sua mente aberta para novas idéias – nunca exija 100% de precisão.

Capítulo 10

Estudando o arsenal: os objetos de cena que utilizamos e o que significam

EM NOSSA TENTATIVA DE sinalizar e nos comunicar, iremos, como qualquer bom ator, nos agarrar aos objetos de cena para tentar defender nosso ponto de vista. A seleção pode ser aleatória, mas, no trabalho, há geralmente alguns itens à nossa disposição para nos ajudar a fazer o que os atores chamam de atuação.

Os maus atores adoram os objetos de cena, porque eles lhes propiciam uma diversão. Nos negócios, quer sejam usados conscientemente ou não – e o *não*, provavelmente, é a conclusão mais comum –, os utilizamos para nos manter ocupados quando começamos a nos sentir sob pressão ou estresse. Os clipes de papel, por exemplo, são objetos gratificantes para entreter as mãos, e o adesivo sensível à pressão pode ser usado como massinha, como forma de recordar-nos da tranqüila falta de sentido das aulas de recreação no jardim-de-infância.

Na verdade, muitas dessas coisas foram aprendidas na infância. Quando as condições de vida ficam difíceis, os bebês aprendem a chupar os dedos ou a acariciar um lençol do berço para restabelecer o conforto e relaxar. Um vendedor que, de repente, enfia o dedão na boca durante uma abordagem de vendas nos negócios estaria, provavelmente, enviando sinais de que nem tudo está correndo bem. Portanto, em vez disso, ele vai preferir chupar a tampa da caneta.

Um rápido resumo da linguagem silenciosa dos objetos de cena:

Uso da caneta

No local de trabalho, a caneta é muito mais do que um instrumento para escrever. Ela pode ser um brinquedo de consolação ou uma arma. É o objeto que tem a maior probabilidade de ser agarrado, a maior parte do tempo. De certa maneira, a caneta se tornou o equivalente moderno da espada. O modo como algumas pessoas usam sua caneta pode oferecer pistas valiosas sobre seu estado de espírito:

- Rabiscar – parcialmente uma distração, parcialmente um jogo de memória. Quando rabiscamos, estamos brincando com nossos próprios pensamentos, mais do que ouvindo a outra pessoa. Rabiscar é como o botão de diminuição de volume ou intensidade em um aparelho de som. Você ainda ouve o que está sendo dito, mas usa o movimento repetitivo e sem importância como um meio de desligar-se suavemente daquele som. Rabiscar pode ser um sinal de que a pessoa está escolhendo as palavras adequadas para defender seu ponto de vista. Geralmente, os rabiscos vão aumentar de velocidade ou de tensão quando estiverem servindo para reunir energia para a pessoa falar. Ou, talvez, ela esteja querendo dizer algo, mas esteja com medo e, em vez de se pronunciar, rabisca como uma forma de escape.
  Pode ser útil observar os padrões que estão sendo desenhados pela pessoa que rabisca. Círculos repetitivos podem denotar falta de conflito, mas são, possivelmente, uma necessidade de esclarecimento. Diagramas angulosos podem sugerir uma raiva interior que, geralmente, será expressa com a representação de cumes pontiagudos. Croquis ou caricaturas prontos e acabados significam que aquela pessoa não está sendo nem um pouco estimulada pelo que você está dizendo. Você foi reduzido ao nível de som ambiente.

  Em um dia bom, a pessoa que rabisca vai usar o gesto como um método para ajudar a se concentrar. Em um dia ruim, você deve ficar atento, pois o rabiscador pode ser aquele que não diz nada de negativo durante o seu pronunciamento, mas que irá criticá-lo posteriormente.

- Dar batidinhas com a caneta em uma mesa ou em papéis, com a extremidade apontando diretamente para baixo – impaciência, possivelmente uma agressividade se formando. Se esse gesto for empregado enquanto essa pessoa estiver falando, poderá estar sendo usado como uma espécie de metrônomo, para enfatizar suas palavras. Considere-se repreendido.

- Segurar uma caneta como uma faca de jantar e dar batidinhas em uma mesa ou em papéis – impaciência mais branda, geralmente com bom humor. Essa pessoa, no entanto, é mais distraída do que a que bate com a tampa da caneta. Esse é um movimento de percussão, que pode ser uma tentativa de mudar o ritmo do raciocínio do percussionista (ou de quem está falando).

- Passear suavemente a ponta da caneta para trás e para a frente ao longo da mesa ou em papéis – um gesto ainda mais distraído, de alguém que está tentando ser cuidadoso com as palavras. Essa pessoa pode não estar falando o que realmente pensa. O gesto também tem algo de"tranqüilizador, e, portanto, a pessoa pode estar tentando apaziguar as coisas. Qualquer aumento na velocidade vai significar a produção de conflitos.

- Dar batidinhas com a parte lateral da caneta na borda da mesa – falta de concordância e conflito se formando. Esse é um comportamento agressivo limítrofe. A pessoa, geralmente, estará olhando fixamente para a caneta enquanto executa o movimento.

- Tampar e destampar a caneta – esse gesto altamente superficial tem grandes chances de ser um sinal de desconforto. Essa pessoa está perturbada e, provavelmente, estressada. Há uma sugestão de que ela seja constantemente otimista e curiosa, mas que se decepcione logo em seguida. Ela pode estar querendo falar algo, mas mudando de opinião.

- Desmontar completamente a caneta – distraída ao ponto da estupidez, essa pessoa está procurando objetos para brincar. Deixe ela dar uma caminhada no parque industrial.

- Helicópteros – brincar de helicóptero, girando a caneta por sobre as articulações dos dedos, ou rodar a caneta entre eles, como se fosse um bastão, indica atenção com amplitude reduzida. Possivelmente não muito inteligente, essa pessoa ainda se mantém ligada na caixinha de brinquedos durante as reuniões e encontros individuais. Esse tipo complexo de prática também pode virar um hábito, sugerindo que essa pessoa fique entediada com freqüência. Ela pode evitar participar de reuniões e seu grande sentimento de realização está ligado ao fato de conseguir girar e equilibrar bem a caneta nos dedos. Não é preciso dizer mais nada.

- Apontar – direcionar uma caneta para outra pessoa para enfatizar algo é um ato declarado de agressão. Se começar a ser empregado em um movimento de punhalada, a mensagem é óbvia.
- Dar batidinhas no ar – abanar a caneta para outra pessoa em um movimento de dar batidinhas no ar é igualmente agressivo, como se você estivesse treinando para dar uma pancada em sua cabeça.
- Conduzir – usar uma caneta como uma varinha ou como uma batuta de maestro é uma forma de aumentar a autoridade de quem está com a palavra.
- Agarrar a caneta com força enquanto fala – utilizá-la como um cobertor reconfortante.
- Dar batidinhas suaves com a caneta contra os lábios ou dentes – cogitar uma idéia reservadamente.
- Morder a caneta – conflito ou preocupação internos. Enfiar alguma coisa na boca em momentos de ansiedade quer dizer apenas um retorno à primeira infância. Há, no entanto, um dado de frustração e destrutividade presentes.
- Limpar os orifícios – as canetas podem ser usadas para limpar todo e qualquer orifício, mas, principalmente, os ouvidos. Esse hábito nojento é parcialmente um gesto reconfortante/de ansiedade, mas isso, na verdade, não é nenhuma desculpa. Rituais para cuidar da aparência podem denotar atração física, mas isso é altamente improvável nesse caso, já que a pessoa que está se ajeitando fica completamente indesejável ao praticar tal gesto.

As rotações da caneta no ouvido também podem ser uma tentativa infantil e inconsciente de dar corda no cérebro e, geralmente, no raciocínio associado.

- Arrumar as canetas no bolso superior – pessoa excessivamente organizada, totalmente convencional.
- Colocar as canetas em qualquer outro bolso externo do paletó – pessoa desarrumada, desorganizada, desatenta quanto à própria aparência, seja ela de intelectual ou de um completo imbecil.

Pastas, pranchetas e canecas de café

Muitos objetos são usados como coordenadores conscientes. Você os carrega para ter o que fazer com as mãos. Canecas de café são muito populares entre Tony Blair e seu grupo. Ele exibia uma quando falou sobre o nascimento de Leo, e a maior parte de sua equipe parecia carregar uma caneca em conferências de imprensa e reuniões durante um programa de TV sobre Alistair Campbell. O efeito pretendido, provavelmente, é o de sobriedade e informalidade, ou a aparência de "só estou cumprindo o meu dia de trabalho e acredito que, na verdade, sou eu o Primeiro Ministro", especialidade na qual Blair tende a se sobressair.

Agarrar canecas ou copos com força proporciona três benefícios úteis:

1. Mantém as mãos ocupadas, que, de outra forma, estariam balançando ou ocupando-se com besteiras.
2. Serve como barreira, quando você levanta a caneca entre você e um oponente.
3. Beber o conteúdo é uma estratégia para ganhar tempo.

As pranchetas e os trabalhos com a papelada do escritório alcançam, no entanto, um uso mais sinistro quando são delegados às mulheres. Boadicea ficaria orgulhosa da forma com que transformamos qualquer papel de tamanho A4 em armaduras para os seios. Observe uma colega fazendo isso e você poderá supor, corretamente, que ela está na defensiva.

Plástico e papel

As folhas de papel se transformam em bons objetos de cena porque têm o efeito adicional de simular que o usuário parece ocupado. As anotações do palestrante são um bom exemplo da síndrome do ursinho de pelúcia, isto é, elas desempenham o mesmo papel do brinquedo fofinho quando se está sob pressão. Muitos palestrantes simplesmente se esquecem de usar suas anotações e, nesse caso, você pode estar certo que elas estão ali somente para dar socorro.

Agitar os papéis com as anotações significará, por outro lado, uma outra atitude. Parece fervoroso e levemente vingativo. Alguém que fica agitando suas anotações acima da cabeça está tentando parecer um gênio com uma nova idéia.

Há, também, uma imagem de louco manso associada aos papéis. Algumas pessoas são tão destrutivas com eles quanto os castores com um pedaço de lenha. Em um aparente delírio para disfarçar a ansiedade, elas rasgarão os papéis, os amassarão em bolinhas, os dobrarão na forma de aviões, criarão Deus sabe o quê em nome do origami, limparão as unhas ou os dentes com eles e, até mesmo, os picotarão em pequenas tiras e os comerão.

O mesmo estrago pode ser feito com os copinhos de isopor. Eles serão mastigados, reduzidos a fragmentos em cinzeiros, virados de cabeça para baixo e receberão furinhos na base, serão triturados na forma de confetes e terão desenhos entalhados com as unhas. Tudo isso é desconcertante.

Acúmulo de sujeira após os treinamentos

Quando observo a sujeira deixada após os cursos de treinamento, fico espantada – e preocupada – com a mentalidade das pessoas que a produziram. Todas as emoções humanas estão registradas ali, desde a ansiedade até o pânico e o medo. É como se os participantes tivessem arrancado as almas de seus corpos e fixado-as em suas mesas. Qualquer dia desses, vou pegar umas três mesas, vendê-las como arte para a Tate Modern e ganhar rios de dinheiro.

Uma vez usei o extraordinário truque de me esgueirar entre as mesas durante uma das pausas para, com isso, descobrir todas as operações íntimas da mente dos participantes e, então, modificar adequadamente minhas táticas de treinamento. Isso acabou se tornando um grande erro. Tentar trabalhar com um gerente que parece razoavelmente normal, mas que você sabe que está recolhendo os papéis de balas em uma grande pilha sob o seu cartão de visitas é algo perturbador, para dizer o mínimo.

Roupas

No trabalho, as pessoas adoram usar suas roupas como objeto de cena. John Major criou um artifício insuperável quando começou uma importante palestra retirando seu paletó e arremessando-o para um dos lados. O sinal foi recebido ampla e claramente: "Vou deixar as futilidades de lado nesse momento".

No entanto, para a maioria das pessoas, a perspectiva de executar um strip-tease simbólico no local de trabalho é um tanto remota. Conseqüentemente, você observará diversos pequenos usos dos itens de vestuário, todos eles podendo ser, e sendo, reveladores de uma forma ou de outra:

▸ Brincar com os punhos da camisa

Demonstra uma necessidade de se esconder, isto é, ocultar-se sob a própria manga, além de se mostrar refinado e bem-educado. Os punhos realmente precisam de uma puxada ocasional para se manter sob a manga do paletó, mas essa pitada natural de cuidado com a aparência converteu-se em um tique nervoso, construindo uma barreira. Essa aflição raramente afeta as categorias mais baixas, que podem não ter nenhuma intimidade com dispositivos como punhos duplos e abotoaduras.

▸ Verificar o fecho da calça

Esse é um sinal óbvio de ansiedade e insegurança, e pode ser confundido com o que Billy Connolly chama de "verificar o pênis", o que tende a ser mais um sinal de arrogância masculina, além de um desejo infantil de restaurar a confiança e o conforto. Verificar o fecho da calça pode afetar tanto os homens quanto as mulheres da equipe e é, geralmente, executado do lado de fora da porta do banheiro – mais do que do lado de dentro. O gesto de verificação aumentará antes das palestras de negócios. "Sempre verifique o fecho de sua calça" *é* uma das dicas mais úteis que podem ser dadas para um palestrante, mas ela precisa, no entanto, de uma cláusula extra: "Não faça isso na frente da platéia." Vi um palestrante verificar seis vezes consecutivas o fecho de sua calça, ao começar a falar. Isso é um sinal de ansiedade obsessiva, o tipo de pessoa que precisará checar se o fogo está desligado umas vinte vezes antes de sair de casa.

▸ Botões

Mexer nos botões é semelhante a verificar o fecho da calça, porque demonstra ansiedade e um desejo de checar novamente. Gary Shandling fez esse gesto quando começou a estrelar um programa de entrevistas televisivo no papel do apresentador Larry Sanders. Quando começou seu habitual procedimento de colocar-se em pé, tocou os botões de seu paletó várias vezes. O gesto foi tão convincente que tornava-se difícil afirmar se ele estava agindo com sua linguagem corporal ou não, o que deve ter sido bastante frustrante caso fosse uma brilhante atuação que ele tivesse aprimorado.

▸ Gravata

As gravatas são um campo fértil de trabalho para as mãos desocupadas. Apertar a gravata é um sinal evidente de defensividade ou nervosismo, especialmente se a pessoa estiver usando uma camisa com o pescoço à mostra. Retirar manchas de comida da gravata com os dedos significa uma situação entediante até o ponto da quase-morte. Mexer aleatoriamente a ponta da gravata também será um indício de uma mente distraída, embora todos saibamos que a gravata, para os homens, é um objeto fálico, então sabe-se lá o que pode significar sentar-se e brincar com a extremidade pontiaguda da gravata. Uma mulher mexendo em seu cachecol pode significar apenas uma coisa: em primeiro lugar, ela colocou a peça de uma maneira errada. Nenhuma executiva que se preza jamais andaria com um pedaço de pano frouxo pendurado sem nenhum propósito.

▸ Lenços de papel e lenços de tecido

Os lenços de papel são usados como objetos de cena com mais freqüência que os lenços de tecido, e as mulheres devem figurar entre as maiores culpadas. Agarrar um lenço de papel em uma das mãos demonstra nervosismo e ansiedade. A ação é tão sem sentido quanto qualquer outro objeto de cena, já que ele se transformará em uma bola amassada em questão de minutos. Esses objetos, no entanto, podem ser usados em todos os momentos. Trabalhei com uma mulher que conseguia digitar, atender o telefone e até mesmo dar palestras de negócios com um lenço de tecido escondido na palma de uma das mãos.

▸ Pessoas que puxam as meias

Só encontrei com esse tipo uma vez, graças a Deus. Quando a pressão nas reuniões aumentava, ele cruzava uma perna sobre a outra, com o tornozelo na altura da coxa, e começava a puxar os fios de suas meias. Era algo hipnotizante, mais ou menos como observar alguém depenando uma galinha.

Pontos-chave, em poucas palavras

- As pessoas do mundo dos negócios geralmente se agarram a objetos de cena como forma de ajudá-las a executar bem os próprios gestos.
- A escolha do objeto e a maneira com a qual é utilizado pode fornecer uma compreensão fascinante do estado de espírito dessas pessoas. Estude e aprenda.

Capítulo 11

Sinais de perigo: como saber quando há algo errado

SEMPRE É VÁLIDO SABER quando algo está errado e, talvez, seja necessário mudar seu comportamento para compensar. Como você pode reconhecer quando sua mensagem não estiver sendo bem transmitida ou quando estiver lidando com alguém que está zangado, confuso, perturbado ou mentindo deliberadamente para você?

▸ Maneiras de identificar se alguém está mentindo

A maioria das pessoas no mundo dos negócios é mentirosa. A honestidade total seria inviável. As mentiras aparecem em camadas. Mesmo em uma empresa honesta, a integridade pode ser mantida em grandes questões, como preço, negociação e comunicações com a equipe, mas, ainda assim, poderão existir aquelas pequenas mentiras, como afirmar que "não há problema nenhum" em executar um serviço quando ele significa um contratempo, ou sorrir para clientes quando eles estão se comportando mal.

Algumas pessoas de negócios são peritas, mentirosas excepcionais, sábias em mentiras, pessoas reconhecidamente desonestas que planejam abertamente enganá-lo. Essas pessoas, com freqüência, fazem um estudo das técnicas de mentira e tornam-se boas nisso. Elas podem ser pessoas de vendas, políticos ou executivos-chefes, ou ter uma infinidade de outras funções.

Existem os patifes honestos, aqueles que mentem, mas de uma forma que deixam você perceber que estão mentindo. Esses são o tipo de charlatões dos mercados de rua, a espécie que lhe assegura que um conjunto de louça de barro barata é um Royal Doulton. Você se importa pouco com isso, porque também está fazendo parte da fraude.

Não há maneira infalível de reconhecer um mentiroso. No entanto, com o tempo, os mentirosos geralmente se denunciam. Até mesmo os bons mentirosos consideram difícil sustentar seu desempenho sem "evidenciar" alguns sinais:

Olhos

- Piscar excessivamente – sinal de nervosismo.
- Abrir os olhos – tentativa infantil de demonstrar uma sinceridade do tipo "O quê, eu?".
- Desviar o olhar – ser furtivo, incapaz de enfrentar o contato visual devido à culpa.
- Encarar – tentativa exagerada de evitar a síndrome anterior.
- Maior contato visual ao falar do que ao escutar – na comunicação natural seria, geralmente, ao contrário. Esse é um esforço desesperado para convencer.
- O olhar do mentiroso se movimenta para o lado superior direito – acessando a parte criativa do cérebro.
- Piscar uma vez, de forma lenta – geralmente vem ao final de uma mentira difícil, e é uma mistura entre um movimento autocomplacente de "Acho que consegui me dar bem" e um de encerramento, "Não faça mais perguntas".
- Levantar as sobrancelhas – uma surpresa dissimulada, pois ninguém conseguiu suspeitar do mentiroso.

Boca

- O lábio superior fica rígido ao falar, quase como se os músculos da boca se recusassem a participar da mentira.
- Os lábios ficam enrugados e franzidos através de microgestos.
- A boca ficará encolhida para baixo em um microgesto de repulsa ou rejeição.
- O sorriso se expande para os lados, mas não é expressado pelos olhos.
- O sorriso continua fixo.
- Lamber os lábios.
- Como a pessoa está com a boca seca, fica deglutindo ou limpando a garganta com freqüência.

Nariz

- Aumentar de tamanho – uma pesquisa qualquer realizada no ano passado alegou que, como em *Pinóquio*, o nariz realmente aumenta de tamanho quando se conta uma mentira. Foi uma pesquisa autêntica, mas sinta-se à vontade para duvidar. É sempre bom zombar de um acadêmico de vez em quando.
- Tocar – encostar no nariz é um fantasma da sua infância. As crianças costumam encobrir suas bocas quando contam uma mentira, em um gesto de culpa, ou para encobrir a expressão facial. Os adultos sabem que isso não funciona mais depois dos dez anos de idade. Mas ainda gostamos desse pequeno toque para restaurar a confiança enquanto mentimos.

Cabeça

- Balançar demais, em uma tentativa de conquistar a concordância e a aprovação.

- Testa inclinada para a frente.
- Cabeça ligeiramente inclinada para baixo, queixo no peito.
- O corpo fica estável e os movimentos se concentram na cabeça, que é mantida firme, girando de um lado para o outro, como o cilindro de uma arma.
- Cabeça inclinada para o teto, tentando escapar da mentira.
- Movimento da cabeça em desacordo com as palavras, isto é, balançar afirmativamente a cabeça ao dizer "não" ou vice-versa.

Pele

- Suar.
- Ruborizar.
- Começar a coçar.

Gestos

- As mãos ficam completamente imóveis, assim como o resto do corpo, por medo de que os gestos pareçam artificiais, ou a pessoa começará a gesticular como forma de dizer "acredite em mim porque estou falando a verdade agora". Manter as mãos afastadas para ambos os lados com as palmas voltadas para cima e encolher os ombros são gestos clássicos desse gênero, assim como as mãos estendidas em um abraço vazio, que é uma tentativa exagerada de conquistar a adesão.

  As mãos também fornecem sinais que entram em contradição com as palavras, como no caso de dizer a uma pessoa que você está apaixonado por ela, enquanto emprega gestos de rejeição, como:

  - Ocupar-se com besteiras – gestos reconfortantes exagerados, como brincar com jóias ou bijuterias, ou apertar as mãos, podem sugerir uma necessidade de restaurar a confiança ao mentir.

- Coçar a nuca.
- Manusear o colarinho, como se ele tivesse muito apertado.
- Coçar a orelha enquanto olha para baixo.

Pés

- Arrastar os pés.
- Sapatear.
- Apoiar o peso na borda externa dos pés.
- Manter as pernas firmemente unidas.

Respiração

- Respirações curtas e superficiais.
- A fala pode ser entrecortada por algumas respirações profundas.

Lembre-se que essas são apenas algumas pistas, portanto você precisará manter a mente aberta, mesmo após reconhecê-las. *Todas* elas podem ser inofensivas, aparecendo por um motivo trivial e sem ligação com a mentira.

▸ Maneiras de identificar o desconforto

O desconforto pode ser um sinal de que seu colega ou cliente está mentindo. Também pode significar que eles não estão gostando do tema da conversa ou da forma como ela está sendo conduzida. Você pode ter ferido alguma suscetibilidade ou pode estar usando um método de condução inadequado. Talvez você esteja intimidando seu cliente, sendo muito controlador, ou talvez a sua conversa tenha se tornado técnica demais e isso o tenha dispersado.

Você precisa estar atento ao níveis de conforto das pessoas, por razões práticas. Quando estou dando um curso de treinamento ou falando em uma conferência, geralmente procuro sinais para saber se a platéia está muito receptiva ou muito fria, ou com vontade de ter uma pausa para ir ao toalete.

Observe o óbvio, porque a maior parte das pessoas recorre a sinais bastante evidentes quando sente-se desconfortável:

- Defesas súbitas, isto é, cruzar os braços e/ou as pernas.
- Oscilar quando ficam de pé ou fazer movimentos para trás e para a frente quando se sentam.
- Puxar a boca para dentro, chupando os próprios lábios, mas sem enrugá-los.
- Observar fixamente o chão.
- Pressionar as mãos com força.
- Sorrir ou rir nervosamente em momentos inadequados.
- Friccionar ou brincar com as unhas.
- Coçar-se.
- Mexer nas roupas – apertando, abotoando e alisando.
- Colocar as mãos entre as pernas.
- Escancarar a boca para ambos os lados e exibir os dentes trincados.
- Chupar ou morder – qualquer coisa, mas, principalmente, unhas, dedos, cabelos, canetas etc.
- Repousar levemente os dedos nos lábios.
- Mergulhar, literalmente, na cadeira.
- Fazer gestos ou ações repetitivas.
- Tocar o pescoço.
- Fazer gestos de autoproteção, como o auto-abraço.
- Observar à sua volta, como se procurasse uma saída.

- Friccionar a ponta do nariz, ou friccioná-lo por inteiro.
- Introduzir um dedo na orelha.
- Friccionar as mãos no cabelo.
- Suspirar.

► Atração

Esta não é exatamente para você identificar se atraiu a atenção de alguém, mas uma lista de indícios que mostram se a pessoa com quem está lidando gosta de você, inicialmente de uma maneira não-sexual (*veja também o Capítulo 19*).

- Contato visual mais intenso que o normal, mas equiparado ao seu, para se sentir confortável.
- Um sorriso ou uma mudança de postura corporal para uma posição ainda mais alerta e ereta, ou descontraída, quando alguém olha para você – é o contraste que conta.
- Uma saudação que é um pouco mais íntima do que a saudação normal formal, isto é, um aperto de mão ligeiramente mais longo, um tapinha no braço enquanto aperta as mãos, maior contato visual, aproximar mais a cabeça da sua ou um sorriso que parece menos social e mais confortável, que pode se transformar em uma risada.
- Espelhamento – como já foi mencionado, a afinidade entre um casal geralmente significa semelhança em posturas e gestos.
- O tronco posicionado frontalmente, voltado exclusivamente para a sua direção.
- O uso de toques sutis, mas não abertamente familiares, como um toque leve e muito rápido no braço ou nos ombros, para orientar ou direcionar.

- Uma inclinação do corpo na sua direção.
- Sinais entusiasmados de escuta, contato visual, inclinação da cabeça, concordância etc.
- Gestos abertos em sua direção.
- A perna que está cruzada sobre a outra apontada em sua direção.

Conflito

O conflito pode ser imediato, se um cliente o abordar com uma reclamação, ou pode ser parte de um processo mais gradual. Nesse último caso, em uma situação face a face, você deveria prestar atenção em:

- Aumento de tensão muscular.
- Aumento de alterações de posturas, mudanças de posição mais rápidas do que o necessário para ficar confortável, ou alteração de peso sobre os pés.
- Diminuição do contato visual, algumas vezes até desaparecer completamente.
- Um sorriso pálido, com os olhos voltados para baixo.
- Braços cruzados, aumento do uso de gestos defensivos.
- A posição da cabeça saindo da posição frontal e ficando levemente inclinada para trás, isto é, o queixo discretamente levantado.
- Pressão nos lábios.
- Aumento de tensão no maxilar, provocando, até mesmo, uma modificação nos padrões de fala.
- Cabeça tombada, uma das mãos percorrendo a parte de trás da cabeça ou do pescoço.
- Medir os passos ao andar.

- Qualquer gesto de dispersão que se torne mais insistente, como o aumento de batidinhas com os dedos, mexer com um anel etc.
- Dar batidinhas com a caneta, com a ponta para baixo.

▸ Antipatia

Os conflitos podem ser repentinos e podem ir e vir, deixando em seu rastro a amizade. A antipatia, no entanto, é diferente. Ela pode não surgir com os mesmos sinais do conflito, já que costuma estar profundamente escondida sob a máscara do profissionalismo.

A antipatia nos negócios tem um componente de resignação atrelado a ela. É algo que os gerentes costumam dissimular, acreditando que ninguém em sua equipe sofra disso, embora a antipatia pelos chefes seja um fenômeno que ocorra naturalmente.

Muitos chefes, no entanto, supõem que são amados e populares, mesmo que estejam freqüentemente solicitando às pessoas que façam o que elas não querem fazer. Essa suposição é bastante perigosa. Ela pode afagar o ego, mas leva a algumas decisões bastante equivocadas – como acreditar que a equipe ficará contente por trabalhar até mais tarde e passar menos tempo com suas famílias, porque você é mais importante que isso tudo. Como se pode perceber, esse é um raciocínio errôneo, que apenas aumentará o fator de antipatia e, provavelmente, estimulará que ele se transforme em ódio. No conjunto, seria melhor que os chefes imaginassem que seus subordinados antipatizassem profundamente com eles e começassem a trabalhar a partir desse ponto.

Há duas razões para a ilusão dos chefes:

1. Arrogância e um sentimento de onipotência.
2. A equipe está disfarçando a antipatia que sente. Nos termos da lei de colher o que se planta, todos sabem que, no momento em que o chefe começar a antipatizar com eles, seus empregos estarão condenados.

A antipatia pelo chefe só pode ser vista na íntegra no dia em que ele deixar a empresa. Se você for o chefe, lembre-se de algo sensato: quanto mais altos os níveis de sorrisos, celebrações e sentimentalismos ridículos em sua festa de despedida, mais sua equipe estará satisfeita pelo fato de você estar indo embora. Observe os seus rostos ao presentearem-no com aquele relógio de corda. Eles estariam de fato sorrindo e aplaudindo tanto se estivessem tristes com a sua partida?

Outros sinais de antipatia podem incluir:

- Colegas sorrindo exageradamente para você.
- As pessoas param de falar quando você entra na sala.
- Ninguém estabelece contato visual.
- Seus vizinhos começam a construir barreiras em seus lugares de trabalho – podem colocar o computador em um ângulo que obstrua a sua visão, ou empilhar várias parafernálias em suas mesas para distanciar-se de você.
- Tensão mal disfarçada nas mãos quando você se dirige a alguém – observe os pulsos ou gestos gratuitos.
- Falta de disponibilidade corporal quando você chama um colega para conversar. Ele nunca ficará frente a frente com você, exceto quando a relação se transformar em um conflito aberto.
- Colegas relaxados em suas cadeiras, com as mãos atrás da cabeça e os pés sobre a mesa quando falam com você.
- Colegas que deixam você ficar espreitando suas mesas quando você quer falar com eles, fazendo você esperar enquanto terminam uma tarefa importante, como limpar a sujeira de seu teclado com um clipe de papel.

O fator principal que você precisa captar é a mudança de expressão depois que a comunicação terminar. É aqui que o sorriso se transforma em uma pequena careta ou contração, as sobrancelhas levantam, ou os olhos viram-se para o teto em um olhar de exasperação. Obviamente, é uma coisa difícil de identificar. A única maneira que posso sugerir é a utilização de sua visão periférica. Termine a conversa e volte a olhar para o seu trabalho, mas veja se consegue captar alguma outra coisa com o canto dos olhos.

▸ Inveja

Qualquer um que tenha alcançado algum tipo de sucesso em sua vida terá se deparado com a inveja dos colegas e das pessoas queridas. A inveja pode atingir qualquer pessoa em qualquer época, e é algo nojento, porque faz você se sentir muito culpado. É a emoção tabu. É vergonhosa e, portanto, deve ser disfarçada.

Para observar momentos supremos de disfarce da inveja, você tem somente de prestar atenção aos concorrentes nas cerimônias de esportes ou de premiação, ou, até mesmo, em concursos de beleza, quando o vencedor é anunciado. Ao mesmo tempo em que os níveis de inveja aumentam, as tentativas dos perdedores de disfarçá-la também ficam exacerbadas. O vencedor vai parecer perturbado, balançar a cabeça e chorar – comportamentos que seriam muito mais apropriados aos perdedores. Esses, pobres almas, são forçados pelas convenções a ceder a sorrisos, gargalhadas, berros e socos no ar ao correr para abraçar exatamente aquela pessoa que mais detestam no mundo naquele momento.

Atos semelhantes de valentia acontecem no ambiente profissional quase todos os dias. A inveja no trabalho é lugar-comum, e pode ser despertada por promoções, carros da empresa, mesas ou escritórios melhores ou, até mesmo, um relacionamento entre o chefe e um funcionário. Somente muito ocasionalmente ocorre uma explosão de honestidade. Uma vez, vi um funcionário que não conseguiu se controlar quando as promoções foram anunciadas. Ele atirou a sua caneta na mesa e saiu furtivamente, emburrado. Os outros ficaram chocados por ele não ter sido maduro o suficiente para cumprir o ritual de sair-de-sua-mesa-e-pular-para-saltitar-em-volta-do-vencedor. Eu gostei muito de sua atitude. Ele queria muito ter vencido e demonstrou isso por um momento.

▸ Confusão

Isso não é algo difícil de observar, porque as pessoas esquecem de disfarçá-la. Observe uma pessoa que está perdida em um prédio. Ela exibirá alegremente a sua confusão, na esperança de que alguém reconheça sua aflição e lhe ofereça ajuda.

A confusão no trabalho geralmente apresenta os seguintes sinais:

- Balançar a cabeça.
- Dar pausas.
- Colocar as mãos sobre a mesa, com as palmas para baixo.
- Colocar os dedos nos lábios.
- Tocar o rosto.
- Friccionar o rosto, especialmente a testa.
- Coçar o pescoço.
- Friccionar o pescoço ou friccionar as mãos no ar.
- Franzir as sobrancelhas.
- Rearrumar as coisas.
- Pender a cabeça para um lado.
- Franzir os lábios, geralmente empurrando-os para um lado.
- Relaxar na cadeira com os braços cruzados, boca fechada e distendida horizontalmente, os cantos da boca enrugados, encostando nos dentes.
- Deixar a cabeça cair subitamente para a frente.
- Dar sinais exagerados de que está refletindo: afastar o corpo para a beira da cadeira com os braços cruzados, olhos comprimidos levantados de forma pensativa para o teto.

▸ Estresse

Identificar o estresse é a atividade favorita de gerentes preocupados com o bem-estar, tanto de sua equipe quanto das finanças de sua empresa, em caso de litígio. No entanto, identificar o verdadeiro estresse negativo pode ser algo como procurar uma árvore em uma floresta. Todos nós estamos sofrendo de estresse nos dias atuais, e estamos mais à vontade para verbalizar nosso desconforto. Os casos mais sérios, no entanto, costumam ser guardados em segredo. As pessoas ficam com vergonha de seus sentimentos, e preocupadas com o fato de os outros pensarem que elas não vão conseguir superar esse problema. Elas negarão seus níveis de estresse, mais do que vão alardeá-los. O estresse pode gerar paranóia, e é por isso que elas tentam provar, desesperadamente, que tudo está em ordem.

Por esse motivo, você deve procurar por:

- Ombros suspensos – os músculos se contraem com a tensão, fazendo com que as vítimas do estresse causem uma má impressão, parecendo-se com Ted Heath.
- Falta de ar – a respiração torna-se mais curta e superficial.
- Tremor nas mãos.
- Movimentos rápidos.
- Movimentos súbitos.
- Percorrer o local de trabalho sem nenhuma razão aparente.
- Franzir as sobrancelhas.
- Aumento dos gestos reconfortantes.
- Tocar o pescoço.
- Friccionar a testa.
- Bafejar exageradamente, soprando o ar para cima com o lábio inferior para fora, soprando o ar da boca para o nariz.

- Inspirar profundamente de vez em quando.
- Apertar várias vezes as mãos uma contra a outra enquanto fala.
- Colocar os braços sobre o estômago.
- Agitar-se de modo quase obsessivo – do tipo que quer estender o braço e impedir fisicamente que a pessoa continue a se mexer.
- Fazer mais barulho ao trabalhar, batendo nos objetos e suspirando.
- Aumento do número de piscadas.
- Diminuição do sorriso social.

► Nervosismo

O nervosismo é algo surpreendente, porque fazemos muito esforço para disfarçá-lo nas situações de trabalho, como entrevistas e palestras, quando ele é um subproduto perfeitamente natural. O perigo é que os disfarces não conseguem nada além de um efeito de fliperama, em que um estado de espírito tranqüilo é superdimensionado até o ponto em que você começa a parecer arrogante, convencido e indelicado.

Identificar o nervosismo poderá ajudá-lo, porque você perceberá que isso esclarece comportamentos inadequados possíveis. Os sinais incluem:

- Aumento dos gestos de defesa.
- Arrumar justificativas para a criação de barreiras, como ajeitar a gravata ou segurar a bolsa com força.
- Limpar a garganta.
- Aumento do número de piscadas.
- Deglutição aumentada e exagerada.
- Lamber os lábios.

- Gestos para restaurar a confiança – tocar o rosto e o nariz, acariciar ou mexer no cabelo, brincar com os anéis, friccionar os joelhos.
- Fumar e beber mais.
- Sorrir sem expressar nada nos olhos.
- Falar de modo ofegante.
- Dar um sorriso falso.
- Falta de coordenação.
- Tiques faciais inconscientes.

▶ Gestos de negação

Já mencionamos esses gestos anteriormente. Eu os adoro. Eles são os sinais acoplados, os complementos, aqueles que acrescentamos para dizer que "estávamos só brincando", ou que "não queríamos dizer isso, na verdade". Eles podem ser completamente grosseiros, ou um indício de que alguém está sendo heroicamente educado. Podem ser um sintoma de prudência e um sinal de honestidade. Podem acompanhar as sessões de extremo disfarce ou, simplesmente, ser um indicativo de baixa auto-estima e falta de confiança. Você verá muitos deles em ação se der uma boa volta e observar minuciosamente, já que as melhores evidências desses gestos aparecem no fim de uma comunicação, ou, pelo menos, as evidências mais honestas.

Os gestos de negação, geralmente, surgem em um pequeno formato, embora algumas vezes costumemos enviar nossas mensagens dos telhados, com gestos grandes e semelhantes aos sinais de trânsito. Uma versão verbal desses gestos foi a ocasião do noivado do Príncipe Charles, em que lhe perguntaram se ele e Diana estavam apaixonados. "Sim", ele respondeu, acrescentando, "o que quer que isso signifique", antes mesmo que a nação tivesse tempo sequer de preparar um suspiro de prazer.

Pense no mesmo em termos visuais. A clássica tática de negação aparece quando alguém está recebendo uma saudação efusiva. Os homens, em particular, apreciam o abraço social. É um sinal de empatia e afeição para com o outro, mas, espere um minuto. Isso não pode dar a impressão de que essa afeição vai mais além da mera confraternização masculina? Sem problemas. Em uma manobra sutil o suficiente para fazer seus olhos lacrimejarem, os colegas baterão nas costas uns dos outros ferozmente.

Vi um grupo de homens jovens reunidos. Podia-se ver, em suas expressões, que eles estavam contentes por estarem juntos, mas, obviamente, isso foi logo considerado uma exposição excessiva. Eles começaram a dar socos e pancadas falsas uns nos outros para desequilibrar novamente a balança.

Esse gesto de afeição e retração é um lugar-comum em nossas vidas. Um dos pais pode abraçar seu filho pequeno e, então, despedir-se dele com uma batida no bumbum. Na qualidade de criança, você pode receber um beijo na bochecha e um afago no cabelo, ou ser acariciado em um minuto e, no minuto seguinte, ser lançado ao ar como uma moeda em um jogo de cara ou coroa.

As interações sociais propiciam o mesmo ato duplo. Quando um homem dá uma cantada em uma mulher, ela pode defender-se fazendo cócegas nele ou dando um tapinha em suas costas, um sinal sutil de que ela não está nem um pouco interessada nele.

Mesmo um aperto de mãos no mundo dos negócios pode resultar em um gesto de negação. Um homem de negócios norte-americano decidiu cumprimentar seu colega do Reino Unido com as duas mãos, em um gesto excessivo e interminável. O rapaz britânico passou por uma experiência de extrema agonia, sofrendo com essa saudação excessivamente amigável (para os padrões do Reino Unido). No fim, ele optou por dar um tapinha rápido no antebraço do outro, como uma forma de "quebrar" o aperto de mão.

Identificar os gestos de negação nesses tipos de circunstâncias é fundamental nos negócios, porque podem ser os únicos sinais de que estamos ultrapassando os limites.

Negações permanentes

Alguns gestos são virtualmente constantes e, se for assim, você precisa perguntar-se por que a pessoa os está enviando.

É bastante comum, por exemplo, em uma reunião de negócios, que alguém tente convencer o grupo que aquela é uma boa idéia, enquanto envia alegremente sinais contraditórios com as mãos. Esse contraste nos sinais é mais do que uma simples incongruência. As vítimas podem ser surpreendidas, sinalizando exatamente aquela mensagem que elas, desesperadamente, não desejam enviar.

Talvez o comprometimento total nos assuste. Seu interlocutor pode querer conquistar sua adesão, mas lhe oferece, ao mesmo tempo, uma alternativa. Essa é quase uma manobra para abarcar o fracasso, oferecendo-o como uma opção.

Eis aqui algumas razões que podem estar por trás do comportamento de negação. Qualquer uma delas, ou todas elas, podem ser válidas:

1. Ser educado. A tensão pode se tornar insuportável para o indivíduo, se ele sentir que há pressão sobre alguém que deve ser convencido ou que deve concordar com ele. Ele introduz um gesto de negação para quebrar essa tensão, e pede a seu interlocutor que seja honesto em sua resposta. Ele fez o pedido, mas está oferecendo a opção da recusa. Ao expressar uma resposta negativa, mesmo que seja provisoriamente, ele a apresenta como uma opção viável.
2. Pode ser a sua resposta para um comando "não". Ele pode ter dito a si mesmo para não ficar nervoso ou preocupado, e essa é a reação imediata de seu corpo.
3. Ele pode estar verdadeiramente pouco convencido de seu próprio argumento ou produto ou tentativa de disfarçá-lo e, na crença de que já perdeu o jogo de qualquer maneira, tenta demonstrar uma expressão facial mais honesta, para não ser acusado de falta de sinceridade.
4. Ele pode estar em uma situação física que é preocupantemente inadequada, como um aperto de mãos efusivo ou um abraço corporal mas-

culino. O gesto de negação é utilizado como uma reação a qualquer ação potencial da outra pessoa, espectador ou, até mesmo, dele próprio, evidenciando que a coisa ficou um pouco íntima demais.

Há uma belíssima cena no filme *Antes só do que mal acompanhado*, em que John Candy e Steve Martin vêem-se na situação de, na qualidade de estranhos, ter de compartilhar a mesma cama. Eles acordam e vêem que estão acidentalmente abraçados, e passam os próximos minutos dando socos um no outro, executando posturas masculinas e conversando sobre futebol, em uma tentativa de reequilibrar a balança.

Pontos-chave, em poucas palavras

- Esteja atento para sinais corporais negativos. Você poderá precisar mudar seu comportamento.
- Nunca deixe o ego impedir a recepção desses sinais. Ignorá-los pode ser um erro.
- Use-os como sinais de alerta. Planeje formas de reavaliação ou de mudança com base naquilo que observa.

Capítulo **12**

Como detectar e lidar com variações de humor

EXATAMENTE QUANDO VOCÊ PENSA que tudo está transcorrendo bem, quando o colega, chefe ou cliente está conversando animadamente e parece pensar da mesma forma que você, há uma súbita e perceptível variação de humor. Você fica frustrado e confuso. O que aconteceu? Você chamou a pessoa pelo nome errado? Mencionou sua falecida mãe? Disse, inadvertidamente, que o marido dela dorme com um camelo?

Uma boa comunicação significa estar totalmente sintonizado com tais flutuações dos sinais de outras pessoas. Algumas vezes são questões sem muita importância, mas, geralmente, exigirão que você mude de tática, para que tudo volte a fluir bem novamente.

Se você estiver falando, agora é a hora de parar. Você precisa fazer uma avaliação. Encontre uma justificativa para estimular o outro a falar e para você conseguir fazer uma análise. Faça-lhe uma pergunta abertamente. Escute e mantenha a conversa fluindo na direção que ela escolher.

Agora analise o que aconteceu. Em que ponto houve a variação de humor? Como você a interpretou? Essa pessoa parou de fazer alguma coisa, como concordar afirmativamente com a cabeça? Ela se fechou subitamente, ou passou a usar mais barreiras? Ela desviou o olhar?

Observe a postura nesse momento. O que ela lhe diz? Preste atenção em quatro situações possíveis:

1. Discordância e desinteresse

Seu interlocutor estava demonstrando uma linguagem corporal aberta, concordando com a cabeça e sorrindo. De repente, seu corpo está, agora, voltado ligeiramente para outra direção, afastado de você? Ele se recostou na cadeira? Cruzou as pernas, afastando-se? Qualquer um, ou todos esses, podem ser sinais de discordância.

2. Frustração ou ansiedade causados pelo desinteresse

Ele começou a apresentar, subitamente, mais barreiras? Cruzou os braços? Cruzou as pernas pela primeira vez? Você percebeu algum toque no rosto? Ele começou a executar toques reconfortantes, como mexer em jóias e bijuterias, ou na roupa?

3. Impaciência

Seus movimentos se tornaram mais rápidos? Ele mudou de posição na cadeira? Acelerou o movimento de concordância com a cabeça? A perna superior, que está cruzada, começou a balançar? Olhou para o relógio? Pareceu distraído? Colocou as mãos na mesa com as palmas voltadas para baixo ou começou a mudar os papéis de posição?

4. Tédio

Ele reprimiu um bocejo ou pareceu distraído? Sua postura desmoronou? Começou a usar gestos repetitivos e tolos, como rabiscar ou passar a ponta da caneta sobre o papel?

Se você observar qualquer uma dessas combinações, precisa tomar atitudes drásticas.

Sua resposta, em termos de linguagem corporal, precisa ajustar-se a quaisquer sinais que você acredita estar recebendo. Eu nunca recomendaria mudanças corretivas dramáticas, em que você tenta salvar a situação modificando os próprios sinais de forma desesperada. Antes de qualquer coisa, lembre-se que você pode estar na extremidade receptora dos gestos desorientadores. Quando percebe que a pessoa está mudando de posição, você começa a ficar agoniado e a fazer um exame de consciência, mas talvez ela tenha se ajeitado somente pelo desconforto de ter ficado com o pé dormente, e não por um tédio agudo ou um conflito radical. Entretanto, não confie nessa versão mais otimista, que pode fazer com que ignore os sinais. Por via das dúvidas, você precisa agir.

Tenha em mente que qualquer ouvinte vai entrar e sair de uma conversa. Nós ouvimos através de movimentos circulares, permitindo que a mente faça pequenos passeios. Esses circuitos podem ser de grande utilidade quando se realiza uma venda. Se você fizer pausas depois dos pontos principais, o ouvinte será capaz de viajar mentalmente por alguns segundos, enquanto absorve o que você falou e aplica suas observações às próprias circunstâncias ou experiências. Por exemplo, um vendedor que comercializa uma vitrificação dupla pode dar uma pausa depois de dizer ao comprador em potencial como as novas janelas ficariam bonitas ao lado de revestimento de pedra, e como os vizinhos teriam inveja disso. A pausa pode permitir ao comprador imaginar Harry e Carole à frente de sua casa, observando as novas janelas e agarrando o braço um do outro em um acesso incontrolável de inveja.

Exercitar ou imprimir qualquer mensagem importante na mente de sua audiência exigirá a mesma atividade mental. O cérebro pensa em torno de 400 a 600 palavras por minuto, enquanto que um palestrante falará aproximadamente 125 palavras por minuto. Algumas perambulações são, portanto, inevitáveis.

O que você não deseja, no entanto, é aquele tipo de circuito mental que dura muito tempo. Esse seria um movimento entediante. Os ouvintes também ficam perdidos quando o seu discurso começa a se tornar muito complicado, quando seu jargão é ininteligível ou quando discordam de sua premissa básica e percebem que argumentar será improdutivo. As pessoas que trabalham com vendas precisam estar especialmente sintonizadas com esses sinais, e, por esse motivo, há mais detalhes sobre esse assunto no Capítulo 17.

O tédio aparente exige uma mudança de conduta. Altere sua própria postura para gerar energia. Modifique um pouco o seu tom. Assim que for possível, use uma ferramenta visual ou faça com que o ouvinte fale. Pergunte-lhe algo. Envolva-o. Você está, obviamente, falando demais, o que nunca é bom em qualquer espécie de comunicação. Lembre-se, a natureza nos deu dois ouvidos e uma boca, e devemos usá-los, aproximadamente, nessa mesma proporção.

Se você perceber sinais de impaciência, é fundamental, da mesma forma, agir o mais rápido possível. Algumas pessoas têm problemas de atenção e baixa resistência ao tédio, e você precisa respeitar isso, em vez de querer lutar contra. Sei disso porque sou uma dessas pessoas. Quando você perceber a impaciência, portanto, pode começar a ficar alarmado. Você foi longe demais. Não conseguiu estudar seus ouvintes. Na hora em que eles estiverem enviando esses sinais, já estarão desesperados, acredite em mim. Já terão deixado de ser educados.

Você tem que oferecer uma garantia imediata de que já está terminando. Informe-os que você está abordando seu último ponto, ou que tem apenas mais algumas informações a dar, e que fará isso nos próximos minutos. Pare e pergunte-lhes sobre seus pontos de vista. Coloque mais energia na sua linguagem corporal. Verifique seu relógio e diga que você tem noção da hora, e que sabe que aquele grupo terá uma outra reunião etc. Dê a eles uma luz no fim do túnel. Mas nunca dê esperanças falsas, já que eles podem perder a vontade de viver, sem falar na vontade de escutar o que você está dizendo.

Se houver discordância, e se você perceber, não faz sentido enfrentá-la. Continue defendendo seu ponto de vista da forma que está fazendo e dê por encerrado o seu procedimento. Descubra uma forma de fazer com que seu ouvinte expresse as opiniões dele. Considere, até mesmo, perguntar-lhe se há algum ponto com o qual não está de acordo. Mantenha sua linguagem corporal relaxada e disponível. Se você se fechar da mesma forma, ou demonstrar conflito, ou que ficou aborrecido com a mudança de atitude daquele ouvinte, perderá a todos. Use confiança e contato visual. Faça a pergunta e, então, mostre suas habilidades de ouvinte com a mente aberta quando seu interlocutor responder. Ele pode até ser um pouco indelicado, mas você deve se lembrar de não se esquivar. A pior técnica é solicitar uma apreciação e, então, discutir com a pessoa ou refutar o que está sendo dito.

Se você identificar uma frustração ou uma ansiedade que provoque algum desinteresse, precisará de ferramentas mais sutis para chegar à raiz do problema. Ou aquela pessoa é uma comunicadora medíocre, ou não demonstra um grande desejo de lhe contar o que há de errado. Você terá de abaixar o tom um pouco, dar uma pausa, e, talvez, rearranjar seus papéis para forjar um breve intervalo de tempo. Você pode lançar um olhar inquisidor em sua direção, o que significaria uma inclinação da cabeça, o queixo ligeiramente para baixo e as sobrancelhas suspensas e franzidas, ou a cabeça reta, o queixo bem para baixo e as sobrancelhas levantadas. Ambas as expressões serão um convite para que o ouvinte diga o que pensa ou sente.

Quando você escutar o argumento dele, incline-se suavemente para a frente, e coloque ambos os braços na mesa ou nos braços da cadeira, em um gesto uniformemente equilibrado. Sua expressão facial pode registrar preocupação, mas nunca que você está discordando.

► Situações de grupo

Dirigir-se a grupos, digamos, em uma reunião ou palestra, significará que você terá que responder às flutuações do rebanho. Você receberá sinais variados e será difícil avaliar a resposta ideal. Uma pessoa pode estar olhando fixamente para você com atenção elevada, enquanto a outra está olhando pela janela, aparentemente se perguntando sobre o significado da vida, do universo e tudo o mais. O ponto principal a ser lembrado é ficar calmo, continuar interpretando os sinais e não reagir excessivamente.

A confusão mental geralmente é mais fácil de ser identificada, e lidar com ela de forma rápida compensará sintomas posteriores e mais agudos, como tédio e desinteresse. Lembre-se, a coisa boa da confusão é que, quando sofrem por causa dela, as pessoas ficam, geralmente, ávidas e alucinadas para agir exageradamente. Elas farão uma expressão carrancuda, levarão a caneta à boca e coçarão ou inclinarão a cabeça.

Se você identificar um ouvinte que pareça confuso, descubra qual é o problema. Chame-o pelo nome, mas não o menospreze ou o faça se sentir estúpido. "Você gostaria que eu repetisse algum desses pontos?", parece muito melhor que "Você não entendeu algo?".

Já testemunhei 100% de confusão em um grupo e, acredite, não é algo bom de se ver. Uma das vezes foi quando estava dando uma palestra para uma grande platéia em Glasgow e os ouvintes tiveram um problema com minha pronúncia do sul de Londres. Isso foi uns dez minutos antes deles conseguirem se sintonizar, mas, depois, tudo ficou bem. A outra foi quando me chamaram para ser a oradora convidada em uma escola em Harrow. Falei por cerca de meia hora sobre automotivação, imaginando por que eles pareciam tão confusos. Como se constatou mais tarde, a professora havia se atrapalhado com as datas e informado a eles que a palestra seria com a representante do Tampax.

Se você perceber que um grupo já ultrapassou a fronteira da confusão e está completamente desestimulado, talvez tenha empregado um termo que eles não entenderam ou esteja lhes dizendo algo que eles acabaram de ouvir de outro palestrante. Os instrutores, por exemplo, usam jogos e exercícios para ilustrar seus pontos de vista. Um instrutor pode vir em seguida e usar, de modo involuntário, exatamente o mesmo exercício. A platéia raramente chama a atenção para isso. Quando a mentalidade de rebanho entra em operação, ela prefere se acomodar e aproveitar o tempo livre, em vez de informá-lo sobre seu passo em falso.

A prova disso pode ser tirada com um dos mais utilizados testes de habilidades de escuta. O instrutor lança uma série de perguntas capciosas para o grupo, tentando desafiar sua habilidade de ouvir. Uma delas é: "Quantos animais Moisés levou por vez para dentro da arca?". A resposta oferecida, invariavelmente, é: "Dois". A idéia é chamar a atenção, então, para o fato de que era Noé, e não Moisés, e que, portanto, a platéia não estava ouvindo de forma correta.

Nesse momento, eu pergunto: "Quantos de vocês ouviram 'Moisés', e não 'Noé', e foram educados demais para corrigir-me?". Geralmente, acaba sendo a maioria do grupo, que, então, informa ter imaginado que eu estava, simplesmente, nos primeiros estágios de senilidade precoce.

Uma miscelânea

Então, o que fazer quando as reações forem mais diferenciadas?

Você deve se concentrar nas respostas negativas e administrá-las do mesmo modo que faria com desafios ou perguntas verbais, sem confiar apenas nas respostas positivas. Pessoalmente, considero as pessoas que ficam sorrindo e concordando com a cabeça mais assustadoras do que os ouvintes desinteressados. Em minha experiência, elas costumam dar um feedback mais negativo.

Identifique o entediado antes de qualquer outra coisa, porque ele, geralmente, dá margem a uma forte resposta visual e, também, porque é mais contagioso que herpes. Se um deles começar a se entediar, todo o resto vai atrás. Fale mais alto, acelere o ritmo, mostre um slide, bata no cavalete, faça uma pergunta – apenas faça algo rapidamente para mantê-los atentos, ou você descobrirá que somente você e aquele indivíduo sorridente que balança a cabeça ainda estão acordados.

Nunca ignore os elementos menos ativos do grupo. Os tipos "protetor de tela" e outros igualmente negativos estão, provavelmente, apenas assimilando todas as informações que você está enviando. Não os isole sem dar uma olhada para trás de vez em quando. Continue incluindo-os em seu contato visual e exigindo as suas respostas.

Quanto às pessoas que reclamam, lembre-se que elas não são suas inimigas. Muitas delas estão tentando desesperadamente continuar sendo seus clientes. Não as segregue pelo fato de estarem discordando ou fazendo críticas. Seja amigo delas também. Mantenha-as integradas.

▸ Fazendo pressão

Talvez o sinal mais perigoso a ser observado seja aquele que mostra que você fez alguém se sentir pressionado. O convencimento e a persuasão precisam ser ferramentas sutis. Quando você alcança o ponto em que uma pessoa se sente pressionada, pode se considerar em apuros.

Pense sobre isso. O que acontece quando pressiona alguém? Em um determinado minuto você está tendo um debate proveitoso e, no próximo, empunhando um grande porrete. Qual a reação que a outra pessoa provavelmente terá? Isso mesmo, ela começará a resistir ou, até mesmo, recuar. É uma reação natural. E, então, as possibilidades de se conseguir um acordo serão remotas. A pressão transforma a negociação em discussão.

Se você for o chefe, pode sentir que tem o direito de pressionar sua equipe. De certa forma, isso é inquestionavelmente verdadeiro. Mas você quer, realmente, um time de macacos trabalhando para você? Pessoas que sentem não ter nenhum direito à opinião? Pessoas que não se preocupam em desafiar ou debater porque sabem que você vencerá em todas as ocasiões? A questão é: você não vai conseguir a aprovação dessas pessoas, apenas o seu silêncio. E, se não houver nenhuma negociação envolvida, o trabalho será realizado, mas de forma precária.

Então, seja flexível e receptivo em sua abordagem. Não termine em uma situação de pressão, em que a resistência torne-se mais importante que o comprometimento. Acredite, sei o que estou falando. Se eu sinto uma pressão aparecendo, vou me manter apegada à minha opinião, mesmo se concordar com o ponto básico que estiver sendo sustentado pela outra pessoa. Os vendedores que examinam esse aspecto da minha personalidade sabem que estão lidando com a mãe de todos os otários. Um corretor de imóveis me disse, certa vez, que uma casa estava fora do meu orçamento, e isso me fez correr até os bancos de poupança e de crédito para aumentar o pedido de empréstimo. E houve o caso do vendedor de carros que disse que eu precisava de "um carro bonito, pequeno e barato, para dar uma volta e me levar às lojas". Tive que comprar um Mercedes Sport apenas para provar o contrário.

Salvando a situação

Vamos dizer que você foi longe demais e fez algum tipo de pressão. Como você conseguirá identificar seu erro a partir da linguagem corporal da outra pessoa?

De um modo geral, pode-se perceber dois conjuntos de sinais contrastantes. "Pressão" significa, usualmente, ficar quieto ou a eclosão da Terceira Guerra Mundial.

1. Ficar quieto

É demonstrado pelo comportamento semelhante ao de um ouriço, incluindo:

- Braços cruzados.
- Perda de contato visual.
- Pernas cruzadas.
- Expressão facial neutra.
- Enrubescimento.
- Sorriso frio (a melancólica variedade de sorrisos que adotamos quando estamos em uma situação difícil).

O principal sinal a ser observado são os olhos. Se a atenção e o interesse tiverem sido autênticos antes da pressão, você poderá observar uma reação triangular. O olhar da pessoa começará voltado para o seu rosto, mas vai mudar rapidamente para baixo, à esquerda, e então deslizar para a direita. Esse é o olhar de quem está aprisionado em uma armadilha. Os lábios vão enrugar-se ligeiramente, para acompanhar o olhar. Algumas vezes, os olhos se voltarão novamente para os seus, e, nesse caso, poderão se parecer com um movimento circular aéreo.

Essa pessoa está tentando escapar e, ao mesmo tempo, acessar todas as partes relevantes de seu cérebro para conseguir elaborar uma desculpa. Se ela mantiver o olhar voltado para o lado direito, estará lhe informando que está sendo forçada a mentir para fugir da posição de pressão.

2. Terceira Guerra Mundial

Uma óbvia hostilidade à pressão será bastante fácil de identificar, mesmo quando a outra pessoa estiver tentando disfarçá-la. Os sinais são os seguintes:

- Queixo levantado, talvez até de modo proeminente.
- Olhar fixo.
- Estreitar a boca.
- Colocar a coluna reta.
- Balançar a cabeça.
- Sobrancelhas levantadas.
- Uma expressão temporária de repulsa e raiva aparente, que será rapidamente disfarçada, geralmente por um sorriso agradável.
- Uma rápida centelha de intenso ódio nos olhos, que pode ser, então, suavizada ou evitada.
- Gestos de negação – um movimento de abandono das mãos, ou as mãos levantadas, como se quisessem dizer "E daí?", um pequeno sorriso pelo nariz, em que o ar é expelido através das narinas ruidosamente, enquanto os olhos se fecham em uma piscada lenta, ou aspirar o ar entre os dentes.
- Mãos na cintura.
- Um súbito desejo de se levantar.
- Atenção muito mais focada na sua direção.
- Diminuição de gestos reconfortantes.
- Aumento de gestos de tensão, como movimentos repetitivos.
- Virar a cabeça ligeiramente e olhar através dos cantos dos olhos.
- Franzir as sobrancelhas.
- Apertar o maxilar, com os dentes totalmente travados.
- Esgarçar o sorriso.
- Agitação dos dedos.
- Movimentos bruscos com as mãos.
- Punhos realmente cerrados.

Por que não simular essa situação na relativa segurança de seu próprio lar? Com a maior parte dos membros da família, ela pode ser facilmente atingida com a expressão "por quê", como nos exemplos: "*Por que* usa tantas roupas marrom?", ou "*Por que* estaciona o carro desse jeito?". Repare na reação da linguagem corporal – a agressividade e a ênfase intensa serão tão imediatas que parecerão engraçadas, enquanto a resposta verbal poderá ser: "O que há de errado nisso?". Se você quiser, poderá continuar a pesquisa e entrar no modo inativo, respondendo: "Nada". A comunicação resultante deverá proporcionar, em primeira mão, uma grande oportunidade de estudar a agressividade provocada pelo encurralamento e pela pressão, antes de você se deparar com ela no trabalho.

► Dupla camada

Todas essas variações de humor e sentimentos ocultos precisam ser interpretados cautelosa e continuamente para se conseguir sucesso nos negócios. Fazer especulações sobre a conduta que está por trás dos comportamentos tornou-se, até mesmo, um dos esportes favoritos nos locais de trabalho.

O tema principal desse tipo de conversa seria: "Aquele homem é um completo e absoluto tirano. Você precisava ter ouvido o jeito que ele falou com o Barry ontem".

"Sim, mas acho que grande parte disso é um blefe. Tenho certeza que ele só grita para esconder suas inseguranças".

Uma colega minha, com um emprego de alto status, estava se queixando recentemente do fato de que seu novo diretor-geral estava tratando-a como se fosse uma adolescente mal comportada, e humilhando-a na frente de outros membros da equipe. O homem, obviamente, era um tirano grosseiro, mas ela acrescentou, com seriedade: "Sei por que ele faz isso. Ele é avesso a pronunciamentos públicos, isso o apavora até a morte, e é meu trabalho orientá-lo em todas as grandes conferências. Todas as vezes em que ele me vê, lembra-se de seu medo, e isso o faz agir agressivamente."

Sua análise mostrou-me o quanto ela era admirável, por conseguir olhar para além da tempestade. Mas, e daí? Faz algum sentido saber ou querer adivinhar qual é a causa dos maus comportamentos?

Em situações de trabalho, isso pode não ajudar aquele que age dessa forma, mas acredito que possa ajudar a *vítima*, porque os aspectos pessoais dos conflitos começam a ser removidos. Trata-se de uma parte do sistema corretivo que a mente usa para suavizar as coisas que parecem insuportáveis. Preferimos que as pessoas nos tratem mal por se sentirem ameaçadas pela nossa competência ou por serem invejosas, em vez de pensar que elas, simplesmente, não gostam de nós. Se formos preteridos em uma promoção, gostamos de sentenciar que foi porque seríamos muito eficientes no desempenho de nossas funções e, portanto, ameaçadores para o resto da equipe. Costumamos brincar com os mesmos jogos mentais em todo e qualquer relacionamento fracassado.

A outra razão pela qual gostamos de esquadrinhar o passado buscando justificativas é que quando o fazemos, percebemos que estamos estudando a criança, em vez do adulto que está diante de nós, ou, como os norte-americanos a chamam, a criança interior. É sempre mais fácil suportar o mau comportamento de uma criança travessa do que o de um adulto. As crianças não sabem o que não podem fazer. Esse simples pensamento nos faz sentir amadurecidos e maternais. Nos deixa preparados para enfrentar a situação. Não importa que a criança travessa seja um adulto de 43 anos, com um salário de 80 mil libras esterlinas. Não importa que seu trabalho como gerente seja motivar e comunicar, e que ele não esteja fazendo nenhuma das duas coisas.

No entanto, francamente, não me importo com a criança interior quando o assunto é adaptar minha resposta ao mau comportamento no local de trabalho. O que você tem que perguntar não é somente "Por quê?", mas "Como?". *Como* você vai lidar com isso? *Como* pode interpretar esse comportamento e, então, começar a mudar a situação a seu favor?

É sobre isso, exatamente, que trata a terceira seção deste livro.

Pontos-chave, em poucas palavras

- Monitore os sinais de linguagem corporal dos outros e fique atento a quaisquer mudanças.
- Esteja preparado para responder às mudanças. Analise seu próprio comportamento.
- Procure oferecer uma resposta mais positiva.

PARTE 3

Um convite para dançar: como aplicar as habilidades de linguagem corporal em situações específicas no trabalho

Capítulo 13

Encontros e saudações

NOS NEGÓCIOS, INTERAGIMOS com uma enorme variedade de pessoas. Portanto, os encontros e saudações são habilidades poderosas em seu repertório de linguagem corporal. Se você causar uma boa primeira impressão, poderá permitir-se avançar um pouco mais.

Alguns relacionamentos de negócios são tão passageiros que nunca irão além dessa primeira e única abordagem, o que é uma razão ainda mais forte para cuidar do ritual e executá-lo bem.

Descreverei situações bastante específicas do local de trabalho, embora a maior parte delas seja algo comum em uma série de profissões. Muitas das situações serão aquelas com as quais você lida diariamente, mas talvez nunca tenha conseguido gerenciar. Raramente me deparo com pessoas que conseguem se encontrar com as outras e cumprimentá-las adequadamente. Por que somos tão ruins quando o assunto é o lugar-comum? Acredito que existam quatro razões possíveis:

1. Preguiça.
2. Medo.
3. Arrogância.
4. Imbecilidade.

Faça a sua seleção – a escolha é toda sua.

A única delas com a qual terei alguma cumplicidade é a segunda. Encontros e saudações, lidar com clientes face a face, eventos de negócios/

sociais, palestras e reuniões de vendas podem nos deixar com a respiração ofegante uma vez ou outra – possivelmente, o tempo todo. Não há esconderijo possível para a maior parte dessas situações. Estamos no meio do show e estamos sendo julgados em função disso. Pensamos que devemos ser bons e ficamos apavorados com as conseqüências se não conseguirmos alcançar nosso objetivo.

Portanto, sua primeira tarefa será voltar à seção sobre confiança e seu exercício de linguagem corporal (*veja a página* 45). Seja qual for a maneira que você estiver se sentindo interiormente, enfrentará cada uma dessas situações como um guerreiro. Sem se arrepiar, sem hesitar e sem adiar nada interminavelmente, tudo bem? Trate todos aqueles que você encontrar nos negócios como um igual. Seja um paranóico invertido. Imagine de antemão que a resposta deles será positiva.

▸ Variáveis globais

É fácil imaginar que as culturas dos negócios são globais por definição, e que, ao mesmo tempo em que os países mantêm seus costumes sociais tradicionais, a moderna vida corporativa criou sua própria etiqueta universal em relação à linguagem corporal. Nada poderia estar tão mais distante da verdade, e ignorar esse simples fato desperta, com freqüência, mal-entendidos e ofensas.

As viagens de negócios para o exterior são uma característica da vida de trabalho. Esperar que visitantes estrangeiros ou anfitriões entendam e, até mesmo, reproduzam o seu comportamento é algo arrogante. O melhor que você pode fazer é identificar qual é a norma e tentar segui-la à risca. Tenha em mente que até mesmo as diferenças regionais estão em jogo. Em Londres, por exemplo, tem se tornado uma regra ser efusivo nas saudações, especialmente nas áreas de marketing e mídia, em que um abraço ou um beijo na face é razoavelmente adequado. Sugira isso no norte da Inglaterra, no entanto, e um estremecimento de desaprovação percorrerá o grupo.

O fator mais importante é estar atento às diferenças potenciais. Se você estiver recebendo visitantes estrangeiros, faça uma pesquisa prévia. Idem, se estiver viajando para o exterior. A maior parte das empresas fica contente ao fornecer detalhes sobre a maneira que as pessoas se encontram, se saúdam e fecham negócios em seus países.

Linguagem corporal em culturas estrangeiras

Os franceses apertam as mãos no começo e no fim das reuniões, mesmo daqueles colegas que eles conhecem bem. A gesticulação é a norma, embora seja bom evitar demonstrações explícitas, que podem fazer com que você se pareça com um arremedo de Maurice Chevalier*. A postura corporal é menos formal do que em alguns países europeus.

Os alemães são semelhantes nos rituais de saudação. Os colegas irão se cumprimentar pela manhã e no fim do dia e até mesmo quando se encontrarem no almoço. Seu comportamento no trabalho é, geralmente, bastante formal e um comportamento excêntrico é recebido com desaprovação. Eles são sedutores em sua abordagem, mas saiba que os comportamentos inadequados serão tema de conversa. Os britânicos tenderão a guardar para si os pensamentos negativos, mas os alemães consideram aceitável esse tipo de comentário.

Os italianos, no mundo dos negócios, tendem a ser abertos e comunicativos. Gestos enfáticos são a norma, da mesma forma que os rituais de gentileza, como ouvir e manifestar a concordância e o entendimento. O contato visual é menos reticente do que em países do norte da Europa. Há uma grande ênfase na boa aparência e em estar vestido de modo elegante. Quando você estiver na Itália, sua linguagem corporal deverá refletir uma atmosfera de humor e pensamento positivo.

No Reino Unido ainda predomina um ar de formalidade nos sinais da linguagem corporal nos negócios. As emoções são, geralmente, disfarça-

---

*Ator, cantor e humorista francês, Maurice Chevalier foi um dos cantores mais famosos do mundo na década de 1950. (*N. do E.*)

das, embora espere-se que todos usem humor nas palestras. Demonstrar senso de humor significa parecer normal e confiável. O aperto de mãos é usado apenas em saudações formais. Os colegas nunca irão apertar as mãos durante o dia se estiverem trabalhando juntos. Além do aperto de mãos, quase todos os outros tipos de contato físico são considerados inadequados. Os cartões de visita serão distribuídos ao fim de uma reunião, e considera-se um tanto rude lê-los propositadamente na frente de quem lhe entregar. Os gestos tendem a ser autodepreciativos e qualquer coisa que pareça arrogante é mal vista.

Os gregos são comunicadores naturais face a face. Eles são desinibidos e grandes usuários da expressão e dos gestos, e o que pode soar como uma discussão calorosa para ouvidos britânicos pode ser apenas uma negociação branda entre eles. Um verdadeiro desestímulo para uma pessoa grega do mundo dos negócios será traduzido pelo silêncio e um comportamento mais retraído.

Os suecos compartilham uma tendência russa de responder com menos intensidade em sua linguagem de escuta. Enquanto os britânicos e os norte-americanos balançarão a cabeça e mudarão as expressões faciais para manifestar sua total atenção, e, geralmente, considerarão adequado fazer interrupções, os suecos falarão um de cada vez, com seus ouvintes mantendo-se em silêncio visual e verbal. Os russos podem ser completamente impassíveis, o que pode ser intimidador para palestrantes de terras mais ao sul.

Os norte-americanos se valem de uma atmosfera de energia em sua linguagem corporal nos negócios. As saudações podem ser bastante efusivas e o aperto de mãos pode ir além da situação pragmática européia, em que duas pessoas apenas apertam as mãos. Um toque no braço ou no ombro, ou segurar com as duas mãos pode ser considerado adequado, dependendo da relação que estiver sendo estabelecida. Os cartões de visitas são um ritual importante, e podem surgir logo no início do encontro, em uma troca recíproca.

Os japoneses têm uma espécie semelhante de ritual quanto à troca de cartões. As saudações são formais e incluem a inclinação do tronco. Os cartões serão entregues com ambas as mãos e devem ser recebidos no mesmo estilo, antes de serem examinados. Espera-se uma linguagem corporal elegante em todos os momentos. A demonstração emocional é vista como um sinal de descrédito e fraqueza.

A linguagem corporal australiana nos negócios é educada, mas amigável. As saudações e os apertos de mãos são muito semelhantes àqueles usados no Reino Unido, mas depois de encerradas as formalidades, há mais entusiasmo e energia do que na abordagem britânica.

Sinais gestuais

Cada cultura tende a adquirir suas próprias habilidades gestuais, e é fundamental que você se recorde da potencial má interpretação global. Cada país tem seus próprios gestos de insulto, por exemplo. Nos Estados Unidos seria "o dedo", em que o dedo médio é levantado com a mão cerrada. No Reino Unido, é o sinal em forma de "V", ainda que, se virado na direção contrária, signifique vitória. Dar um peteleco no seu queixo de trás para a frente é um insulto na França e na Itália.

▸ Adentrando o recinto

Apresente-se bem. Entre em qualquer sala como se você tivesse o direito de estar ali. Mas prepare-se primeiro:

- Espere um momento. Isso pode parecer sem importância, mas não é.
- Mantenha sua postura ereta. Faça seu exercício de postura.
- Respire bem. Coloque toda a tensão e qualquer nervosismo subjacente para fora, com uma longa e lenta expiração do ar.
- Livre-se de sua expressão de protetor de tela. Mostre uma expressão que o faça parecer sedutor e confiante.
- Transfira qualquer sacola ou pasta para sua mão esquerda. Melhor fazer isso agora, antes de se ver diante de um aperto de mão de boas-vindas.

- Verifique sua aparência.
- Coloque uma expressão de inteligência vigorosa nos seus olhos.
- Nunca entre parecendo estressado ou perturbado.
- Seja rápido, mas nunca corra.
- Demonstre satisfação ao ver a pessoa que você está cumprimentando.
- Analise a porta à medida que se aproxima dela. De que maneira ela abre ou gira? As portas são traiçoeiras. Muitas são feitas de vidro, o que faz com que uma entrada atrapalhada seja motivo de diversão para toda a equipe que estiver na sala. Pense antes de entrar.

Tendo feito tudo isso, vá em frente. Passe pela porta com confiança e mostre-se satisfeito ao chegar do outro lado, onde quer que você tenha ido. Nunca entre numa sala se insinuando ou se espremendo através de uma porta entreaberta. O que fazer em seguida?

- Coloque em prática o velho truque de fechar a porta atrás de si sem virar-se de costas. Dê um passo para a frente, mantenha o contato visual, dê um passo para trás e deixe que a porta se feche às suas costas. Esse é um excelente truque para aprimorar o carisma.
- Ande na direção da pessoa que você está cumprimentando, parecendo satisfeito e cheio de expectativa.
- Se você for se encontrar com alguém na recepção e não tiver certeza de quem é a pessoa, pergunte à recepcionista, mas faça isso de modo sutil. Não aponte com o dedo nem comece uma conversa em sussurros, seguida pela prática de virar-se de frente e lançar um olhar fixo. Se estiver no meio de uma recepção abarrotada de pessoas, nunca comece a gritar o nome de seu convidado.
- Crachás com nomes são algo difícil. Eles são uma grande ajuda para identificar os nomes, mas você nunca deve conversar com alguém e ficar olhando fixamente, com uma atenção arrebatadora, para o peito esquerdo da pessoa.

- Quando abordar seu visitante, sorria, use contato visual, chame-o pelo nome e tome a iniciativa, como anfitrião, de estender sua mão direita para o aperto de mãos.
- Se você for o convidado, fique em pé assim que o seu anfitrião chegar.
- Deixe bem clara a sua intenção de apertar as mãos. Estenda a mão com uma distância de aproximadamente cinco palmos. Nunca trema o braço, agitando-o como se não tivesse certeza de querer apertar a mão. A hesitação é contagiosa. Vocês estarão arruinados em um piscar de olhos, derrubando sacolas, rindo nervosamente e batendo as cabeças uma contra a outra ao se abaixar para pegar coisas do chão.
- Uma vez, cheguei a uma empresa no carro de uma colega. O cliente estava esperando do lado de fora para nos receber. Minha colega colocou uma sacola e alguns livros em cima do carro enquanto arrumava o casaco. Eles resvalaram para o chão, e eu pulei sobre o capô para tentar salvá-los. Perdemos alguns minutos tentando recolocar todas as coisas na sacola, e quando ela, finalmente, estava pronta para se encaminhar para o prédio, abriu seu guarda-chuvas e me deu um solavanco no olho. Quando entramos no prédio, o cliente havia percebido a nossa confusão e havia decidido juntar-se ao nosso número, escorregando e caindo no chão.
- Prepare-se para os visitantes estrangeiros. Eles podem não apertar as mãos. A maior parte esperará por isso, se estiver no país anfitrião, mas há sempre aspectos culturais e religiosos que devem ser levados em conta. Estude a cultura deles anteriormente e prepare a sua saudação, caso necessário.
- Depois do aperto de mãos, tente não assumir uma postura desagradável e pegajosa, segurando suas mãos na altura da cintura ou um pouco mais altas, e inclinando-se ligeiramente na direção do seu visitante. Mantenha os braços ao longo de seu corpo e faça gestos abertos para conduzir seu visitante para o elevador ou para o escritório.

- Algumas culturas esperam uma troca de cartões de visitas no primeiro momento da saudação. Tenha o seu em mãos, apenas como garantia, e demonstre segurança ao receber o cartão de seu visitante.
- Se você estiver visitando um cliente no Reino Unido, mantenha seus cartões com você até o fim da reunião. Distribuí-los no começo da reunião soa um pouco chamativo para os padrões britânicos. Cheira a uma técnica agressiva de publicidade.
- Mantenha a suavidade e a coordenação em todos os seus movimentos. Se você for cumprimentar os visitantes na recepção, analise de antemão o percurso a ser feito. Verifique a seqüência de portas pelas quais terá de passar e quaisquer problemas que pode haver com as portas dos elevadores (isto é, elas se fecham muito rapidamente? Você pode segurá-las estendendo o braço, enquanto conduz o visitante para dentro? etc.).
- É mais educado receber pessoalmente os visitantes importantes na recepção do que enviar um representante.
- Se você for o visitante, acompanhe o seu anfitrião, e torça para que ele seja um bom condutor.
- Nunca espreite os escritórios ou fixe o olhar quando estiver sendo apresentado às dependências de uma empresa.
- Espere que lhe ofereçam um lugar para se sentar quando chegar ao escritório do anfitrião.
- Nunca comece a desfazer o conteúdo de sua maleta na mesa de reuniões do anfitrião até que ele tenha feito, primeiramente, algum movimento de ocupar o território, como colocar seus próprios documentos ali, ou pousar os braços ou mãos sobre a mesa.
- Seja sempre cuidadoso ao oferecer um lanche para seus visitantes. Recentemente, visitei uma empresa de finanças em que o café apareceu em um enorme recipiente de isopor, com uma tampa removível de plástico extremamente apertada. Conseguir abrir a tampa sem esparramar o conteúdo foi um pesadelo. A quantidade de bebida também era excessiva e estava

muito quente para a extensão da reunião. Quando já havia bebido o suficiente, não havia outro lugar para pôr a tampa e o copo sujo, a não ser colocá-los de volta sobre a mesa do rapaz com quem estava me encontrando. Tive a sensação de que eu estava usando sua mesa como uma lixeira.

- Prepare as bebidas antecipadamente, em vez de deixar seu convidado esperando no escritório enquanto você vai para a máquina de café. Isso também dará a ele a oportunidade de lançar um olhar furtivo sobre os seus papéis.
- Os encontros e as saudações também significam um aperto de mãos de despedida. Leve os visitantes para a entrada principal e formalize a despedida. Não cause uma primeira boa impressão para falhar na última.

Pontos-chave, em poucas palavras

- Exercite suas entradas e saídas.
- Considere os encontros e as saudações como o horário nobre, em termos de imagem.
- Aperfeiçoe a sua abordagem ao receber novos visitantes.
- Aprimore habilidades como o aperto de mãos.

Capítulo **14**

Técnicas de entrevista e avaliação

TODAS AS ENTREVISTAS são importantes em termos profissionais, mas as entrevistas de recrutamento ou promoção são especialmente vitais. Muitas coisas estão em jogo em ambos os lados durante essa comunicação relativamente rápida e formal, e, portanto, a tensão é geralmente alta. Grande parte do sucesso dependerá de seu impacto pessoal. Espera-se que você fale bem, tanto em termos verbais quanto visuais. Os entrevistadores conseguem entrever a honestidade e as habilidades a partir da postura, do modo de se vestir e dos gestos empregados, seja consciente ou inconscientemente.

Exercitar-se antes das entrevistas é fundamental. Você precisa saber como se sairá e como quer ser percebido. Eis alguns parâmetros:

- O planejamento deve começar algumas semanas antes da entrevista propriamente dita, quando possível. Descubra o máximo que puder sobre a empresa que você está abordando e sobre sua cultura. Conheci muitos candidatos que nem sequer haviam dado uma olhada no lugar até estar sentados na recepção, esperando para ser entrevistados. Se possível, visite o local com alguns dias de antecedência.
- Se estiver com problemas para decidir o que usar, escolha uma roupa elegante e com boa aparência, que não seja muito chamativa, e demonstre verbalmente sua personalidade. Um conjunto escuro e bem cortado pode ser suficiente, mesmo em uma empresa que tenha uma imagem mais casual.

- Cuidado ao espelhar um visual muito informal, se foi isso que você observou em sua primeira visita. Muitas empresas têm uma política de roupas informais às sextas-feiras. Se você aparecer vestido em estilo informal em uma quinta-feira, rirão tanto de você que seu desejo será ir embora.
- Leve uma boa valise de negócios que seja fácil de carregar. Mantenha-a arrumada e abastecida de boas canetas e alguns papéis comerciais para fazer anotações.
- Use bons sapatos. A maioria das empresas têm pavor de tênis ou qualquer outra coisa com solado mais grosso, mas contrataria até mesmo Son of Sam,* se ele aparecesse com sapatos sociais de amarrar bem engraxados.
- Ensaie o seu conjunto. Sente-se diante de um espelho grande e ensaie as movimentações do ato de ser entrevistado. Observe como suas roupas se mexem e quais são as suas limitações. A saia sobe? A canela fica aparecendo entre a meia e a bainha da calça? Conserte isso.
- Pratique o ato de sentar adequadamente. Você terá que parecer confiante. Tente uma primeira posição e, depois, trabalhe com algumas variações. Posicione-se encostado na cadeira, a menos que você seja tão baixo que os pés não alcancem o chão. Coloque os cotovelos sobre os braços da cadeira e cruze as mãos sobre o colo. Cruze as pernas.
- Essa é uma boa primeira posição, já que parece confiante e confortável, e indica que você está pronto para ouvir. Também lhe dá alternativas de manobra. Sempre coloque a sua valise de negócios no chão, ao seu lado. Nunca a deixe junto ao seu casaco, mesmo se você for solicitado a fazer isso. Você terá que ficar saindo do seu lugar para pegar canetas e agendas.
- Se você acabou de sair da escola ou da faculdade, ninguém esperará que se apresente totalmente paramentado como um *yuppie*, com agendas eletrônicas e um telefone celular. Entretanto, se o emprego for dentro de um escritório, uma valise de negócios seria uma boa idéia. Caso contrário, vá

---

*David Richard Berkowitz, também conhecido como "Son of Sam" matou seis pessoas nos arredores de Nova York entre 1976 e 1977. (*N. do E.*)

sem nada nas mãos, ou leve uma bolsa de mão. Qualquer que seja o emprego, nunca entre carregando um jornal ou coisas que não tenham relação com a entrevista.

- Reserve tempo suficiente para chegar ao local. A pressa é inimiga da descontração e da calma.
- Faça o exercício de postura e de preparação (*veja a página 78*) antes de entrar.
- Faça uma boa entrada (*veja a página 235*) e continue executando-a à medida que vai sendo conduzido pelos escritórios e ao longo do prédio.
- Carregue as bolsas na mão esquerda.
- Sente-se na cadeira que lhe for oferecida, mas tenha em mente que você poderá movê-la um pouco. As entrevistas são um jogo de território, e, também, uma disputa entre o alto status e o baixo status. Se você estiver se candidatando a um emprego, é importante cumprir as regras de menor status até certo ponto. Isso não significa rebaixar-se terrivelmente, mas sim, não fazer nenhuma tentativa de roubar o espaço do entrevistador ou invadir o território dele.

Mover a cadeira ou alterar sua posição muito radicalmente pode ser considerado um comportamento predatório e ofensivo. No entanto, esteja atento às suas próprias zonas pessoais de conforto. Mover-se dentro do espaço correto pode produzir um efeito sobre seus sentimentos de bem-estar. Se você for o entrevistador, sempre deverá testar anteriormente a cadeira em que o candidato se sentará.

▸ Posições de entrevista

Você pode ser entrevistado atrás de uma mesa, ou pode não haver nada entre você e o entrevistador. Ele pode usar uma mesa de madeira ou de café. Seus assentos poderão ser formais ou no estilo de um sofá. Você poderá ser entrevistado por uma única pessoa ou por uma equipe.

Situação 1: Frente a frente em uma mesa formal

Essa situação é equivalente à posição papai e mamãe no sexo. É o preço normal a ser pago. Um problema mais recente que pode fazer as coisas darem errado é o acréscimo do computador na maior parte das mesas, que pode funcionar como uma barreira extra. Os entrevistadores devem se certificar que o equipamento está afastado para um dos lados. Certa vez, tive uma reunião com um gerente em que tivemos de ficar nos espreitando por cima da máquina como dois pequenos fuinhas.

Diz a lenda que essa posição é confrontadora, e que a mesa funciona como uma barreira. Acredito que a maior parte de nós prefira exatamente dessa forma, porque, geralmente, é isso o que estamos esperando.

A mesa realmente cria uma barreira, mas isso funciona como uma tela de segurança para um candidato nervoso. Ela é formal, mas isso também acontece com a maioria das entrevistas, até mesmo as mais fáceis. É a situação completamente informal que pode se tornar mais ameaçadora. Quando todo o encontro pende para a informalidade, é mais fácil esquecer o que está em jogo e baixar a guarda. Isso é ótimo para o entrevistador, pois funciona como uma pílula da verdade, mas é menos vantajoso para o candidato.

No começo da entrevista, o entrevistador deve se aproximar da mesa para apertar a mão do candidato e oferecer-lhe uma cadeira. A cadeira do candidato não deve ser colocada em oposição direta – coloque-a sempre em um ângulo suave de inclinação e deixe espaço entre a cadeira e a mesa.

Se você estiver sendo entrevistado, tente ficar nesse ângulo na hora em que se sentar. Faça com que o gesto pareça natural, mas puxe o encosto da cadeira para si e discretamente para um dos lados. Evite sempre se sentar muito perto da mesa. A posição mesa de jantar não é apropriada nesse tipo de situação. O entrevistador pode usar e provavelmente usará a mesa dessa forma, colocando suas mãos e cotovelos sobre ela, mas você nunca deve imitá-lo. Manter um espaço entre você e a mesa lhe assegura a existência de uma área para se mover confortavelmente, e o entrevistador poderá captar a sua linguagem corporal.

Os entrevistadores devem evitar uma posição à mesa que divida a sala em dois. A maior parte dos escritórios é retangular, e muitas mesas são posicionadas justamente no meio, quase como uma linha divisória. Esse é, provavelmente, o pior uso do espaço, que acaba se tornando um tanto apertado. Angule a mesa de modo que ela fique contra um dos cantos da sala, e não contra uma das paredes. Parece menos imponente, e propiciará mais espaço, tanto para você quanto para o entrevistado se descontrair. Tente – você se sentirá melhor.

Situação 2: Entrevistador posicionado na beira da mesa, junto com o candidato

Geralmente é adotada como forma de gentileza e atenção para com o candidato, porque é uma posição menos confrontadora. Lembra bastante a posição clássica de doutor/paciente, e, sim, é muito menos defensiva e confrontadora.

Mas grande parte do sucesso depende da posição da mesa. Se ela estiver encostada ao longo da parede no sentido do comprimento, pode soar natural. Com a disposição normal, ela parecerá forçada. Mesmo contra uma parede, você deve se certificar de que os dois estarão posicionados de forma a preservar o espaço vazio atrás de ambos. Uma vez me sentei em uma posição perto da quina, com minha cadeira contra a parede, e tive a sensação de que o entrevistador estava prestes a medir minha pressão sangüínea.

Situação 3: Interrogatório

Aqui, a mesa é o único obstáculo entre você e uma banca de entrevistadores. Essa posição é virtualmente inevitável nas entrevistas em grupo, mas ela realmente deixa a sensação de que você está sob interrogatório. É fundamental que a pessoa responsável por aquela comissão apresente-lhe cada um dos membros da mesa de entrevistadores, e que você aproveite a oportunidade para apertar suas mãos e cumprimentá-los individualmente.

Sua cadeira precisará ficar um pouco mais para trás do que na posição da entrevista individual, já que terá que alternar sua atenção entre todos os membros do grupo, e precisará de mais espaço para manobrar. Sempre olhe para a pessoa que estiver lhe fazendo uma pergunta até começar a responder. Mas, a partir daí, aumente o escopo do seu olhar, para incluir todo o grupo à medida que falar.

Situação 4: Ao lado da mesa de café

Essa é uma posição um pouco mais chique e mais próxima ao chão, e, provavelmente, faz parte do estilo "Bem, vamos ter uma conversinha" de entrevistar. Ela apresenta uma série de problemas particulares.

Os assentos próximos ao chão podem ser um inferno se você estiver vestido formalmente com uma roupa de negócios, especialmente se estiver de saia. Reflita cuidadosamente antes de se sentar. Como você poderá manter sua dignidade?

Os piores sofás são os traiçoeiramente moles. Você se joga sobre eles, esperando um mínimo de apoio, e descobre-se afundando para trás. Tente não dar o usual gritinho de "Uau!". Se você estiver mais tombado do que imaginava, faça, nessa sua pose de Quasimodo, um comentário sobre como os assentos são maravilhosamente confortáveis. Então, coloque-se discretamente em uma posição mais apropriada, sem dar a impressão de que é uma barata virada para cima.

As calças compridas são algo imprescindível aqui, já que, com elas, você poderá se sentar no meio do assento, posicionando-se em um ângulo voltado para o entrevistador, as pernas ligeiramente separadas e as mãos sobre o colo. Se você tiver pernas e braços compridos, poderá até apoiar-se no encosto.

Finalmente, lembre-se que cruzar as pernas quando estiver sentado pode ser difícil se suas nádegas estiverem abaixo dos seus joelhos.

Situação 5: Lado a lado

Aqui não há lugar para se esconder, uma confrontação cadeira a cadeira, sem qualquer espécie de barreira. Embora essa posição seja, geralmente, a preferida de entrevistadores bem-intencionados, que têm um breve curso de psicologia em seu currículo, considero-a assustadoramente desconfortável. Pense socialmente. Onde você tem as melhores conversas? Na mesa de jantar? Tomando café em uma lanchonete? Você convidaria alguém para sua casa e o colocaria sentado à sua frente, com seus pés quase se tocando, sem nada entre vocês dois? Duvido.

Antes de você se deparar com essa situação no trabalho, seria interessante, primeiro, testá-la em casa por um momento, apenas para se acostumar com a sensação. Veja como ficar próximo a alguém diminui sua sensação de conforto. Enquanto você fala, ficará ciente da possibilidade de os pés se tocarem acidentalmente ao mover as pernas. Seus movimentos, conseqüentemente, ficarão restringidos.

Arraste sua cadeira para trás até que tenha restaurado a sensação de segurança. Essa é a sua zona de conforto pessoal. Esteja atento a ela e tente estabelecê-la discretamente se for entrevistado dessa forma. Cruzar as pernas pode ajudar, mas evite cruzar também os braços, já que seu desconforto parecerá muito óbvio.

▸ Dicas de entrevista

- Tente limitar ligeiramente seus próprios movimentos no início da entrevista. O entrevistador estará olhando para você e formando as primeiras impressões. Como o pouso e a decolagem de um avião, o início e o fim de uma entrevista podem ser os momentos mais perigosos. Acomode-se bem no assento, inicie uma conversa sobre assuntos triviais, mas esteja preparado para ouvir mais do que para falar entusiasticamente.
- Ria o mínimo possível. O riso nervoso é assassino. Não há necessidade de ficar sério, mas evite as gargalhadas superpreparadas.

- Aceite, sem hesitar, uma bebida, mas pense sobre a coreografia, caso esteja tenso ou nervoso. Em que momento você vai beber? Você interromperá a própria fala para beber, ou fará isso enquanto o entrevistador estiver falando? Poderá fazê-lo sem parecer distraído? É possível manter o contato visual e concordar com a cabeça por cima da borda do copo?
- Comece com a primeira posição, mas tenha em mente que você também deverá espelhar para estabelecer uma afinidade. Quando você praticar o espelhamento em uma entrevista, não se esqueça da questão do status. Nunca pareça mais relaxado que o entrevistador, e nunca seja mais informal em sua abordagem. Se o entrevistador parecer relaxado, você poderá descontrair um pouco sua postura. Se ele estiver em uma postura como se alguém tivesse colocado um cabo de vassoura em suas costas, então mantenha uma pose mais formal. Muitos entrevistadores ficam nervosos, e você os fará se sentir piores se parecer totalmente despreocupado. Se estiver na dúvida, simule que está um pouco nervoso. Os entrevistadores esperam por isso. Demonstre respeito pela ocasião.
- Mantenha um contato visual constante enquanto estiver ouvindo e varie-o ligeiramente quando estiver falando. Evite pensar demais com os olhos, isto é, olhar fixamente para o teto por longos momentos. Entretanto, é uma boa idéia desviar o olhar de modo reflexivo durante a pausa entre a pergunta que lhe foi feita e a resposta que você estiver elaborando. Isso dá a impressão de que foi uma boa pergunta e de que você está sendo honesto em sua resposta. Um contato visual permanente e uma resposta muito rápida parecem ensaiados demais.
- Permita-se mudar a expressão facial enquanto estiver ouvindo. Reaja ao que o entrevistador está dizendo, mas não exagere, ou parecerá falso.
- Concorde com a cabeça enquanto estiver ouvindo.
- Mantenha suas mãos fechadas enquanto estiver ouvindo e use-as para gestos empáticos quando estiver falando.

- Inclinar-se para a frente é uma ferramenta poderosa nas entrevistas. Se você começar encostado na cadeira, poderá inclinar-se para ouvir mais atentamente ou para demonstrar convicção.
- Gestos de dispersão podem ser fatais. Você pode ter preparado respostas verbais para aquelas perguntas capciosas, como "Por que você deixou seu último emprego?", e "Fale-me um pouco sobre essa lacuna de um ano em seu currículo", mas é a linguagem corporal que entrega o jogo todas as vezes.
- Barreiras defensivas, como cruzar os braços ou inclinar-se na direção oposta, mexer nas jóias e bijuterias ou em partes do corpo, sacudir ou balançar as pernas, significarão que há mais coisas envolvidas do que aquilo que você está deixando transparecer. Balance demais as pernas ou friccione o pescoço e eles pensarão que você passou seu último ano na prisão, em vez de ter viajado como mochileiro.
- Lembre-se que há um espaço para a individualidade, mesmo dentro de limites um tanto formais. Portanto, não policie seus gestos com tanta severidade. Você está autorizado a se movimentar e a expressar-se sem constrangimentos. Somente se mantenha imóvel se estiver completamente congelado pelo medo e pela suspeita de que, se fizer um mínimo movimento, irá oscilar como um idiota.
- Aprenda a conviver com as pausas. As entrevistas estão cheias delas, e podem se tornar algo bastante amedrontador se, como eu, você foi criado acreditando que uma pausa é uma espécie de desastre social. Você precisará fazer uma pausa para considerar cada questão antes de responder. O entrevistador fará uma pausa para assimilar – e, até mesmo, anotar – as suas respostas. Quando ele estiver nesse último tipo de pausa, volte à sua posição original.
- Nunca interrompa o entrevistador, nem mesmo com seus gestos. Nada de levantar a mão nem balançar freneticamente a cabeça.
- Nunca faça aquilo em que os candidatos são especialistas, isto é, abrir um sorriso no meio de uma pergunta, quando acham que sabem a resposta.

Essa técnica é horrível. Sugere que o entrevistador está usando um clichê e que você está convencidamente sentado ali, com uma resposta preparada. Sempre que eu percebia esse sorriso, costumava mudar radicalmente o enfoque da pergunta.

- Agrade ao entrevistador ouvindo atentamente a sua pergunta. Você pode até franzir levemente as sobrancelhas. Faz parecer que foi uma pergunta inteligente, mesmo que seja caduca o suficiente, a ponto de precisar de um andador de metal e de um elevador para portadores de necessidades especiais para chegar até a sala.

▶ Perguntas difíceis

As perguntas capciosas não vão se tornar menos difíceis se você as ignorar e alimentar a esperança de que elas desapareçam, ou até de que não tivessem sequer sido feitas. Então, arme-se com uma das várias publicações que oferecem listas de perguntas difíceis em entrevistas e prepare suas respostas para todas as que julgar relevantes. Nunca se permita ir a uma entrevista achando que algo não será perguntado. Seria como Clinton esperar que não lhe perguntassem se ele fez sexo com Monica Lewinsky. Se eles podem perguntar algo, provavelmente perguntarão, e você deve ensaiar, ensaiar, ensaiar.

Se você estiver se candidatando a uma promoção interna, deverá estar ainda mais atento para as perguntas ardilosas. Tanto você quanto o entrevistador saberão de todos os mexericos e quando eles começarão a cheirar mal. Ignorar o mau cheiro é uma atitude inútil. Pior do que trazer à tona alguns assuntos negativos é fingir que eles não existem.

Qualquer que seja a sua tática, ensaie suas respostas verbais e visuais, exatamente como Clinton fez. Se possível, reúna os membros da família para desempenhar os outros papéis, e peça que lhe façam perguntas no pior cenário possível, a fim de que você consiga preparar as respostas.

Evite qualquer coisa que pareça ou soe como uma tentativa de se esquivar. Nos dias atuais, falar abobrinhas ou arrumar expedientes para se desviar do assunto não funciona mais. Aparente e soe como se você não tivesse nada a esconder. Falta de experiência, um histórico pouco saudável, fracassos anteriores – cada um ou todos esses assuntos devem ser tratados de modo, se não confortável, pelo menos aberto e honesto.

Esteja à vontade para se autopromover. Sente diante de um espelho e pratique dizer para si mesmo quais são seus pontos fortes e que coisas você já conseguiu realizar até o presente momento. Use o contato visual e gestos abertos, mas evite qualquer coisa que lembre presunção ou arrogância. Trabalhe com suas técnicas até conseguir parecer à vontade com o próprio corpo ao afirmar que é bom em alguma coisa.

Este livro não está orientado especificamente para a comunicação verbal, mas observe, ainda assim, as suas palavras – particularmente: "acabamos", "tipo", "nós" e "somente". "Gerenciei um grupo de dez pessoas em um bem-sucedido projeto comunitário" soa melhor que "Nós acabamos de trabalhar em um projeto comunitário no último ano, e ele terminou muito bem".

Trabalhe a linguagem corporal que irá enfatizar suas palavras. Você pode jurar que está comprometido, mas não demonstrará isso se, nesse momento, estiver recostado na cadeira com os braços cruzados.

▸ Finalizando a entrevista

A entrevista geralmente chegará ao fim com o entrevistador perguntando se você tem alguma pergunta a fazer. Evite encolher os ombros nessa hora. Respire, pense, pergunte algo interessante ou diga que ele parece ter conseguido cobrir todos os aspectos. Dê uma pausa. Sorria.

Quando o entrevistador se levantar, você deve ficar em pé elegantemente. Nunca se apresse ou pareça aliviado quando a entrevista terminar. Pegue a sua bolsa, vire-se de frente para o entrevistador e siga-o quando ele conduzi-lo em direção à porta. Esteja preparado para um novo aperto de mãos na hora de sair, mas não provoque o gesto.

Alguns entrevistadores não o acompanham até a saída. Eles fazem uma espécie de meio gesto, que indica que a entrevista está terminada e que você deve ir embora. Esse gesto, geralmente, consiste em erguer-se parcialmente da cadeira. Eles seguram nos braços da cadeira e suspendem as nádegas, enquanto mantêm a cabeça abaixada. Se você observar esse movimento, levante-se cuidadosamente, mais uma vez sem pressa, e fique em pé olhando para seu entrevistador e sorrindo educadamente durante alguns segundos. Agradeça-o, espere por um aperto de mãos (pode ser que não aconteça), vire-se e vá embora.

▸ Entrevistas de avaliação

Uma avaliação pode ser difícil para ambas as partes. Dar um feedback positivo pode ser gratificante, mas dar e receber um feedback negativo pode ser constrangedor e, possivelmente, devastador.

Como gerente, sua habilidade de transmitir sua mensagem da maneira mais eficaz estará prejudicada por um fator principal: o seu próprio constrangimento. Ninguém gosta de dar notícias ruins. E ninguém gosta de recebê-las, também. Se você for a pessoa convocada para a reunião, isso pode fazer com que compareça ao encontro tenso e desconfiado. Todos gostamos de pensar que conseguimos aceitar uma crítica pela frente, mas muitos de nós consideramos extremamente doloroso até mesmo o menor comentário negativo.

Toda essa tensão de ambos os lados pode tornar difícil uma comunicação eficaz.

Os gerentes devem considerar o uso da Situação 2 (*veja a página 245*), para que a reunião transmita uma atmosfera de aconselhamento.

A linguagem corporal do gerente nunca deve refletir nenhum desconforto íntimo ou falta de jeito por ter de criticar ou anunciar as más notícias. A impressão que você deve causar é que mantém o nível. A maneira mais fácil de demonstrar isso é começar elogiando efusivamente todas as coisas que o funcionário realizou corretamente. Um elogio antes de um ataque pode ser útil se for feito de modo sutil, mas ir além desse limite somente deixará uma cicatriz no relacionamento. Da próxima vez que elogiar o trabalho daquela pessoa, ela pensará que você a chamou para fazer uma crítica pesada.

Para começar, use um contato visual assertivo e gestos abertos, ou suas mãos ligeiramente unidas sobre a mesa ou sobre seu colo, e dê ênfase a alguns dos aspectos mais positivos do encontro.

Evite uma postura excessivamente simpática, já que isso transmitirá a idéia de que você está sendo condescendente com aquela pessoa. Pense em Margaret Thatcher em qualquer entrevista de TV. Cabeça levantada, sorriso delicado e gentil, formato dos olhos ajustados para sinalizar simpatia, mãos apontadas para cima, unidas pela ponta dos dedos e aparentando um aspecto de devoção etc.

Evite, também, parecer evasivo. Nunca rearrume os papéis ou mantenha um olhar fixo nas próprias mãos.

Ao prosseguir com sua série de elogios, tenha em mente que a outra pessoa estará esperando pelo pior. Ela perceberá com metros de antecedência que é isso que a aguarda. Isso faz parte do jogo, infelizmente. Se você fizer um elogio muito efusivo, ela pensará que será promovida ou que receberá um aumento de salário, e as más notícias serão ainda mais prejudiciais.

Quando começar a apresentar os comentários negativos, seja positivo em sua linguagem corporal. Incline-se para a frente suavemente, mantendo o contato visual e os gestos abertos. Positivo não significa, no entanto, ser obsequioso. Se você parecer positivo demais, ela pode não perceber a seriedade de sua crítica.

Mantenha seu objetivo em mente. Qual é o seu propósito em levantar esse assunto? Que comportamento você gostaria que essa pessoa melhorasse? A crítica deve ser sempre específica, em vez de genérica. Concentre-se no assunto e não dê conselhos ou informações indefinidas.

É importante que sua linguagem corporal demonstre que você está no comando da reunião, mas que não está agindo de forma agressiva nem autoritária. Mostre que você está tão preparado para ouvir quanto para falar, mas não permita que a outra pessoa domine a sessão, com desculpas e réplicas.

Fique calmo e demonstre essa qualidade. Uma quantidade menor de movimentos sempre é melhor que movimentar-se demais. Se a outra pessoa ficar chateada, você pode ser simpático, mas nunca fique envergonhado ou recue, como se o seu ponto de vista fosse muito flexível. Balance a cabeça lentamente para sinalizar que você está ouvindo e levante ambas as mãos (uma elevação baixa, apenas acima do nível da mesa) com os dedos estendidos para silenciar a outra pessoa, se ela estiver tentando discutir.

Repetir o seu ponto de vista várias vezes é uma técnica usada em assertividade. Você pode fazer o mesmo com sua linguagem corporal. Use a mesma série de gestos equilibrados e tranqüilos para demonstrar quem está no comando, caso a outra pessoa comece a ficar aborrecida ou alterada.

Se ela começar a chorar, mantenha-se impassível. As lágrimas podem ser causadas tanto pela raiva quanto pela dor. Dê uma pausa para permitir que a outra pessoa se recomponha e ofereça um lenço de papel, mas evite querer abraçá-la, ou, até mesmo, dar um tapinha em seu braço. Muitos chefes mantêm uma caixa de lenços de papel por perto, na gaveta de sua mesa, para oferecer em caso de choro. Acho isso um tanto ardiloso demais. Pegar uma caixa de lenços de papel com tanta facilidade indica que você faz a sua equipe debulhar-se em lágrimas regularmente, e que estava quase esperando essa reação. Finja que você terá que procurá-la um pouco. Soa melhor.

Não há uma fórmula perfeita para anunciar notícias verdadeiramente ruins, como a demissão involuntária. Lembre-se que o funcionário pode ficar arrasado, mas ele não reflete isso em sua linguagem corporal. O esforço para aceitar as notícias ou disfarçar uma reação pode, freqüentemente, produzir um sorriso, uma risada, agressividade, violência ou outras emoções que parecem um tanto bizarras para a pessoa que não estiver acostumada. Nunca tente espelhar as emoções que estão sendo demonstradas. Mostre preocupação e pesar, e mantenha-se firme nessa linha. O alívio por ver que a vítima está sorrindo ao receber as notícias pode, de um modo geral, fazer com que o gerente também comece a rir, e nem é preciso dizer que isso nunca será uma atitude adequada. A vítima está, provavelmente, demonstrando uma resposta de choque. Mais tarde, ela não se lembrará da reação que teve, apenas da sua.

O espelhamento, entretanto, pode ser uma ferramenta útil para o gerente que esteja lidando com um membro da equipe que se mostre nervoso ou inseguro. Se o seu funcionário estiver sentado de uma forma muito defensiva, com os braços cruzados e o olhar desviado para outra direção, comece a emitir seus próprios sinais de maneira mais concentrada. Para fazê-lo se descontrair mais, você pode assumir o comando, expandindo gradualmente seus próprios gestos e relaxando na própria cadeira. Com sorte – e sem perceber o que está fazendo –, ele também começará a relaxar.

Essa habilidade de condução aplica-se à grande maioria das entrevistas. Se o objetivo do entrevistador for extrair o máximo do entrevistado, ele poderá alcançá-lo através desse estilo "copie-e-modifique".

Pontos-chave, em poucas palavras

- Ensaie sua linguagem corporal na entrevista, até que seja capaz de parecer natural, confiante e relaxado. Quanto mais você praticar, mais essas técnicas ficarão programadas em sua memória muscular, e, assim, você saberá acioná-las, mesmo se ficar nervoso no grande dia.
- Visualize-se tendo um bom desempenho, com expressões faciais e gestos positivos.
- Não deixe nada ao acaso – escolha a bolsa e o vestuário, e faça um ensaio com a roupa, para observar, também, como ela se move.
- Os entrevistadores também precisam fazer o mesmo tipo de trabalho. Planeje a disposição da sala para o melhor aproveitamento de ambos os lados, e exercite a coreografia, especialmente se você estiver conduzindo uma entrevista em grupo.

Capítulo 15

Reuniões e trabalhos em equipe

EMBORA TODOS NÓS trabalhemos solitariamente, movidos por desejos e motivações pessoais das quais, talvez, nem tenhamos conhecimento, há também uma necessidade, em muitos empregos, de um trabalho de equipe.

A idéia, como você provavelmente já deve saber, é que as equipes realizam mais que os indivíduos. Forme um grupo aleatoriamente com algumas pessoas e, em dado momento, suas forças mútuas irão sobrepujar as fraquezas individuais.

Isso, é claro, depende da dinâmica da equipe. Se funcionar, ótimo. Se não, é um desastre. Qualquer equipe, não importa o quão selecionada e afiada seja, pode fracassar se houver uma explosão de queixas, lamentações, favoritismos, políticas de escritório, preguiça, negatividade, estupidez, competição interna, posições de demonstração de poder, punhaladas etc. Na verdade, todo e qualquer um desses suspeitos mais evidentes.

A velocidade dos negócios modernos significa que as equipes estão mais transitórias hoje do que foram um dia. A intimidade imediata exige habilidades específicas, e, mesmo assim, de um modo geral, existe pouca compreensão consciente de que aquilo constitui, de fato, uma equipe. Já vi grupos inteiros desnorteados colocados juntos em cursos de aprimoramento de equipes, olhando fixamente de modo vacilante e distraído uns para os outros.

Uma equipe é um bando. Você só precisa prestar atenção aos programas de vida selvagem na TV para constatar as vantagens e desvantagens da mentalidade de bando. Os bandos verdadeiros significam mais trabalho para a concorrência, porque trabalham mais eficazmente que os indivíduos isolados. Mas observe como eles atacarão uns aos outros quando o inimigo tiver ido embora.

O comportamento de bando no trabalho não depende da força física, o que faz com que a hierarquia social seja um fator ainda mais desconfortável. A idade raramente é levada em consideração. A juventude pode ser mais importante que a idade e a experiência. As fêmeas podem comandar machos que são fisicamente mais fortes. Os elementos agressivos do bando podem ser forçados a se submeter a chefes passivos e fracos. Leve o mesmo grupo para uma semana de sobrevivência no coração de um pântano encharcado e você verá, de um modo geral, uma completa inversão de papéis.

O que é fascinante, no entanto, é a diferença entre o status do trabalho conferido ao membro do bando e a verdadeira hierarquia social da equipe. O status no trabalho é quase sempre conquistado contra as tendências naturais do grupo, ou, então, pode acontecer de não existir nenhuma liderança oficial e a hierarquia se tornar um tanto aleatória e confusa. As rixas surgirão, mas elas raramente se converterão em brigas de socos, porque: a) somos seres humanos civilizados, e b) isso significaria a demissão. Portanto, a maior parte delas é encenada no campo da comunicação não-verbal.

Observe qualquer grupo por um período de tempo e será possível verificar sinais de lutas transitórias ou permanentes pelo poder. Muitas dessas guerras são sem sentido, porque o vencedor já foi anunciado, e isso está fora de negociação. E, ainda assim, continuamos lutando, subjugados por combates dos quais, talvez, nem tenhamos conhecimento.

As equipes eficazes precisam de um equilíbrio, mesmo que ele seja instável. A equipe perfeita terá estabilidade, com cada membro ciente de seu papel e contente por agregar valor ao serviço. O líder natural de qualquer tarefa a ser executada estará no comando e sua liderança será apreciada através de mútuo consentimento. Ser um excelente membro de uma equipe significa comprometer-se com a tarefa, afastando a ambição e a glória pessoais. Infelizmente, isso raramente é alcançado no local de trabalho.

Então, como ter sucesso nas atividades em equipe?

Primeiro, fique atento às lutas subjacentes pelo poder. Cada vez que a equipe se reunir, a hierarquia social será reforçada ou desafiada. Preste atenção ao lugar em que as pessoas se sentam e como elas se posicionam.

Estude seus próprios objetivos dentro da equipe. Você quer ser, realmente, um jogador de um time ou preferiria ter a sua própria pauta? Você gostaria que a equipe fosse bem-sucedida ou preferiria que ela fracassasse, se isso aumentasse sua própria visibilidade? Seja honesto nesse ponto. Não demonstre a usual lavagem cerebral corporativa. Mesmo colocando suas necessidades pessoais em primeiro lugar, você ainda pode decidir se comprometer com a ética e a dinâmica da equipe.

Para ser bem-sucedido em um grupo, você precisa reafirmar para si mesmo o papel que atualmente desempenha. Um sujeito resmungão no futebol não jogará bem dentro do time se ficar o tempo todo se queixando de que deveria estar no gol.

Como membro da equipe, sua abordagem visual deve ser de um equilíbrio constante. As pessoas se revelam nas reuniões de equipe por se afastarem do grupo ("Não estou jogando"), ou por tentarem dominá-lo desnecessária e incansavelmente.

Você se afastará se:

- Sentar-se longe dos outros.
- Virar o corpo para o outro lado.
- Cruzar as pernas e os braços para formar uma barreira visual.
- Desviar o olhar.
- Falar somente quando lhe fizerem uma pergunta.
- Sussurrar ou enviar sinais de linguagem corporal exclusivamente para um dos membros da equipe.
- Passar bilhetes para outra pessoa (sim, parece infantil, mas acontece o tempo todo nas reuniões).
- Colocar sua cadeira em destaque, na frente do grupo – essa ostentação de liderança pode impor limites a determinados objetivos do grupo. A troca

de idéias ou a transmissão de informações com a disposição do grupo em um formato circular serão, geralmente, mais eficazes.

- Sentar-se ao fundo.

Você participará como um elemento da equipe se:

- Compartilhar suas reações uniformemente. Sente-se ou fique em pé em uma posição central. Olhe para todo o grupo durante todos os debates. Amplie seu contato visual de maneira uniforme.
- Demonstrar habilidades de escuta abrangentes, e uma linguagem corporal que pareça alerta. Observe os outros enquanto não estiver se comunicando verbalmente e, mesmo quando estiver falando, analise a equipe inteira para identificar as reações a seus comentários.
- Não atacar o líder da equipe. Quando a equipe estiver focada em uma tarefa, as hostilidades devem ser suspensas. Não há necessidade de rebaixar-se, mas você deve manter um nível de respeito. Demonstre que está ouvindo usando sinais visuais de escuta. Evite uma linguagem corporal defensiva, como braços cruzados, mãos na cintura ou assumir uma posição sentada ou em pé que denote mais autoridade, na cabeceira da mesa ou no meio do grupo.
- Não lutar contra o grupo. Monitore suas habilidades e recursos o tempo todo. Permita que os elementos do grupo com as melhores habilidades realizem as tarefas adequadas. Disfarce o seu desapontamento se as tarefas forem aquelas que você desejava assumir.

Um bando tende a andar unido. Considerando que sua equipe não está afobada nem querendo fazer o impossível, os movimentos coreográficos de seu bando serão sutis. Vocês poderão inclinar-se para a frente quase que ao mesmo tempo, ou rir e descontrair sua postura juntos. Esse espelhamento de grupo é um ingrediente fundamental de uma equipe bem entrosada.

▸ Reuniões de negócios

Adoro as reuniões de negócios porque não participo delas, a não ser como observadora de comportamentos. Vejo pessoas que participam regularmente dessas reuniões com o mesmo nível de autocomiseração que observo nos animais do zoológico. As palavras "entediante" e "luta" dificilmente são usadas juntas, mas uma "luta entediante" é a única expressão que posso usar para descrever a maioria das reuniões de negócios.

De um lado, você é solicitado a se responsabilizar por si mesmo e a causar uma boa impressão. Suas opiniões precisam ser inspiradas e inteligentes, assim como a maneira pela qual as expõe. Do outro lado, você está envolvido em uma batalha de poder com quase todas as outras pessoas na sala. Mas, acima de tudo, está lutando para se manter acordado.

As reuniões regulares inspiram padrões de comportamento em série. As pessoas se sentam nos mesmos lugares, da mesma maneira, usando os mesmos olhares e adquirindo a mesma personalidade estereotipada. Deve-se evitar isso como se fosse uma peste.

Reunindo-se com sucesso

De um modo geral, sua linguagem corporal nas reuniões de negócios precisa atender a critérios muito simples para criar uma boa imagem:

- Chegue na hora.
- Adentre a sala parecendo enérgico e agradável (os outros irão adorar, porque é algo contagioso, que reenergizará todo o grupo).
- Se você chegar atrasado, faça uma boa entrada. Nunca entre correndo, parecendo aturdido ou pedindo desculpas. Desculpe-se apenas uma vez, dê uma breve explicação, se necessário, mas nunca entre em detalhes sangrentos. Você já atrasou o grupo pelo tempo suficiente.
- Cumprimente todos efusivamente, mas de modo rápido.

- Escolha cuidadosamente o seu lugar. Cada posição em volta da mesa tem seu próprio status de poder e energia (*veja a página 97 e seguintes*).
- Acomode-se rapidamente.
- Escolha cautelosamente a maneira de se sentar. As reuniões se transformam em uma dança da dinâmica do grupo, usualmente conduzida pela pessoa que tem o maior status na sala.
- Demonstre interesse pela pauta.
- Depois que a reunião começar, dedique-lhe total atenção – não comece a encher copos de café, pegar biscoitos ou folhear papéis. Alguém estará falando, e o efeito é sempre perturbador. Isso afastará a pessoa de sua linha de raciocínio.
- Pronuncie-se nos primeiros minutos. Acostume-se com o som da sua voz na sala. Quanto mais você adiar, mais difícil será dizer alguma coisa.
- Use a linguagem corporal para anunciar o que você quer dizer. Incline-se para a frente, olhando nos olhos dos outros colegas, e coloque suas mãos ou braços sobre a mesa, ou levante uma da mãos em um gesto de atrair a atenção. Se o grupo tiver a tendência de ser tumultuado, levante as duas mãos ou a caneta no ar.
- Se você achar difícil interromper, lembre-se que a atenção dos outros é conquistada, em vez de oferecida como um direito; portanto, trabalhe a sua reputação. Transforme cada ponto que você defender em algo conciso, objetivo, interessante e positivo. De um modo geral, as pessoas que resmungam muito ou que falam com timidez serão regularmente excluídas, a menos que tenham as iniciais DG (diretor geral) após os seus nomes.
- Defenda cada uma das suas observações com energia. As reuniões são entediantes o suficiente, mesmo sem monólogos maçantes.
- Olhe para todos, alternadamente, enquanto fala; nunca deixe ninguém de fora.

- Nunca comece com uma ressalva verbal, como "Sei que estou sempre insistindo nesse assunto, mas...".
- Nunca use ressalvas na linguagem corporal, como acenos de mão desdenhosos, gesticular ou friccionar as mãos para pedir desculpas, ou balançar a cabeça.
- Quando for fazer um comentário, participe visualmente. Empregue as habilidades de escuta visual descritas anteriormente, apenas aprimore-as um pouco mais.
- Quando uma pessoa estiver falando, olhe para ela e reaja visualmente ao que está sendo dito.
- Nunca sussurre nada para nenhum colega enquanto alguém estiver falando.
- Evite fazer muitas anotações, ou parecerá que está tentando fazer a ata da reunião.
- Nunca coloque mais itens sobre a mesa da sala de reuniões do que o líder que você está tentando impressionar.
- Nunca sirva café, se puder, ou distribua biscoitos. Isso transmite uma imagem visual maternal, de baixo status.
- Nunca compareça se estiver com aparência de doente ou de cansado. Isso destrói toda a energia do grupo.
- Sempre desligue seu celular.
- Finalize a reunião com a mesma energia. Arrume suas coisas rapidamente e nunca pegue doces, biscoitos ou frutas para levar para o escritório. Se você precisar debater individualmente alguma coisa com um colega, nunca o coloque em uma situação de emboscada. Pergunte-lhe se ele dispõe de alguns minutos e conversem fora da sala de reuniões.
- Agradeça a todos que fizeram a ata da reunião ou serviram alimentos.

Mudando de posição na mesa

Seu lugar à mesa precisa oferecer-lhe a melhor oportunidade para acompanhar a pauta da reunião. Pegue uma caneta agora e faça anotações sobre suas motivações mais íntimas e sinceras quanto às reuniões internas de negócios. Selecione idéias como:

- Impressionar o chefe.
- Agradar o chefe.
- Agir como o chefe.
- Sou o chefe e quero que todos respeitem isso.
- Vender minhas melhores idéias.
- Manter silêncio e tentar ser ignorado.
- Desafiar os outros.
- Causar confusão.

Pararei por aqui, mas você pode ir além. Tudo o que peço é que você seja honesto consigo mesmo.

O próximo passo é descobrir como a dinâmica do grupo funciona e o que cada posição pode significar.

▶ Os assentos de poder

Como mencionado anteriormente, a pessoa que tem o mais alto status vai ocupar uma das duas posições: na extremidade da mesa ou no meio da mesa, no sentido do comprimento, em frente à porta. Esses são os assentos do poder.

▶ Posição diametralmente oposta, no sentido do comprimento

Sentar-se nessa posição, na extremidade de uma grande mesa de reuniões, pode significar conflito direto. Também significa que você é aquele que está mais excluído do refúgio sagrado. Se o seu objetivo é impressionar, então você escolheu o lugar errado. Você será a pessoa mais difícil de ser ouvida, enquanto passa a imagem de uma presença quase sinistra.

▸ Posição diametralmente oposta, transversalmente

Esse é o assento mais visível, mas pode haver um esforço consciente de ignorar a pessoa que se senta nesse lugar. Você bloqueia toda a energia do chefe sentando-se em uma posição diametralmente oposta à dele, além de criar, praticamente, um diálogo visual cara a cara, que ele pode querer evitar a todo o custo, já que isso exclui os outros. Esse é o lugar do espreitador, ocupado por fanáticos obsessivos limítrofes ou puxa-sacos.

▸ Ao lado do chefe

Essa é a posição em que se pode fazer uma bajulação discreta, e onde você, ao se sentar, poderá estampar em sua face, para o resto do grupo ver, a expressão de "Eu sou o favorito". Se você se sentar aqui, passará a impressão de estar apoiando o chefe em silêncio. Geralmente, é um lugar reservado para os diretores financeiros ou auditores com rostos sisudos e que falam muito pouco entre si.

A questão a ser lembrada é que você está no ponto cego do chefe, de modo que ele pode nem se dar conta de sua presença. Quando você fizer alguma observação, ele, provavelmente, terá de fazer um esforço muito grande para se desligar desse fato, já que pode sentir que você se parece muito com seus porta-vozes.

▸ Nas linhas diagonais centrais

Esses locais são muito convenientes para entrar e sair da conversa à vontade. Se o chefe for o vértice do triângulo e você se sentar em um dos dois pontos da base, você deve exibir uma atenção constante, sem passar a impressão de ser um puxa-saco ou um desafio para o poder do chefe.

▸ Nas linhas diagonais mais distantes

Já está ficando um pouco mais frio. Você terá de gritar para ser ouvido e também poderá ser facilmente marginalizado.

▸ O chefe no meio, você em uma das extremidades

Você está na Antártica. Seu carisma terá de ter uma força descomunal para fazer-se notar a tal distância.

No entanto, não há necessidade de se afligir se lhe restar apenas um mau lugar. Qualquer assento pode ser revertido a seu favor se você mantiver seus objetivos em mente e a sua linguagem corporal equilibrada.

Mudanças na sala de reuniões

Se você sentir que sua posição propicia um conflito indesejável com algum colega, faça com que sua postura fique menos assertiva. Olhe para a pessoa com quem acredita haver algum problema. Qual é a posição dela?

A agressividade e o confronto em torno de uma mesa de reuniões podem ser demonstrados por:

- Inclinar-se para a frente, cotovelos na mesa e queixo ligeiramente suspenso.
- Inclinar-se para a frente com os braços cruzados
- Olhar por cima dos óculos.
- Dedos unidos pelas pontas, com as mãos apontadas para cima.
- Recostar-se na cadeira com os braços cruzados.
- Recostar-se na cadeira com as mãos por trás da cabeça.

As duas primeiras posições podem registrar uma discordância que é desafiadora e relativamente declarada. Se você sentir que está preparado para o desafio, poderá usar o espelhamento, mas sem levantar o queixo.

As duas posturas seguintes implicam uma discordância de alto nível, ou uma atitude crítica. Nunca espelhe nenhuma das duas. Mantenha a sua postura e não abra mão dela. Você, provavelmente, só precisará ser mais persuasivo em seus argumentos.

As duas últimas sinalizam que sua idéia está sendo desqualificada ou ridicularizada. Observe o contato visual na última postura. Se a pessoa ainda sustentar o olhar em sua direção, pode significar apenas que esta é uma decisão difícil. Se estiver olhando em volta da mesa, ou tentando atrair o olhar do chefe com sua postura, ela, provavelmente, estará tentando deixar claro para todos que considera a sua idéia uma tolice.

Mantenha a calma. Nesse ponto, é melhor, provavelmente, perguntar àquela pessoa quais são as suas objeções. Isso significa que você consegue aceitar qualquer questão e que está confiante que poderá oferecer uma boa resposta. Também significa que ela, provavelmente, colocará os braços de volta sobre a mesa, o que restaurará uma parte da dinâmica positiva. Se isso não funcionar, tenha alguns documentos extras para mostrar-lhe, para garantir que ela abaixará os braços para pegá-los. Essa mudança estudada da postura lhe dará o controle novamente. Enquanto ela estiver lendo, prossiga com a observação que você estava fazendo.

▸ Teleconferências

Aqui, a linguagem corporal desempenha um papel irrisório. Os executivos sentam-se em cantos dispersos de seu Império e participam de reuniões virtuais. Isso é ótimo se o timbre das vozes variar entre um baixo como Sean Connery até um sibilante contralto, porque assim você reconhecerá instantaneamente quem está falando. Infelizmente, esse, raramente, é o caso. E, então, você terá o problema de conversa zero ou conversa séria. Surgem as grandes pausas, quando todos esperam que alguém fale alguma coisa, sem perceber que todos os outros se levantaram rapidamente para ir ao banheiro ou para pegar um café. E há também uma pressa de falar, quando duas ou mais falas se sobrepõem. Isso deve-se ao fato das pessoas não conseguirem identificar os sinais de interrupção da linguagem corporal.

Curiosamente, muitos telefones residenciais possuem esse dispositivo, e até mesmo vários celulares também dispõem desse serviço. Então, ensaie suas técnicas com sua família e amigos, e esteja pronto para as chamadas de negócios.

▸ Videoconferências

Podem ser um tanto difíceis. Estive em alguns programas jornalísticos em que fiquei sentada sozinha em um estúdio, falando diretamente para uma câmera, enquanto ouvia a voz do apresentador a centenas de quilômetros de distância. Não é uma técnica fácil de dominar.

Você já tirou fotos corporativas? O resultado, geralmente, é o mesmo. Você olha fixamente para um equipamento, esquecendo-se de que deveria olhar para ele como se fosse um ser humano. Mesmo se estiver frente a frente com o chamador em sua tela, você provavelmente se esquecerá disso, e pensará que a imagem é unilateral. Lembre-se daquelas fotografias. Sua expressão não era mais parecida com a de um coelho sendo surpreendido pelos faróis de um carro, dois segundos antes de ser atropelado?

Mais uma vez, se essa prática se tornar um lugar-comum, você terá de ensaiá-la em um ambiente "seguro" primeiramente, até que sua expressão pareça humana e você se lembre de pentear o cabelo antes de atender ao telefone.

Pontos-chave, em poucas palavras

- Técnicas de equipe exigem generosidade. Evite demonstrações explícitas de aprimoramento individual. Jogue com o bando.
- Estude a dinâmica do grupo – interagir com uma sala inteira através de sua linguagem corporal nunca é a mesma coisa que trabalhar individualmente.
- Técnicas de reuniões incluem meios de apresentar sua comunicação e suas sinalizações de longo alcance, além de construir um histórico de boa reputação pela forma com que você se comunica, tanto visual quanto verbalmente.

Capítulo 16

Palestras de negócios

TODO MUNDO ODEIA se apresentar em público, a não ser os exibicionistas. É engraçado, porque, tanto quanto os palestrantes, as platéias também odeiam palestras. Isso se deve ao fato de que a maior parte delas é profunda e visceralmente entediante. Regra número 1: torne-a tão interessante quanto possível.

As palestras podem ser, basicamente, de quatro tipos:

1. Reuniões individuais para dar informações resumidas.
2. Conversas informais com grupos pequenos.
3. Conversas mais formais com grupos.
4. A grande variedade de conferências realizadas sobre um palco.

Os exibicionistas como eu gostam mais das conferências, mas elas deixam as pessoas apavoradas. Grande parte dessa sensação dependerá do fato de você ser uma pessoa otimista ou pessimista. Se você for otimista, acreditará que as pessoas vão gostar e apreciar a sua fala. A possibilidade de haver um grupo enorme de pessoas dispostas a gostar de você será, portanto, muito mais divertida. Os pessimistas, por sua vez, assumem que a platéia os odeia. Um grupo grande é, simplesmente, ódio demais para administrar.

Esse livro está focado na linguagem corporal envolvida nas palestras, mas, ainda assim, aqui vão algumas dicas rápidas e genéricas:

- Aprenda a estruturar sua fala.
- Escreva seu próprio discurso e utilize suas próprias ferramentas.

- Faça exercícios e treinamento para aprimorar sua confiança e auto-estima.
- Descubra o máximo que puder sobre sua platéia e sobre o conteúdo de quaisquer outros pronunciamentos na mesma conferência.

▸ Preparação

Qualquer comunicação em que você fale no centro do palco deve ser planejada com antecedência. As conversas menores e informais para pequenos grupos ou encontros individuais precisam de tanta preparação quanto os eventos maiores. Uma pessoa em sua platéia é tão importante quanto cinqüenta outras pessoas.

Os números, entretanto, mudam a dinâmica. Quanto menor a platéia, mais fácil será interpretar os sinais de sua linguagem corporal. Se houver menos de 15 pessoas na platéia, você deve estimulá-las a participar. Se o grupo for maior, vai se parecer mais com um bando. Isso pode ser algo positivo, portanto não deixe que a palavra "bando" lhe traga à mente caçar, retalhar e comer.

Um dos primeiros truques ao dar uma palestra é se tornar menos obcecado por si mesmo. Sim, eles *estão* todos olhando para você e, de certa forma, julgando você e sua mensagem, mas quanto menos pensar sobre isso, melhor. Quando você se apresenta, precisa ser gentil e atencioso. Sua cabeça deve estar repleta de "Como eles se sentem?", em vez de "Como será que eu estou?". Portanto, trabalhe suas próprias técnicas de linguagem corporal. Exercite sua fala em frente a um espelho, ficando de pé sem nada nas mãos. Gesticule ao defender seus pontos de vista. Sorria. Quanto mais cedo você conseguir transferir sua nova postura e seus novos gestos para o piloto automático subconsciente da memória muscular, melhor.

▸ Condições espaciais

Independentemente do fato de sua platéia ser grande ou pequena, é importante que você tenha a chance de assumir o controle do ambiente. O sucesso de sua palestra depende disso. Nunca pense que as condições espaciais estarão adequadas. Normalmente, não estão.

Apresentações individuais podem precisar de uma disposição mais casual, com estilo de entrevista, ou, então, você terá que ficar quase em frente à cadeira da outra pessoa. Isso significa assumir que você conduzirá a situação. Você pode ter sido chamado para uma empresa para fazer uma abordagem de vendas junto ao diretor-geral, e, nesse caso, as condições espaciais podem ser de uma palestra normal e formal.

Ficar em pé enquanto a outra pessoa fica sentada gera uma linguagem corporal ameaçadora, e, por isso, você deverá avaliar qual é o espaço mais confortável entre vocês. Se ficar muito perto da cadeira do seu ouvinte, dará a impressão de estar se insinuando sobre ele.

Alguns objetos de cena podem ser úteis em situações em que a conversa é semicasual, requerendo, no entanto, uma abordagem com estilo de palestra. Uma mesa é um lugar cômodo para se apoiar, mas somente se você tiver verificado com antecedência se ela agüenta o seu peso e se o suportará sem ficar balançando.

Se a sua palestra for realizada em um estilo de mesa de reuniões, então, boa sorte, porque você vai precisar. A maioria das mesas ocupam completamente as salas, e você, geralmente, vê-se colocado em uma das extremidades, com a parede logo atrás de você. Essa é, provavelmente, a posição menos confortável já inventada, tanto para você quanto para os seus ouvintes. Freqüentemente, eles terão de sentar-se com as cadeiras voltadas para a mesa e com as cabeças viradas na sua direção. Você se sente como uma mosca presa no papel de parede. A mesa de reuniões domina o ambiente e se torna a estrela. Sempre pensei em levar um machadinho na minha pasta para lidar com as mesas de reuniões nas quais sou convidada a me apresentar. Se for possível desmontar a mesa com antecedência e guardá-la em uma sala próxima, faça isso, então.

Se estiver participando de uma reunião em torno de uma mesa e for solicitado a apresentar suas observações, se possível, fique de pé para falar. Quando fica de pé, você aumenta seu impacto em 100%.

Um gerente de finanças que treinei tinha que participar de reuniões semanais, e os outros diretores o atacavam rotineiramente quando ele começava a apresentar os números. Ele começou a temer as reuniões, e sua linguagem corporal tornou-se extremamente defensiva. Fiz com que ele preparasse seus pontos com maior antecedência, e que levasse consigo um cavalete preparado com gráficos e dados impressos profissionalmente. O cavalete serviu como o pretexto que ele precisava para levantar-se da mesa e ficar em pé durante sua fala. Sua linguagem corporal passou a transmitir autoridade e, pelo fato de estar mais bem preparado, podia trazer à tona e lidar com as objeções antes mesmo que a platéia o fizesse. Magicamente, eles pararam de lhe causar problemas.

Ao decidir se você vai se apresentar sentado ou em pé, pense na sua platéia e no impacto de sua mensagem, e não no seu próprio conforto. Se a sua primeira preocupação fosse o seu próprio conforto, você, provavelmente, escolheria se apresentar embaixo da mesa, se isso fosse possível. Não é. Prepare-se e transmita a sua mensagem.

Se a sala de reuniões for espaçosa, faça a sua apresentação na extremidade da mesa, mas coloque todas as cadeiras de frente para você e espalhe-as, para que todos os membros da platéia possam vê-lo confortavelmente.

Se estiver se apresentando no sentido do comprimento, fique no meio e tente mudar todos os assentos, para que fiquem virados na sua direção. Os assentos "mortos" serão aqueles situados nos seus lados esquerdo e direito.

A melhor arrumação para grupos maiores é o formato de ferradura. Se a sala for ampla e o grupo não muito grande, tente arrumar em formato de U em uma única linha.

Fileiras de cadeiras somente devem ser usadas caso necessário, porque as pessoas nas fileiras de trás raramente participarão satisfatoriamente, a não ser que façam um esforço dobrado. A maior parte dos palestrantes também acaba ficando com a fileira da frente vazia. Para evitar isso, faça com que as pessoas ocupem as cadeiras da frente primeiro, ou que alguns membros do seu próprio grupo sentem-se ali, se possível.

Sempre esteja ciente da zona de conforto entre você e a primeira fileira de cadeiras. Se você for um palestrante que se movimenta bastante, deve ampliar ao máximo o espaço no qual está se apresentando. Evite sempre se sentir encurralado contra a parede ou contra o seu equipamento.

Se a sala precisar ser arranjada em várias fileiras, você ainda deve tentar mantê-las em formato de U" Mesmo que se movimente bastante, você ocupará apenas uma pequena parte à frente da sala, e a disposição com as fileiras alinhadas significará sempre assentos "mortos" nas extremidades mais distantes.

Penso que os anfiteatros são os lugares mais amedrontadores, possivelmente porque não costumo trabalhar muito neles. Gosto de ficar mais alta que a minha platéia, e, nos anfiteatros, sinto-me em uma espécie de jaula de ursos, olhando para cima e vendo todas aquelas filas de poltronas.

Trabalhar sobre um palco pode ser excitante, mas você terá que ser um ator para sentir a atmosfera do espaço e sua altura, antes de começar a conferência. Nunca hesite em fazer um ensaio completo, com a mesma configuração de iluminação e de microfones que será usada em sua palestra. Não há nada pior que um palestrante piscando e fazendo caretas sob um refletor ao começar a falar e, então, parecer alarmado com o som de sua própria voz amplificada.

Verifique a posição de todos os equipamentos que usará, incluindo os interruptores e os aparelhos que regulam a intensidade e o brilho da luz, tomadas elétricas e cortinas. Certifique-se de que não há nenhum fio ou cabo solto em que possa tropeçar. A não ser que esteja trabalhando com projeção por trás da tela, assegure-se de que nenhuma de suas ferramentas visuais esteja bloqueando a visibilidade da platéia.

Descubra como você fará a sua entrada, e se será ou não anunciado. Verifique como você será microfonado, se necessário. Se tiver como escolher, prefira sempre um microfone de lapela. Ele se locomove junto com você, e os outros tipos de microfones de mão aprisionam os seus gestos, ao mesmo tempo em que fazem parecer que você está prestes a participar do coro de *My Way*, em uma noite de karaokê. Engenheiros de som podem ser sovinas com a quantidade de microfones que solicitam. Já aconteceu várias vezes de me informarem que eu teria que usar o microfone do último palestrante, assim que ele se desfizesse do aparelho. O que eles, geralmente, esquecem de dizer é que pretendem fazer essa troca na frente da platéia. Não, não faça isso – repito. O fio do microfone vai ser puxado de dentro das calças do último palestrante e, então, você será forçado a empurrá-lo para baixo, na parte da frente de seu próprio paletó, e ficar parado ali até que eles revirem a parte de trás de sua roupa para prender o transmissor no cinto de suas calças. Essa não é maneira mais simpática de se começar uma palestra importante. Peça o seu próprio microfone, mas certifique-se de que ele não seja ligado antes da hora. Uma palestrante com a qual trabalhei estava aguardando enquanto sua platéia chegava e ocupava o auditório, e perguntou ao mediador, em voz baixa, por que os mais gordos sempre se sentavam nas fileiras da frente. Infelizmente, o microfone estava aberto e a sala toda pôde ouvi-la.

▸ Ferramentas visuais

Use-as apenas para realçar a sua fala. Planeje e ensaie sua apresentação sem elas e, então, só as introduza se for necessário. Muitas palestras são estruturadas com base nas ferramentas visuais. Elas se tornam, então, uma bengala para o palestrante e acabam distraindo a atenção da platéia durante toda a palestra. Pode parecer tentador para os nervosos incuráveis, mas não é a melhor opção, acredite em mim. Lembre-se que está vendendo uma mensagem, e o que a platéia precisa comprar é você mesmo. As ferramentas visuais podem realçar e enfatizar algo, mas nunca conseguirão convencer ou demonstrar energia e comprometimento.

Você deve exercer um permanente controle sobre suas ferramentas visuais, em vez de deixar que elas o controlem. Use-as equilibradamente e com destreza. Os enganos e as avarias são praticamente inevitáveis, mas nunca devem intimidá-lo. É por isso que você sempre deverá ser capaz de falar sem elas.

Algumas outras dicas:

- Use ferramentas simples. Nunca faça uso de uma ferramenta pela qual você terá que desculpar-se, como “Essa aqui dá um pouco de trabalho” ou “Desculpe se vocês não conseguem ler direito o que está escrito aqui” etc.

- Se você estiver utilizando o Power Point ou transparências, use uma iluminação uniforme para que suas ferramentas possam ser vistas, mas sem que você fique falando no escuro.
- Nunca ceda à tentação de ler o que está na tela ou no seu cavalete, e nunca fique olhando fixamente para eles como se buscasse inspiração. Desligue-os ou exiba uma tela em branco quando não estiver utilizando-os.
- Aprenda a escrever no seu cavalete sem virar-se de costas para a platéia.

▸ Objetos de cena

Quando possível, faça sua apresentação posicionado no centro do palco, sem nada entre você e sua platéia. Nunca leia nenhum documento com o roteiro da palestra, e nunca fique segurando notas e cartões com dicas. Se você estiver fazendo uma palestra com mais recursos de produção, então aprenda a usar um *teleprompter*. Caso contrário, deixe as suas notas em uma mesa próxima e consulte-as somente quando for realmente necessário.

Os púlpitos sempre serão um pesadelo. Somente considere a utilização de um se a platéia for muito grande, ou se estiver passando informes para jornalistas em nome da Casa Branca. Os púlpitos criam uma barreira, mas lembre-se que suas pernas e pés ainda podem ser vistos. Uma gerente de recursos humanos com quem trabalhei foi convidada para um seminário com um palestrante renomado. Ela disse que ele falou muito bem, mas apenas do peito para cima. Ao ficar atrás de um púlpito, ele, obviamente, não percebeu que suas pernas estavam visíveis através do espelho às suas costas. Enquanto falava, ficava tirando e colocando o sapato, e friccionando uma perna contra a outra. Isso se tornou o foco principal para grande parte da platéia.

▸ Dicas importantes

- Prepare-se antes de entrar. Aqueça as cordas vocais e faça um exercício de respiração e de alongamento.

- Use roupas com as quais possa se movimentar. Os ternos e os sapatos devem ser confortáveis, mas elegantes e de boa aparência. Não toque na sua roupa enquanto estiver se apresentando e nunca ajeite-se, isto é, arrumar botões, arregaçar as calças ou afrouxar as gravatas, enquanto estiver diante da platéia.
- Esvazie os bolsos. Nunca carregue objetos com os quais possa brincar.
- Tire os "brinquedos" da área em volta. Apontadores, clipes de papéis, enfeites – é espantosa a quantidade de coisas que você segura e com as quais brinca quando se sente ansioso.
- Domine mentalmente o espaço antes de falar, mexendo em algo, mesmo se você simplesmente arrastar uma cadeira ou ajustar a posição do cavalete.
- Nunca pense que você tem que manter as coisas no lugar em que o último palestrante as deixou. Troque os objetos de lugar se quiser.
- Coloque-se em sua primeira posição para dar início ao seu pronunciamento. Essa posição é aquela que você treinou na frente do espelho em casa. Seu peso deve estar equilibrado uniformemente em ambos os pés, sua postura alongada e suas mãos mantidas discretamente à sua frente.
- Posicione-se no centro do espaço destinado à palestra, dirigindo-se diretamente à platéia, ao começar.
- Evite as posições delicadas, isto é, pernas cruzadas e mãos mantidas no alto, na postura de hamster.
- Passe a impressão de estar satisfeito ao olhar para sua platéia. Sorria e use o contato visual ao se apresentar.
- Espera-se que todos no Reino Unido – com exceção da rainha – sejam engraçados ao falar em público. Até mesmo um assassino em série iria conquistar os britânicos se conseguisse impregnar sua conversa com um humor discreto. Portanto, se conseguir fazer sua platéia rir, chorar e ir embora com um punhado de argumentos estratégicos, você poderá ganhar milhares de libras por palestra no circuito corporativo. No entanto, se não for naturalmente engraçado, não tente sê-lo. Dê a sua palestra com uma expressão séria, e liberte-se dela mais adiante.

- Exagere o seu tom e seus sinais de linguagem corporal, mas evite mudar seu estilo natural mais do que o necessário.
- Rompa com todas as regras que você já tenha escutado sobre palestras. Se isso funcionar, vá em frente. Colocar uma das mãos no bolso, medir os passos sobre o palco, gesticular com acenos de braços, cruzar os braços – tudo isso pode parecer bom se realizado de maneira espirituosa.
- Olhe para a sua platéia, mas não encare ninguém fixamente por muito tempo. Não exclua ninguém, mas não faça uma varredura mecânica – distribua a atenção igual e naturalmente.
- Esteja sempre alerta para as perguntas da platéia. Nunca pareça defensivo ao afastar-se ou ao criar barreiras corporais como resposta. Dirija-se à pessoa que fez a pergunta, repita a questão se for uma sala grande, e nunca tente blefar se não souber o que responder.
- Evite a arrogância verbal e gestual. Não há necessidade de fingir entusiasmo por todos os assuntos e, se você se exaltar constantemente, descobrirá que não haverá mais para onde ir quando o tema verdadeiramente importante ou estimulante vier à tona.
- Assim como suas ferramentas visuais, seus gestos devem ser usados para realçar sua mensagem e enfatizar suas palavras. Evite os gestos repetitivos inoportunos, ou os que desviam completamente a atenção, ou os incompletos, como a mão com os dedos parcialmente levantados ou uma caneta destampada sem utilização.
- Nunca seja desnecessariamente formal. Não há necessidade de supor que, quanto maior o grupo, mais formal terá que ser o seu estilo. Somente varie a sua forma de se apresentar tomando por base o tema abordado.
- Nunca se dê ao luxo de se aquecer enquanto prossegue. Você já saiu de alguma peça de teatro elogiando os atores porque eles se animaram no segundo ato"? As pessoas do mundo dos negócios são atarefadas. O tempo é precioso. Você deve lhes dizer logo a que veio.

Pontos-chave, em poucas palavras

- Ensaie sua linguagem corporal tanto quanto sua mensagem verbal.
- Nunca confie em ferramentas visuais. Aprenda a se apresentar sem elas, inicialmente.
- Monitore a linguagem corporal de sua platéia, assim como a sua própria.

Capítulo 17

Frente a frente com os clientes

O MODO COMO VOCÊ TRATA seus clientes dependerá muito do tipo de produto ou serviço que o seu negócio fornece, mas lidar com qualquer tipo de consumidor externo significa que você precisará de habilidades bem-afiadas de comunicação. Você precisa ser um especialista tanto na leitura dos sinais que são emitidos por eles quanto nas respostas que envia por meio de seus próprios sinais.

▸ Recepcionistas e equipe de linha de frente

O principal objetivo de uma recepcionista é cumprimentar os clientes e visitantes, criando uma boa impressão da empresa ao desempenhar a sua função. Isso significa um sorriso que pareça autêntico, uma leve inclinação para a frente na hora de cumprimentá-los, como sinal de um desejo de ajudar, e um imediato aceno positivo da cabeça indicando que você os está acolhendo, mesmo se estiver ocupado. As recepcionistas precisam ser pró-ativas, prestando atenção aos clientes que aguardam e lidando com quaisquer problemas antes mesmo que eles surjam. Algumas, particularmente as recepcionistas de consultórios médicos, também têm de lidar bem com o estresse e as reclamações. A maior parte das habilidades exigidas remetem a um tópico já discutido, o do princípio de "observar e responder" da linguagem corporal.

Se houver duas recepcionistas sentadas em uma mesa e uma delas estiver ocupada, o cliente irá supor que a outra está livre para atendê-lo. Se não, o resultado será a raiva. Visualmente, é sempre melhor ter um assento público desocupado do que um que está sendo usado por alguém que não está disponível. É por isso que você nunca deve se sentar na recepção para almoçar, e é também por esse motivo que os estabelecimentos bancários deveriam tentar convocar a equipe para o trabalho, em vez de colocá-la sentada atrás do balcão, mas tornando-a indisponível aos clientes.

Assim como em qualquer outro emprego, a disposição espacial da mesa é importante em uma recepção. Um dos fatores de mais alto impacto é a relação entre a altura da cadeira e da mesa. As recepções dos hotéis raramente possuem assentos, o que significa que o cliente é cumprimentado olho no olho, e que há uma sensação de energia e comprometimento nos gestos dinâmicos.

A maior parte das outras recepções dispõe de assentos. O assento ideal deixará o rosto da recepcionista ao nível do rosto do cliente, para que a saudação seja eficaz, assegurando que alguma sensação de energia e de possível atividade sejam mantidas. Quanto mais afundada estiver a cadeira e quanto mais alta estiver a mesa, maior será a barreira entre o cliente e a recepcionista, tanto física quanto emocionalmente. Um assento baixo e uma mesa alta querem dizer, "Vá embora, estou descansando".

Como em qualquer outro trabalho de linha de frente, é importante harmonizar seu estado de espírito e a abordagem ao seu produto. Isso parece bastante fácil, não? Você não ficaria sentado dando risadas em uma mesa de um Centro de Tratamento Intensivo enquanto os parentes estão chegando para perguntar se seus entes queridos melhoraram durante a noite, ficaria? Se você fosse um policial e uma mulher extremamente angustiada estivesse esperando para falar com você, você nunca pararia para fazer graça com uma policial feminina antes de atendê-la, pararia? Ou ficaria irritado com um cliente de forte sotaque estrangeiro no controle de imigração? E, ainda assim, tudo isso já aconteceu.

A chave é pensar muito bem em todo o processo do ponto de vista dos clientes com os quais você está trabalhando. Imagine como eles se sentem quando se encontram com você. Saia para a rua e entre no prédio como se você fosse o cliente. Como é a sensação? O que você deseja? Os hóspedes dos hotéis, por exemplo, estão, geralmente, cansados da viagem e ligeiramente confusos. Eles querem uma saudação amistosa e sentir que estão sendo bem cuidados. Faça um gesto para acolhê-los, sorria e escute – essas são as principais habilidades visuais que você precisa trabalhar.

▸ Os profissionais da área médica e de beleza

A grande diferença na linguagem corporal quando você trabalha como profissional da área médica ou de beleza é a mudança de regras de contato físico e de proximidade. Médicos, enfermeiros e esteticistas são profissionais do contato físico. O cliente é passivo, dependente e, geralmente, também é despido de sua dignidade. Você precisa estabelecer uma confiança e afinidade imediatas. Felizmente, você terá, provavelmente, a ajuda do cliente, porque isso também é do seu interesse.

Escutar, cuidar e demonstrar confiabilidade é, talvez, a combinação de sinais visuais mais freqüente utilizada no setor da saúde. Um médico precisará extrair informações rápidas e precisas de um paciente e ser especialista em ler nas entrelinhas quando ele diz que só consome duas medidas de álcool e fuma dez cigarros por semana. As reações dos pacientes são também as mais enganadoras. As pessoas que estão doentes são perfeitamente capazes de se mostrar corajosas quando estão sofrendo, minimizar a importância dos acontecimentos quando estão ansiosas e balançar a cabeça em um gesto de compreensão quando são praticamente incapazes de ouvir.

Ouvindo o cliente: a síndrome do "escutar e registrar"

Como qualquer cliente de uma empresa, a primeira necessidade do paciente é ser ouvido. Infelizmente, a atenção do médico está, em geral, desviada do paciente para a tela do computador. Conversar com alguém que está digitando em seu teclado enquanto mantém o olhar fixo na tela é uma situação difícil. Mesmo quando a mente consciente reconhece o que está se passando, a habilidade para comunicar é inibida. A reação que lhe ensinaram desde criança vai começar a entrar em operação – ao não receber a atenção absoluta de alguém, você parará de falar. Eles não estão ouvindo.

No entanto, há meios de contornar isso. Já vi pessoas que trabalham no rádio recebendo convidados em seus programas, e os melhores profissionais lidam com esse problema muito bem, exagerando seus sinais de escuta para elogiar e encorajar. Se seus olhos têm que abandonar o rosto do convidado para mexer em algum botão, eles balançam a cabeça com intensidade. Reagem a todos os comentários engraçados, como se fossem hilariantes. Quando ficam livres para olhar novamente para você, colocam a mão no queixo e a expressão facial preocupada e interessada. Combinada com o aceno da cabeça, é infalível. Outros "ouvintes rápidos" nos negócios podem fazer o mesmo.

Eis algumas dicas sobre habilidades de escuta:

- Demonstre que está ouvindo intensamente em algum momento da conversa, e, especialmente, no começo. Use o contato visual, concordando com a cabeça, e o espelhamento, para mostrar ao cliente que você está prestando total atenção.
- Se você precisar escrever ou usar o computador, explique o que está fazendo, mesmo se considerar isso um tanto óbvio.
- Se possível, coloque a tela em uma posição compartilhada, e mostre alguma coisa relativa às observações do paciente, para que ele possa vê-la.
- Evite digitar e olhar fixamente durante uma anamnese. Já vi uma médica, especialista em clínica geral, olhar para o paciente por cima dos óculos nesse momento. Isso dá ao paciente a impressão de estar sendo interrogado de uma maneira bastante agressiva.
- O tempo é obviamente apertado, mas sair diretamente do computador para um exame médico é como fazer sexo sem as preliminares. Leve alguns minutos tendo uma conversa face a face antes de começar a tocar o paciente.

▸ Prestando auxílio

Ajudar os outros é mais difícil do que pode parecer à primeira vista. Nunca suponha que a ajuda está sendo solicitada, mesmo quando for necessária. Muitas pessoas odeiam se sentir dependentes das outras. A melhor técnica a ser aprendida é como oferecer ajuda sem adotar uma postura de superioridade, por estar em um status mais elevado.

Crianças, pessoas idosas, carentes e doentes merecem ser tratados com respeito. Da mesma forma que com outras pessoas, as regras do envolvimento devem ser ditadas por elas. Elas podem estar serenas, confiantes, expansivas, tímidas ou sociáveis. Não existe um modelo único para todos os tamanhos em sua resposta. Interprete cada pessoa como um indivíduo, e responda às suas necessidades da mesma forma.

Com as crianças, fique na mesma altura que elas, tanto quanto possível. Converse calmamente e de um maneira agradável, mas amadurecida. De qualquer forma, as crianças pensam que são pequenos adultos. Não há necessidade de tratá-las de modo condescendente, usando voz de bebê e palavras tolas. Espelhe uma criança como você faria com um adulto, reduzindo o contato visual com as que são tímidas e copiando os gestos defensivos até que a criança relaxe e comece a se tornar acessível.

▸ Profissionais de criação e de mídia

Essas pessoas são motivadas, emocionais, criativas, e pensam com o lado direito do cérebro. Portanto, se você trabalhar com elas, seja divertido, sagaz, mas acima de tudo, entusiasmado. Muitas das melhores idéias da mídia são, também, as mais absurdas, logo a empolgação em seu estilo de comunicar é algo fundamental. Quando as pessoas de mídia apresentam uma idéia, costumam simular a reação eufórica do cliente. Para ser honesta, elas podem ficar superentusiasmadas.

Para se adaptar à cultura da mídia, você precisará sintonizar-se com as variações de humor e períodos de pico. Os publicitários terão um maior volume de trabalho próximo a uma campanha de um grande cliente, assim como os atores perto da estréia de uma peça de teatro. As pessoas que trabalham na TV e no rádio têm um volume aumentado de trabalho a cada programa, embora costumem disfarçar seus picos de ansiedade atrás de uma espécie de calma que lembra um piloto automático de aviões. Fui rebocada para programas desse tipo no último minuto, e empurrada para a frente de um microfone ou de uma câmera com, literalmente, apenas alguns segundos de antecedência, mas nunca testemunhei uma única explosão de raiva das equipes nos estúdios. Uma vez entendido o biorritmo do negócio, você poderá, então, sintonizar sua linguagem corporal com a cultura vigente.

▸ O setor público

Uma das primeiras lições a aprender ao lidar com o público é que as habilidades para lidar com pessoas são a qualidade principal do seu emprego, e não um subproduto. Você precisa interpretar bem os outros e, então, ser flexível em sua própria abordagem. Uma abordagem com a mente aberta também é fundamental. Nunca leve as coisas para o lado pessoal quando alguém fizer uma reclamação. No momento em que isso acontecer, a situação se converterá em briga, e isso ficará evidente em seus olhos, assim como em seus gestos. Se você trabalha em um emprego que lida regularmente com agressividade e conflitos, mas no qual você não tenha nenhuma posição de poder para se defender, então tem que se tornar um especialista em pôr um fim aos antagonismos.

Lidando com clientes difíceis

"Empatia" é a palavra-chave aqui. Se alguém estiver disposto a ser difícil, você terá de se orientar cuidadosamente por meio de várias etapas fundamentais:

1. Seja prontamente atencioso

O que quer que você faça, mesmo que seja a última coisa a ser feita, terá que ser interrompida para dar atenção ao seu cliente *prontamente*. Nada de algumas últimas palavras para terminar uma conversa com um colega. Nada de uma última olhada naquela revista que você guarda atrás do balcão. Nada de despedidas do tipo "Tenho que desligar" para aquela pessoa que lhe fez uma ligação pessoal.

De alguma forma, em algum lugar do passado, o ego de seu cliente recebeu um duro golpe. Pode ter sido algo recente, ou ter acontecido em sua infância. Possivelmente, foi uma combinação das duas coisas. Talvez sua mãe o tenha ignorado quando ele gritava por um sorvete. E, agora, você está prestes a ignorá-lo quando ele veio exigir um reembolso.

Não faça isso.

Toda prorrogação é mortal. Cada segundo gasto na espera enche, pelo menos, outro metro cúbico do tanque de loucura daquele cliente. Só pode haver duas razões válidas para qualquer prorrogação:

- Suas próprias tendências sanguinárias. Você pode perceber que ele está no limite de um ataque de raiva e quer deixá-lo ainda mais nervoso. O seu próprio ego levou um golpe uma vez e, desde então, você vem descarregando sua raiva em clientes mal-humorados.
- Você está verdadeiramente amarrado. Não literalmente, é claro, a menos que você esteja no ramo do *bondage*, mas seu novo cliente está na fila ou esperando até que você termine de atender uma chamada telefônica.

Caso contrário, estar ocupado com outra tarefa não é nenhuma desculpa para não demonstrar que você percebeu a chegada do cliente. Portanto, estabeleça um contato visual e levante rapidamente suas sobrancelhas, ou balance a cabeça afirmativamente, ou levante um dedo e dê um pequeno sorriso, ou arregale e encolha os olhos suavemente. Arregalar ou encolher os olhos de modo prolongado pode parecer agressivo, então faça isso de maneira rápida.

2. Escuta aeróbica

Quando você envolver o cliente na conversa, deve sinalizar que está prestando total atenção. Se parecer distraído, mesmo por alguns instantes, fará com que ele pense que você não está levando a sério sua reclamação. Se estiver ocupando uma mesa ou um balcão, talvez precise pedir a outro colega que assuma o seu lugar, para evitar desviar o olhar ao acolher a chegada de qualquer outra pessoa na fila.

Ao ouvir uma reclamação, use a seguinte linguagem corporal:

- Contato visual.
- Sobrancelhas abaixadas, demonstrando concentração.
- Incline a cabeça ou o tronco ligeiramente para a frente.
- Balance levemente a cabeça de modo afirmativo.
- Mantenha as mãos em forma de taça na frente da cintura.

A sua expressão precisa ser de autêntica preocupação. Isso não é um truque fácil de se conseguir, e eu sugeriria muitos ensaios em frente ao espelho antes que você colocasse em ação a sua expressão de preocupação para o público. Ela consiste de:

- Um leve franzir das sobrancelhas.
- Uma sobrancelha abaixada e outra levantada (apenas os contorcionistas precisam usar isso, mas é algo que vale a pena ser praticado).
- Lábios ligeiramente separados.
- Cabeça ligeiramente abaixada.
- Dedos no queixo.
- Acenar hesitantemente com a cabeça, demonstrando compreensão, ou balançá-la suavemente, demonstrando incredulidade (como se dissesse "Meu Deus! Que coisa horrível!", e não "Você está inventando tudo isso, seu mentiroso!").

3. As desculpas

Provavelmente, você pedirá desculpas, mesmo se o problema não tiver sido de sua responsabilidade – afinal de contas, o cliente está aborrecido. A sinceridade é algo vital nesse momento, portanto seja cauteloso para não ir longe demais. Agir como se toda a família do cliente tivesse acabado de ser exterminada em um massacre causado por uma serra elétrica, quando ele está apenas se queixando de um salto quebrado de um sapato, obviamente, não contribuirá nem um pouco para a sua credibilidade.

Ao pedir desculpas:

- Use o contato visual, mas não um olhar penetrante.
- Abaixe discretamente o queixo.
- Mantenha as mãos ainda dobradas na altura da cintura, ou separadas, com as palmas voltadas para baixo e os dedos ligeiramente abertos.
- O gesto de palmas para cima pode denotar franqueza, mas seja cuidadoso, já que esse gesto está se tornando quase um clichê nos negócios, e pode parecer falso ou um gesto de negação, se usado de forma muito vigorosa.

Esse último gesto proporcionará a passagem de um comportamento inativo, equivalente a escutar, demonstrar simpatia e pedir desculpas, para um comportamento ativo, isto é, explicar a solução e resolver o problema.

4. A solução

Não seja tão rápido nesse ponto, ou o cliente pensará que você está tentando se ver livre dele, ou sendo superficial. Parte da necessidade de uma pessoa ao fazer uma reclamação é ser efetivamente ouvida. Nesse caso, ouvir e pedir desculpas pode significar mais do que oferecer a solução. O verdadeiro problema é a sensação de ter sido enganado de alguma forma. É por isso que as técnicas que você usou tinham por objetivo demonstrar um efeito visual de baixar a guarda, sem recorrer a rituais humilhantes.

Ao descrever sua solução, você pode começar a usar mais energia, com as seguintes ações:

- Contato visual variável (desviando o olhar ocasionalmente para pensar).
- Gestos enfáticos com as mãos, embora ainda mantidas ao nível da cintura, já que em qualquer outro nível acima poderia parecer agressivo ou superior.
- Usar as mãos em outras posições que não seja apenas com as palmas para cima, variando das palmas viradas para dentro ao descrever a solução, como um pescador mostrando a sua presa, até as palmas viradas para baixo, ao buscar a aprovação final do cliente.
- Um leve encolhimento de ombros, mas seja cauteloso, já que, se exagerar, poderá sinalizar indiferença.
- Descontrair a expressão com um sorriso suave, se o cliente parecer aceitar a sua sugestão.
- Inclinar a cabeça para um lado e levantar novamente as sobrancelhas para sinalizar: "O que você acha?".

Um componente de espelhamento deve acompanhar todas as suas técnicas. Como eu disse, isso significa que você estará copiando discretamente, ou sendo conduzido pelo tom de voz e pela linguagem corporal da outra pessoa. Entretanto, um cliente que apresenta uma reclamação deve ser menos espelhado do que o cliente comum, por razões óbvias. Espelhar sua raiva e sua angústia terminará, simplesmente, causando um conflito. O seu papel é demonstrar confiança, mas em um nível menos elevado. O cliente sempre deve parecer ser o chefe.

Controlando a raiva

Se a reclamação se transformar em raiva, você tem duas opções: tentar apaziguar os ânimos ou encerrar a conversa e sair correndo. Sempre vou sugerir a segunda opção se a violência parecer incontornável, a menos que você trabalhe na polícia, onde lidar com a violência é, de fato, algo inevitável.

Uma raiva comum que se transforma em ofensa geralmente provocará o "fechamento" físico. É aqui que o seu olhar desvia-se para o chão e uma barreira é levantada, como, por exemplo, os braços cruzados. A mensagem enviada por esses gestos deve ser que você considera o comportamento da outra pessoa inadequado, e que somente continuará a conversar com ela se tal comportamento for interrompido. Essa, de um modo geral, é uma opção melhor do que tomar parte na discussão. Deixar que a pessoa fique exaurida enquanto você fecha as comportas pode dissipar a raiva e, ao mesmo tempo, mostrar ao ofensor que não há nada a se ganhar com esse mau procedimento.

▸ Vendas

Todos os empregos solicitam uma habilidade para vender, ainda que "Eu não sou um homem de vendas!" seja uma exclamação ouvida em todas as indústrias, e até mesmo os vendedores de porta em porta sejam agora conhecidos como consultores de produtos. Mas o que há de errado em vender? Se você fabrica um produto ou fornece um serviço, terá que fazer, afinal de contas, com que alguém o compre.

Quando você lida com um cliente em uma situação face a face, vendendo diretamente um produto, estará, provavelmente, ciente de seu objetivo principal. Se você só trabalha com clientes internos, ainda assim, estará vendendo a si mesmo e às suas idéias. Talvez queira convencer e influenciar as pessoas com as quais trabalha. É provável que também exerça alguma influência ainda não observada na percepção da imagem externa da empresa. A imagem de uma empresa é constituída por cada membro da equipe que ela emprega. Em todos os tipos de comunicação, somos responsáveis por vender a mensagem.

Portanto, não fique irritado com o conceito de vendas. Não se trata de uma arte popular nem vulgar.

O processo de vendas

Há seis etapas principais em qualquer processo de vendas:

1. Planejamento.
2. Desenvolvimento da afinidade.
3. Ouvir.
4. Comunicar.
5. Vender.
6. Analisar.

1. Planejamento

Nesta etapa você descobrirá tudo o que pode sobre o cliente e sua empresa. Quem é o responsável final pela tomada de decisões? Mesmo nas vendas no varejo isso pode ser importante. Se um casal entra em uma loja, qual dos dois tomará a decisão de comprar?

Você também estará construindo sua própria auto-estima interna, aprendendo tudo o que puder sobre seu produto e quaisquer produtos associados ou serviços fornecidos por sua empresa, e planejando as bases de sua abordagem de venda.

2. Desenvolvimento da afinidade

Estabelecer empatia com o cliente é algo vital. Você precisa demonstrar que está falando a mesma língua que ele. Isso pode ser conseguido de várias maneiras, mas um vestuário apropriado para os negócios e a linguagem corporal são ambos fatores fundamentais. Adapte o seu comportamento para se ajustar às pessoas com quem estiver se comunicando. Essa é a hora para conversar sobre assuntos genéricos e praticar o espelhamento.

3. Ouvir

Os clientes nos dão pistas sobre seus sentimentos e pensamentos. Se você não souber captá-las, seja através de sinais de auto-obsessão ou de arrogância, acabará perdendo a maior parte de suas vendas. Você precisará ser capaz de remover as camadas verbais e visuais e se aprofundar nas comunicações, permitindo-se alguma escuta aeróbica, para investigar o que está por baixo da superfície. Seu compromisso com a escuta visual será importante, acrescentando integridade e credibilidade à situação.

4. Comunicar

Essa é a parte que todas as pessoas de negócios adoram, e gostam tanto que começarão alegremente por "comunicar", antes de passar pelas etapas fundamentais de escutar com os ouvidos e com os olhos. Mas, antes, você precisa saber o que o cliente quer, a fim de conjugar as necessidades dele com os benefícios oferecidos por seu produto.

O "comunicar" pode envolver apresentações, convencimento, comunicação face a face ou, até mesmo, por telefone. Todas elas abrangem as técnicas de linguagem corporal.

5. Vender

Muitas pessoas podem falar sobre um produto ou serviço, mas poucas conseguem, de fato, efetuar a venda e continuar vendendo, se a relação com o cliente tiver de ser expandida. A vergonha geralmente nos faz invalidar a transação, evadindo-nos ao fim da negociação, quando a tinta da caneta usada para assinar o contrato já deveria estar secando. Os clientes exibirão barreiras visuais e verbais, e cabe a você manter o diálogo permanentemente aberto para chegar a um acordo no fim.

A palavra "oh" é valiosa nesses tipos de debate. O cliente faz uma observação e a pessoa de vendas responde: "Oh?", para conseguir mais informações. Isso pode ser um estratagema tanto visual quanto verbal. Pode ser sinalizado sutilmente, com a sustentação do contato visual, um discreto arregalar dos olhos e um levantamento das sobrancelhas, ou de modo mais vigoroso, com um gesto de uma das mãos ou ambas as palmas das mãos para cima e um leve balançar da cabeça. Você também pode manter uma escuta silenciosa, mas se inclinar para a frente e apoiar-se sobre os cotovelos. É difícil executar essa posição sem uma comunicação complementar.

6. Analisar

Nunca deixe de analisar o próprio desempenho, ou a presunção e a arrogância impedirão qualquer sucesso no futuro. Observe a sua linguagem corporal retrospectivamente e observe a do cliente também. Agora que você já sabe o resultado, aprimore os primeiros momentos da reunião. A atitude dele se modificou em algum momento? Você trabalhou o suficiente para lidar com essa mudança e administrá-la? Você teve que realizar um corte momentâneo e abrupto para quebrar uma atmosfera negativa ou alguma tensão? Em caso positivo, como isso foi recebido?

Esse período de segurança posterior à venda é, também, o momento de construir a relação com o cliente. Depois de ter vendido seu produto ou serviço, a tensão evapora e há um período de confiança, que deverá ser capitalizado para aumentar a afinidade e angariar informações úteis.

Grandes vendas

A confiança é a chave para realizar boas vendas. Se você consegue vender sem passar por uma crise de depressão, isso é um bom começo. A preparação também lhe dará confiança. Você precisa conhecer seu produto, seu objetivo em cada transação e, tanto quanto possível, o seu cliente. Precisa se preparar também. Se o ato da venda o faz encolher-se de medo, trabalhe primeiro seus níveis de confiança. Olhe novamente o Capítulo 2 e aumente seu carisma!

Vender sem antes ter uma conversa sobre assuntos genéricos é o mesmo que sexo sem as preliminares. É descortês, imprudente e demonstra impaciência. Você pode até conseguir o que quer em um caso isolado, mas não terá estabelecido as bases para uma relação mais promissora. Portanto, comece aprendendo mais sobre o seu cliente. Isso exige habilidades tanto verbais quanto de escuta. Converse um pouco sobre banalidades e, então, escute-o. Dessa forma, você aprenderá mais sobre ele e entenderá como o seu produto poderá beneficiá-lo.

Recentemente, estive em uma loja de telefones celulares para comprar um novo modelo. A atendente me ouviu enquanto lhe dizia que meu aparelho antigo havia quebrado, e ela logo iniciou sua abordagem de vendas. Ela me mostrou um modelo que acabara de ser lançado no mercado (nunca aprendi a dominar todos os recursos de meu aparelho antigo) e me disse que era superleve (eu gostava da sensação do meu aparelho antigo em minhas mãos). Ela me disse que o telefone caberia em um bolso da camisa (que as mulheres raramente usam), e que possuía conexão com a Internet (uma característica na qual eu não estava interessada). O que eu queria era um modelo com flip que, simplesmente, funcionasse como um telefone. O que ela deveria ter feito era formular as perguntas e, então, me escutar.

Comece, portanto, exibindo uma linguagem corporal de escuta. Sua postura pode demonstrar um comprometimento alto ou baixo de escuta, dependendo da pessoa com quem você estiver lidando e do produto que estiver vendendo. Use também o espelhamento. Se o seu cliente estiver com os braços cruzados ou em uma postura defensiva, comece sua abordagem de vendas em um estilo ligeiramente semelhante. Se ele estiver quieto, mantenha o tom de voz baixo. Se ele usar pouco contato visual, não o desafie com o seu.

Quando as pessoas compram, elas querem satisfazer dois tipos de desejos: emocionais e lógicos. Os lógicos são os mais fáceis de lidar – se o seu produto atender às necessidades e tiver um preço razoável, isso significará, provavelmente, a assinatura do contrato. Mas, então, existem os aspectos emocionais da negociação. Os clientes gostam do fator FSI ("Faça-me sentir importante") em qualquer transação. Portanto, nunca pareça superior em termos de status, mais descontraído ou mais confiante que o seu cliente. Evite demonstrações de alto status, como:

- Inclinar a cabeça (para trás, queixo para a frente).
- Unir as pontas dos dedos, com as mãos apontadas para cima.
- Colocar as mãos atrás da cabeça.
- Tirar o paletó sem consultá-lo.
- Usar a mesa do cliente.
- Mover sua cadeira para trás e para a frente.

- Aproximar-se demais do cliente.
- Cruzar uma perna sobre a outra, colocando o tornozelo sobre a coxa.
- Debruçar-se sobre seu cliente.
- Sentar-se em uma cadeira muito maior.
- Fumar sem consultá-lo.
- Usar maior contato visual.
- Falar enquanto olha para fora da janela ou escreve.
- Usar mais espaço ou território.
- Interromper, seja visual ou verbalmente.

Por outro lado, evite sinais de gentileza exagerados, como:

- Fazer uma expressão muito elaborada de preocupação ou culpa.
- Inclinar-se o tempo todo sobre o cliente.
- Sorrir demais.
- Rir de maneira exagerada de todas as coisas que o cliente disser.
- Exagerar no espelhamento e nas reações.
- Parecer horrorizado quando o cliente descrever um pequeno contratempo.
- Concordar com tudo o que é dito.

O excesso de sinais desperta no cliente a impressão de que você não está sendo sincero. Monitore as reações de seu cliente durante o encontro e esteja pronto para responder à sua própria maneira. Se ele começar a cruzar os braços ou permanecer teimosamente fechado, entregue-lhe um documento para torná-lo disponível. Se você sentir que está em uma encruzilhada, pense em interromper totalmente a comunicação. Pergunte se ambos não estão precisando de uma pausa para tomar um chá. Mude o assunto. Desvie a atenção. Coloque-o no modo de "compra" novamente, mesmo que ele não esteja, naquele momento, envolvido com o seu produto, e queira somente um café ou conversar sobre as últimas notícias. Conduza-o de volta às negociações quando sentir que as coisas estão voltando aos trilhos novamente.

Outra maneira de romper barreiras é mudar o seu estilo de se expressar. Talvez você possa fazer uma quebra para criar uma pausa de honestidade.

Tenho uma colega que anuncia subitamente: "Meu Deus, você teve um dia duro de trabalho hoje, o que aconteceu?". Isso, geralmente, faz com que o cliente sorria e fique mais descontraído para fazer alguma objeção.

Outra técnica para alterar o estado de ânimo de um encontro quando ele estiver indo por água abaixo é forjar um pequeno acidente. Tilintar a xícara de chá, derrubar uma bolsa ou uma caneta, um punhado de moedas caindo do bolso – tudo isso dará uma desculpa súbita para interromper os procedimentos. Você pede desculpas e o cliente o tranqüiliza e, possivelmente, o ajuda a pegar a caneta. Ambos funcionarão em um nível mais humano. Esse tipo de artimanha pode romper tantas barreiras quanto o aperto de mãos ou as conversas genéricas.

Finalmente, com a decisão de compra, a tensão vai embora. A linguagem corporal do cliente mudará tanto que ele praticamente alterará sua forma diante de seus olhos. As feições suavizam-se, as sobrancelhas franzidas desaparecem, os ombros ficam menos curvados. Há uma sensação visível de alívio.

A restauração da confiança é importante nesse ponto. O cliente quer saber se você não está sendo sedutor somente para concluir a venda. Portanto, seja amigável. Mas estabeleça as bases para futuros negócios. Sim, recoste-se na cadeira e acenda um cigarro, mas faça isso enquanto estiver agendando um próximo encontro.

Quando você finalmente deixar a sala, seja suave. Arrumar suas coisas às pressas e bater em retirada dará a impressão que você não vê a hora de ir embora, agora que conseguiu enganar outro otário.

▸ Estilos pessoais

Como regra prática geral, lembre-se que as pessoas, geralmente, gostam daqueles que gostam delas. Nos negócios, isso é ainda mais verdadeiro que na vida social, porque temos muito menos tempo para administrar a dificuldade de estabelecer vínculos. Por isso, é proveitoso ter uma compreensão maior sobre os quatro estilos principais de comportamento. Cada um vem com a sua própria linguagem corporal sintomática. Isso torna mais fácil a adaptação de sua própria linguagem corporal, a fim de demonstrar mais empatia.

Os testes psicométricos-padrão usam nomes diferentes para tipos diferentes. Vou apresentá-los de acordo com a minha classificação:

1. Excitáveis

Essas pessoas gostam de conversar e apreciam a comunicação face a face. Elas gostam de ser o centro das atenções na maioria das situações, embora possam ficar tímidas em ocasiões sociais. Gostam de humor e de entretenimento, e ficam facilmente aborrecidas. Odeiam qualquer coisa rotineira ou repetitiva. Costumam se mexer bastante enquanto falam e ilustrar seus pontos de vista com gestos empáticos generosos. Elas respondem rapidamente às pessoas, e, portanto, é fundamental causar um bom impacto inicial. Sempre pareça satisfeito por vê-las, e mantenha uma linguagem corporal positiva durante o encontro. Demonstre energia e entusiasmo tanto pelas suas idéias quanto pelas delas. O vigor e as inovações são importantes para essas pessoas. Nunca pareça muito cínico ou banal, e evite entrar em muitos detalhes, já que elas tenderão a afiançar a originalidade ou a empolgação de uma idéia. Entretanto, essas pessoas podem dar o sinal de partida, mas não serem boas finalizadoras. Espere por um entusiasmo inicial, mas por um esmorecimento geral à medida que o tempo passar.

2. Competidores

Essas pessoas gostam de poder e de status, e trabalham melhor quando lhes são conferidos autoridade e controle total. Sua linguagem é concisa e objetiva, e apreciam as mesmas qualidades nos outros. São impacientes e não aceitam ser feitas de bobas. Gostam de idéias que acrescentem algo ao seu perfil pessoal na empresa, ou que as coloquem em uma posição mais vantajosa que a de seus concorrentes. Elas podem ser bruscas e rudes algumas vezes. Vá até o fim quando lidar com elas, mas evite desafiar sua autoridade ou fazer algo que as desprestigie. Reaja prontamente, mas seja criterioso da mesma forma. Elas são especialistas em fazer perguntas diretas e em pegar alguém cometendo erros.

Nunca empregue gestos ou expressões desnecessárias, ou que sugiram que você está perdendo tempo ou que não está agindo seriamente. Os gestos com as mãos devem ser enfáticos e o contato visual precisa ser assertivo. Movimente-se estrategicamente, mas sem pressa. Evite hesitações verbais e visuais.

3. Planejadores

Essas pessoas usam mais o raciocínio lógico que o emocional, e gostam que lhes sejam oferecidos fatos, números e informações. Elas também gostam de uma abordagem histórica, saber em que outro lugar o projeto funcionou, ou quem mais comprou o produto antes delas. Elas precisam de tempo e de espaço para chegar a uma conclusão; portanto, evite qualquer sinal de pressão sobre elas. Caso necessário, dê um tempo e volte com suas próprias propostas ou planilhas impressas, pois, se você as apressar, elas geralmente acreditarão que está sendo desleixado. Quando escolher um assento, faça uma manobra para que sua postura pareça confiante e confortável, e mexa-se muito pouco a partir daí. Os gestos devem ser tranqüilos e sem exageros. A abordagem com as palmas para baixo e os braços abertos vai funcionar bem. Evite movimentos estúpidos ou de excitação. Mostre intensas habilidades de escuta. Concorde bastante com a cabeça e nunca interrompa.

4. Protetores

Essas pessoas possuem valores baseados em relacionamentos. Elas gostam de trabalhar com as outras como parte de uma equipe. Elas serão motivadas, principalmente, pelo bem do grupo e também terão bastante consciência do bem-estar do cliente. Sua abordagem pessoal será importante. Conquiste afinidade tão cedo quanto possível, sendo amigável e franco. Mantenha anotações sobre seus filhos e seus interesses fora do trabalho. Peça-lhes ajuda, quando possível. No entanto, nunca considere-as ingênuas. Elas são muito desconfiadas de abordagens obsequiosas, podem ser teimosas quando pressionadas e podem levar as coisas para o lado pessoal. Portanto, evite quaisquer gestos que mostrem conflito ou falta de concordância. Sua linguagem corporal deve parecer honesta e acessível. Um sorriso sincero é vital, da mesma forma que uma saudação calorosa. Aceite o café que lhe for oferecido e coma um biscoito.

A partir de agora, você pode ou não ser capaz de classificar a pessoa com quem está lidando. Suas transações podem ser muito rápidas, e podem tornar esse discernimento um tanto difícil. Mas talvez você consiga algumas pistas. De qualquer forma, muito poucas pessoas se encaixam totalmente em apenas uma das categorias. Porém, você pode ter uma idéia sobre o estilo dominante daquela pessoa. Além disso, espero que você tenha conseguido identificar o seu próprio estilo.

Permaneça nesse estilo, mas aprenda a ser flexível. Adapte seu comportamento para atrair outras pessoas. Se você estiver falando para um grupo com estilos diferenciados, estude, então, seu discurso ou sua palestra, e certifique-se de que haverá algo ali para cada um deles.

Imagine a Protetora aparecendo em uma empresa de Competidores, usando um vestido florido Laura Ashley, com um maço de anotações sob o braço. Ela demora um pouco para se ajeitar e pede desculpas por estar um pouco nervosa, mas seu pai estava adoentado e ela teve que passar a noite no hospital. Ela sorri para todos e dá a volta, apresentando-se individualmente para todos os clientes. Ela fica um pouco desconsolada quando percebe que um deles está muito ocupado ao telefone celular. Quando fala sobre seu produto, ela dá ênfase ao efeito positivo que ele terá na moral da equipe. Ela já falou demais, mas sente que vale a pena ler aquela carta de agradecimento do funcionário de uma empresa cliente, a centenas de quilômetros de distância.

Você, agora, pode perceber como a adaptação de comportamento é algo fundamental.

Pontos-chave, em poucas palavras

- Adapte sua linguagem corporal para manter-se conectado à cultura do lugar onde você trabalha.
- Nunca suponha que você sabe aquilo que o cliente considerará adequado – coloque-se no lugar dele e veja o que vai funcionar.
- Evite tratar os clientes com ar de superioridade, ou transformar a raiva e as reclamações em ódio.
- Não renegue sua condição de vendedor.
- Crie afinidade rapidamente.
- Escute o cliente.
- Estude o perfil de comportamento de seus clientes e adapte adequadamente a sua abordagem.

Capítulo 18

Fora da pista: linguagem corporal de negócios fora do escritório

NÃO É APENAS NO TRABALHO que podemos causar uma impressão duradoura, mas também naqueles pequenos momentos em que pensamos estar "fora da pista", quando nos comportamos de maneira relaxada ou desinibida. Na verdade, nada no mundo dos negócios deveria ser considerado fora da pista. Você, evidentemente, é um idiota se pensa que há ocasiões em que qualquer mau comportamento pode ser magicamente apagado da memória corporativa.

Isso não quer dizer ser pudico, é uma questão de ser prático. Já vi várias pessoas festeiras acordarem na manhã seguinte e se arrependerem da esbórnia da noite anterior e passarem os seis meses seguintes vestidos com uma camisa-de-força corporativa. Divirta-se, sem dúvida, mas não arrisque sua brilhante carreira.

As zonas de perigo ou os momentos de potencial visibilidade estão presentes durante todo o ano corporativo, com impressionante regularidade. Eis aqui algumas dicas de sobrevivência.

▸ Cursos de treinamento

- Chegue na reunião pontualmente.
- Sente-se na frente. Os instrutores assumirão que você é alguém interessado e o importunarão menos. Não fique próximo ao fundo da sala, porque isso parece um esforço para se excluir dos procedimentos.

- Faça com que sua entrada passe uma impressão positiva.
- Leve algumas canetas boas e um caderno de qualidade.
- Apresente-se aos outros participantes o mais breve possível.
- Demonstre sinais de uma escuta interessada.
- Fale alguma coisa o mais breve possível em reuniões interativas. Quanto mais você esperar, mais difícil será participar.
- Formule pelo menos uma pergunta ao instrutor nas primeiras duas horas.
- Mantenha a aparência positiva em sua linguagem corporal. Nunca desmorone na cadeira, ocupe as mãos com besteiras ou sente-se com os braços cruzados.
- Nos exercícios do curso, escolha o papel do instigador e do gerente, em vez de querer mostrar seu virtuosismo. A maioria dos exercícios dos cursos de treinamento costuma usar como modelo o papel de um dos elementos da equipe. Aumente suas possibilidades de promoção, mostrando a eles quem pode ser um bom chefe.
- Nunca pareça ou soe negativo. Se você não concordar com algo, oponha-se de uma maneira positiva. Se você não está gostando do curso, participe dele até o fim e faça comentários positivos, junto com as críticas.
- Posicione-se no curso de modo a refletir a forma como você gostaria de se ver posicionado em sua empresa.
- Estabeleça contato com os outros participantes. Um dos principais objetivos da maior parte dos treinamentos é quebrar as barreiras entre os departamentos.
- Se o curso for residencial, talvez você tenha de concluir os projetos durante a noite. Diga a si mesmo, ao começar, que se dedicará e que, possivelmente, chegará ao seu limite físico e emocional. Seja profissional em todos os momentos, e se os participantes começarem a ficar cansados e irritadiços, mantenha-se sempre em silêncio, em vez de tomar parte nos conflitos.

- De um modo geral, há grande quantidade de bebida alcoólica oferecida gratuitamente nessas ocasiões. Nunca deixe transparecer que a possibilidade de comida e bebida gratuitas o deixa empolgado, porque isso soa vulgar e mesquinho. Nunca seja pego se embebedando ou se empanturrando. Nunca encha os bolsos com as balas que estão sobre a mesa, a garrafa de vinho do jantar ou qualquer outra coisa oferecida em sua sala. Se você tiver a reputação de ser o garoto do minibar, ofereça-se para pagar por isso separadamente ao acertar as contas, além de qualquer outra ligação telefônica pessoal que tenha feito.

- Seja gentil com a equipe do hotel. Um velho ditado diz: "Pode-se aprender mais sobre um homem a partir do modo como ele trata seus criados do que como se comporta com seus iguais." A equipe do hotel nunca será sua criada, mas você entendeu o que eu disse.

- Leve o curso com tranqüilidade. Se ocorrerem problemas, ou se houver choques de personalidade, procure ser percebido como uma pessoa tolerante.

- Preocupe-se em construir um boa visibilidade. Sua linguagem corporal deverá refletir iniciativa, energia e perseverança. Demonstrar sua capacidade de ser positivo tem mais valor do que sua capacidade de agüentar uma *tequila sunrise.*

- Exiba suas habilidades sociais, ao mesmo tempo em que demonstra sua força para os negócios. Você estará em exposição durante todo o curso. As pessoas verão você comer, beber e se socializar. Verifique seus modos à mesa.

- Transmita a aparência de um viajante profissional. A maior parte das empresas comerciais exige não somente habilidades de profissionais/sociais, mas também a capacidade de viajar para os locais onde os clientes estão, e chegar ao seu destino parecendo tão viçoso quanto uma margarida. Nunca chegue parecendo perturbado e arrastando seis sacolas de plástico e uma mala. Nunca reclame sobre a péssima viagem que você fez. Faça sua mala como um profissional:

- Leve cabides para pendurar suas roupas.
- Arrume os sapatos em sacos, para prevenir arranhões.
- Leve um tubo ou pequeno spray de graxa para sapatos.
- Dobre e envolva as roupas em camadas de papel de seda, para evitar que cheguem amarrotadas.
- Se uma peça de roupa amarrotar, pendure-a no banheiro e ligue a água quente do chuveiro por alguns minutos para eliminar as rugas com o vapor.
- Arrume as gravatas em um estojo adequado.
- Embale os frascos ou pequenos utensílios de beleza e de maquiagem.
- Leve o seu próprio despertador.
- Telefone para o hotel com antecedência e pergunte se são oferecidos secadores de cabelo e que tipo de serviço o hotel oferece.
- Leve 50% a mais de roupas de baixo e 25% a menos de trajes do que acha que irá precisar.
- Verifique se o traje de negócios exigido é elegante ou casual. Se for casual, nunca vá desarrumado.
- Leve um spray de limpeza a seco, em caso de acidentes.
- Somente use o tira-vincos elétrico quando estiver sóbrio, ou aparecerá na manhã seguinte parecendo que tentou transformar suas calças em uma máquina de peneirar.
- Leve uma boa escova para roupas.
- Leve roupas de dormir, mesmo que, normalmente, durma nu. Já houve casos em que os participantes chegaram e descobriram que teriam de dividir quartos entre si.

▸ Almoços de negócios

- ▸ Vista-se adequadamente para ir a um restaurante. Alguns lugares ainda exigem o uso da gravata.
- ▸ Reserve um bom lugar. Evite receber os clientes em mesas próximas aos toaletes ou às cozinhas.

- Chegue na hora, ou muito mais cedo, se estiver recebendo.
- Faça um comentário favorável sobre o local do encontro se você for o convidado. Nunca mencione o fato de que você vai a esse lugar regularmente.
- Permita que seu convidado sente-se com suas costas voltadas para a parede. Se estiver recebendo mais de três pessoas, tente encontrar um restaurante com uma mesa redonda.
- A menos que a comida esteja totalmente estragada, nunca reclame.
- Se você realmente precisar reclamar de algo, mencione o problema em voz baixa. Nunca fique sentado manifestando desaprovação e demonstrando visualmente uma indignação desmedida.
- Ofereça a seu convidado todas as opções de pratos do cardápio.
- Se ele escolher uma opção de cada, faça o mesmo. Nunca deixe seu convidado comendo enquanto você fica sentado esperando.
- Seja gentil com o garçom.
- Se você conhecer o garçom, apresente-o a seu convidado.
- Respeite o espaço alheio. Nunca coloque nada sobre a mesa, no lado ocupado por seu convidado.
- Nunca peça para experimentar a comida de seu convidado.
- Nunca conte histórias sobre sua operação de hérnia ou sobre a última crise de sarna de seu cachorro.
- Nunca retire os sapatos sob a mesa.
- Nunca estale os dedos para chamar o garçom.
- Se o serviço estiver lento, saia da mesa e explique ao garçom que vocês têm que voltar ao escritório.
- Deixe seu convidado escolher a refeição primeiro. A maioria dos garçons anotará os pedidos do primeiro prato e do prato principal de uma só vez. Devolva logo os cardápios.

- Nunca escolha o prato mais caro ou o vinho mais dispendioso se você for o convidado.
- Se você for uma mulher e estiver recebendo um homem, faça com que o garçom perceba isso discretamente.
- Se não houver taxa de serviço inclusa, deixe uma gorjeta. Algumas faturas de cartão de crédito vêm sem esse valor. É de bom-tom acrescentar sua própria gorjeta.
- Agradeça seu anfitrião pela refeição e envie uma carta formal de agradecimento no dia seguinte.
- Não fume, a não ser que seu convidado o faça.

▶ A festa do escritório

- Não fique bêbado, e nem mesmo quase bêbado.
- Não use chapeuzinhos de festa para posar para câmeras ou vídeos.
- Nunca exponha suas abundantes adiposidades, normalmente mantidas escondidas sob a roupa durante as horas de trabalho.
- Não comece a paquerar depois de algumas doses.
- Não faça discursos longos.
- Não beba o ponche – escolha o que você já conhece.
- Bata nas portas das salas antes de entrar.
- Se houver alguma música tocando, seja discreto se tiver que gritar nos ouvidos dos colegas. O comentário sobre a mulher do chefe parecer promíscua sempre é berrado em voz alta, exatamente no momento em que o disco pára.
- Exercite a arte de dançar em frente ao espelho antes de ir à festa. Ninguém está esperando que você se pareça com um dos Steps, mas muitas pessoas acabam se parecendo com um elefante empacado.

- Nunca fale sobre negócios.
- Se você levar um acompanhante, informe-o sobre os fatos e, então, cole a sua boca com cola instantânea, rápida e forte. Nunca o deixe repreender o chefe por todas aquelas horas extras não pagas, ou pela falta de promoção que você, obviamente, merece. Mantenha-o longe do álcool. Compre uma garrafa de champanhe ao voltar para casa, como recompensa pelo seu bom comportamento.
- Nunca puxe o saco da companheira do chefe. Seja sedutor, mas mantenha distância. Ela também tem a língua frouxa. Depois que ela tiver lhe contado o nome do animal de estimação do marido, talvez ele não esteja tão inclinado a mantê-lo na folha de pagamento.

Ficar de fora da festa do escritório é uma maneira de garantir que sua reputação permaneça intacta. Mas você pode ser percebido como um desmancha-prazeres. Uma atadura no tornozelo é uma boa artimanha para atravessar incólume um ano inteiro, pelo menos. Isso lhe assegura que você pode comparecer, mas sorrir gentilmente e recusar-se a participar do concurso de lambada e das finais de "beba-o-próprio-peso-em-Bailey's".

► A festa de despedida

- Essas festas são geralmente entediantes, tristes ou totalmente edificantes, dependendo de quem comparecer. Se você não gosta da pessoa que está indo embora, não compareça, caso contrário estará agindo como um hipócrita.
- Lembre-se que a pessoa que está indo embora geralmente sentirá necessidade de desabafar. Prepare-se para ser massacrado durante o discurso de despedida.
- Prepare-se para ficar entediado também. Os funcionários que mal falaram durante 25 anos, subitamente descobrirão que têm uma queda por discursos públicos prolixos.

- Se você for a pessoa que está indo embora, lembre-se de uma palavra: dignidade. Quaisquer que sejam as circunstâncias, essa não é a ocasião para sarcasmo, amargura e vingança.
- Se tiver restado algum ressentimento entre a equipe, convide apenas as pessoas das quais você gosta.
- Nunca espere o apoio dos colegas que ficam. Você já não é mais um deles, não importa o nível de amizade e de proximidade conquistados.
- Por falar nisso, um dos mais tristes fatos, porém verdadeiros, da vida nos escritórios é que as amizades feitas no local de trabalho raramente sobrevivem por muito tempo depois que uma pessoa abandona o emprego.
- Nunca use a festa de despedida como uma oportunidade de dizer àquela pessoa que está indo embora o que você realmente pensa sobre ela. Escolha uma outra hora e um outro lugar.
- Se estiver fazendo um discurso sobre a pessoa que está se despedindo, sinta-se à vontade para torná-lo engraçado, sem ser ofensivo. Esse é o momento em que as pessoas querem elogios e afeto. Sempre acrescente algo que cause bons sentimentos, mesmo se parecer piegas.
- Faça uma festa de despedida curta. As pessoas podem ter aparecido por delicadeza e, possivelmente, afeição, mas você nunca deve estendê-la demais.

Pontos-chave, em poucas palavras

- Nenhum evento de negócios/social deve ser considerado confidencial.
- Planeje os eventos sociais de negócios cuidadosamente. Não deixe nada ao acaso, especialmente se você for o anfitrião.
- Seja positivo.
- Não fique bêbado.

Capítulo 19

Sexo nos negócios: a arte de paquerar no trabalho

O SEXO NO TRABALHO é um fato da vida. Reúna aleatoriamente qualquer grupo de animais, e alguns deles, com certeza, vão começar a cortejar os outros. Em termos humanos, o único ingrediente que falta para impossibilitar uma explosão de luxúria é fazer com que isso pareça algo perverso e, até mesmo, ilegal. É exatamente o que acontece no local de trabalho.

O problema com os casos amorosos nos locais de trabalho é que eles podem gerar problemas para a carreira e têm, sim, um efeito sobre a dinâmica do grupo. Há uma hierarquia incômoda na maior parte dos grupos nos escritórios. Quando duas unidades individuais formam um par, elas são geralmente vistas pelo resto do bando como uma unidade mais poderosa. Isso pode ser algo ameaçador.

Esse efeito sempre ocorrerá, mesmo quando ambos os parceiros ocuparem posições com o mesmo status. Quando um deles é o chefe, o efeito pode ser ainda mais radical. É um ato de malabarismo notoriamente difícil. A pessoa que está tendo um caso com o chefe pode começar a refletir o poder, tornando-se desesperadamente impopular, ou o casal pode manter o caso às escondidas, deixando o resto da equipe usar sua imaginação quando o assunto for o favoritismo ou as conversas íntimas entre os dois. O parceiro que tem o menor status pode, ainda, tentar corrigir o seu equilíbrio de popularidade criticando o chefe pelas suas costas, apenas para demonstrar que o caso entre eles não faz nenhuma diferença. Isso é, obviamente, um perigo para a relação.

▸ Paquera

Mas, e quanto às primeiras etapas? Os relacionamentos no trabalho podem envolver uma quantidade ínfima de paquera, vista como não predatória e (quase) não sexual. Na cultura de algumas empresas, todo mundo paquera todo mundo. É a forma como eles fazem negócios.

É ótimo observar a paquera em ação no mundo dos negócios, desde que isso não atrapalhe a dinâmica do grupo. A paquera no trabalho geralmente é usada como uma brincadeira elogiosa entre ambas as partes. Isso, porém, não funciona quando uma das partes está brincando, e a outra está recebendo os sinais e interpretando-os como um ataque sexual em grande escala, ou quando uma delas fica ofendida pelos sinais que está recebendo. Portanto, se você gosta de seduzir seus colegas e clientes, esteja certo de que será capaz de perceber se eles captaram a brincadeira ou não, ou tudo poderá terminar em lágrimas.

A boa paquera nos negócios é a verdadeira conversa de mão dupla. Ela deve ser sempre sutil e divertida. De certa forma, é uma extensão do carisma. Ela é feita para fazer com que o receptor se sinta bem. É por isso que envolve uma certa quantidade de elogios verbais. Mas seja cauteloso – se os elogios forem muito inflamados, podem ser vistos como sarcásticos. Se forem muito pessoais, podem parecer predatórios ou ofensivos. Mais uma vez, nunca faça suposições. O argumento "mas é assim que eu me comporto com todo mundo" é falho, porque nem todos são iguais. O que é uma piada para uma pessoa é assédio para outra.

Outra maneira de fazer o sistema entrar em colapso é quando uma pessoa paquera ostensivamente, mas somente os membros do sexo oposto, ou somente os chefes. Trabalhei com uma mulher que era um pesadelo com proporções de Freddie Kruger para todas as outras mulheres daquele lugar, mas que se transformava em uma Marilyn Monroe no mesmo minuto em que qualquer homem aparecia. O efeito era medonho e hostil. Os melhores paqueradores no trabalho geralmente utilizarão maciçamente os sinais, seduzindo e elogiando a todos, independentemente da idade, do sexo ou da posição na empresa. Algumas das melhores e mais divertidas paqueras que já presenciei em locais de trabalho foi entre homens gays e mulheres heterossexuais.

Um bom fator do local de trabalho é que as pessoas têm a oportunidade de paquerar sem que os sinais sejam interpretados como um convite ao sexo. As chances de fazer isso fora do ambiente profissional são menores. Já vi, com freqüência, grupos de amigos casados paquerarem ostensivamente as parceiras uns dos outros, mas esse era o ambiente seguro. A paquera era uma forma de elogio para ambos os parceiros do relacionamento. Ninguém nunca avançou seriamente além desse ponto, e ninguém nunca se sentiu ameaçado.

Sinais de paquera

A paquera no trabalho costuma consistir em comportamentos que não envolvam o contato físico nem o território alheio. Pode ser um elogio leve, sorrisos ou "olhadelas" para a outra pessoa, mas de uma maneira que não seja ameaçadora nem pela fixação do olhar. Algumas vezes, consiste em posturas ou demonstrações de erotismo razoavelmente comportadas. Eis aqui a linguagem corporal da paquera:

- Contato visual – O interesse sexual genuíno é sinalizado por um aumento do contato visual. No trabalho, a maioria das pessoas é aconselhada a aumentar a intensidade natural de seu olhar para demonstrar honestidade e confiança nos negócios. Isso pode parecer um sinal de paquera.
- Duração do olhar – Quando começamos a registrar a atração inicial, há um rotina de períodos bastante curtos de contato visual, entrecortados por longos períodos de desvio do olhar. Isso se deve ao fato de acharmos a outra pessoa atraente, o que nos torna engraçadinhos e tímidos. Uma vez percebi que uma colega havia se apaixonado pelo seu gerente quando não conseguia mais olhá-lo nos olhos.
- Olhar fixamente – Quando um casal inicia um relacionamento, ambos se entregarão a longos momentos de contato olho no olho. Por razões óbvias, isso é algo difícil de ser mantido no local de trabalho, e, geralmente,

será disfarçado pela total evitação. Qualquer olhada ocasional ou acidental será expressiva ou eletrizante.

- Olhar de relance – A paquera tradicional significa que a mulher mantém seu queixo abaixado e inclinado, olha para um homem de baixo para cima, com um olhar feminino. A Princesa Diana usava muito essa postura, e foi apelidada de "Tímida Di" [Shy Di] por causa disso.
- O sorriso contido – A pessoa esboçará um sorriso, mas, então, o deterá com uma contração dos lábios ou cobrindo a boca com as mãos.
- Gracejar – Presume-se que essa forma bastante infantil de dar risadas indique um espírito jovial e um senso compartilhado de inadequação.
- Autotoque – A pessoa que está paquerando tocará áreas semi-sensuais para deixar claro que é isso que ela gostaria que a outra pessoa estivesse fazendo com ela. As opções, nesse caso, são, obviamente, limitadas no mundo dos negócios. Isso não deve ser confundido com o toque masculino nas partes baixas ou nas nádegas, que é usualmente feito como um gesto reconfortante ou de status.

  Na paquera, a boca é geralmente a área favorita, com os dedos colocados próximos ou dentro dela, ou a ponta dos dedos acariciando a borda externa dos lábios, ou um gesto de lambê-los.

  O pescoço é uma área ligeiramente mais aberta, e qualquer carícia delicada – especialmente aquela em que a mão desliza para baixo – pode ser um sinal de paquera.

  Pode-se acariciar as pernas e brincar com os cabelos.

- Proximidade – A atração é demonstrada através do gesto de sentar-se mais próximo ou de inclinar-se um pouco mais sobre a outra pessoa do que as regras usuais de etiqueta recomendariam.
- Disponibilidade – Embora, inicialmente, as barreiras corporais possam aumentar por conta da timidez, a atração pode ser sinalizada por uma falta de gestos defensivos, e sentando-se ou ficando de pé face a face com a outra pessoa. Se as pernas estiverem cruzadas, elas tenderão a apontar na direção da pessoa por quem nos sentimos atraídos.

- Lamber – A língua pode ser usada com mais intensidade, lambendo os lábios ou os dedos, ou na hora de consumir algum alimento. Em *Ally McBeal*, houve uma famosa cena de sedução no trabalho, em que duas mulheres lambiam a espuma de seus cappuccinos.
- Sorrir – Quando nos sentimos atraídos por uma pessoa, costumamos sorrir e balançar afirmativamente a cabeça com mais freqüência quando ela está falando.
- Bom humor – Há um senso de divertimento imaturo entre duas pessoas que se descobrem atraídas uma pela outra. Haverá uma utilização maior de pequenos toques, como golpes, tapinhas e soquinhos, usados como um pretexto para o contato físico, e gestos de negação no lugar de toques mais sérios.
- Demonstrações eróticas – Em um clube noturno, você estaria dançando, mas, no local de trabalho, é mais provável que esteja se espreguiçando, se debruçando, se inclinando e se apoiando nas mesas. As demonstrações de posturas do macho incluem estufar o peito, endireitar as costas, empurrar o estômago para dentro etc.
- Demonstrações de cuidados com a aparência – Tocar o cabelo ou as roupas para verificar se está tudo em ordem.
- Gestos de negação – Usar uma saia curta e, então, ficar o tempo todo puxando-a para baixo; ostentar uma blusa decotada, mas carregar documentos para tapar o decote etc. (Tentei pensar em uma versão masculina, mas fracassei terrivelmente).
- Demonstrações de pedido de atenção – Trabalhar afastado um do outro pode suscitar risadas altas, gestos exagerados, mexer levemente nos cabelos, balançar as pernas, e, possivelmente, o aumento do contato físico com amigos do mesmo sexo, freqüentemente interrompidos por olhadas de relance para verificar se a outra pessoa está observando.
- Sacudir os cabelos ou a cabeça.
- Olhar de relance e de soslaio para o colega.

- Olhar para a outra pessoa com o queixo abaixado e um sorriso de boca fechada.
- Em um homem, mãos na cintura ou uma das mãos percorrendo a gravata para ajeitá-la. E, adivinhe – a gravata é um longo pedaço de tecido que aponta em linha reta na direção da genitália.
- Ficar próximo a uma mulher que está sentada em sua mesa, de modo que sua genitália esteja no nível de seus olhos, e ela seja forçada a olhar para cima para estabelecer contato visual.
- Em uma mulher, cruzar as pernas, com a perna que está por cima balançando levemente, e uma das mãos acariciando o joelho.
- Passar o dedo no decote do vestido ou de uma miniblusa decotada.

A maioria dos gestos citados cairá na categoria "carga pesada" e será inadequada no local de trabalho, embora já tenha visto todos eles em ação, em algum momento. O problema com muitos desses gestos é que eles também poderiam figurar alegremente sob o título de assédio sexual, se a pessoa que os estiver recebendo considerá-los impróprios.

O outro problema é que quase todas as técnicas descritas podem ser provocadas por estímulos bastante inócuos, que nada tenham a ver com paquera. Interpretar mal os sinais pode ser algo perigoso.

O poder corrompe

O status traz os seus próprios problemas de má interpretação. A equipe tende a ser agradável com os chefes. É como o mundo funciona. Essa pessoa tem poder sobre o seu dinheiro e sobre o futuro de sua carreira. E, portanto, você é gentil, prestativo, amigável e, talvez, até o paquere.

Qualquer chefe com um grama de células cerebrais entenderia que a maior parte desse comportamento é estimulada pelo fator de poder. Os vaidosos e os egoístas, no entanto, começam a acreditar que isso não se deve somente ao seu cargo, mas que, além de terem sido promovidos à gerência, tornaram-se incrivelmente atraentes. O delírio pode ser perigoso. Alguns começam a comparar seus assistentes a seus companheiros e, então, imaginar por que a pessoa que está em casa não consegue estar tão sintonizada com todas as suas necessidades, ser tão respeitosa e tão prestativa, e vestir Armani o tempo todo.

Desinteresse

Esperançosamente, você nunca irá forçar demais os limites da paquera, mas se fizer isso, não fantasie que a outra pessoa sempre irá lhe dizer algo ou enviar pistas através de seu comportamento. Quando as pessoas ficam constrangidas, como geralmente ficam em casos de comportamento sexual inadequado, sua sinalização visual, de um modo geral, vai pender para a negação. Por mais ilógico que isso pareça, geralmente terminamos aparentando que estamos de acordo ou que somos coniventes. Portanto, a pessoa que está recebendo os sinais pode sorrir para disfarçar seu desconforto, ou rir e, até mesmo, participar do jogo. Essa é a reação de sobrevivência. Quando encurralados por algo de que não gostamos, algumas vezes nós espelhamos ou fingimos que concordamos, em vez de lutar pelo nosso espaço.

Quando a reclamação aparece, tempos depois, a reação, geralmente, é: "Se você não estava gostando, deveria ter me dito naquela época." A questão é que, geralmente, nós não gostamos de dizer.

Ameaças

As demonstrações sexuais mais ameaçadoras no trabalho, de um modo geral, serão a fixação do olhar, a proximidade e, obviamente, o contato físico. O contato visual é um potente sinalizador, da mesma forma que a invasão do espaço. Ambos podem ser usados de uma maneira que seria ameaçadora para qualquer pessoa. O contato físico é menos sinuoso. Todos nós temos regras não-escritas sobre quem pode nos tocar e quando.

Nos negócios, o único contato físico normal é o aperto de mãos, com o acréscimo de um pequeno toque no braço ou no ombro, se a pessoa estiver profundamente angustiada. Colegas de trabalho mais próximos ou culturas de trabalho menos formais podem significar mais variações. Mas elas têm que ser permitidas. Dizer aos colegas que você é uma pessoa que pode ser percebida pelo toque e, então, se comportar de maneira hostil e violenta, não é algo adequado. Se você for uma pessoa naturalmente tátil, precisará ajustar essa característica ao ambiente de negócios. O modo como você foi criado não é uma desculpa.

Procedimentos em encontros

Provavelmente, a melhor maneira de marcar um encontro com um colega é ser franco sobre suas intenções, mas somente com a pessoa com quem você realmente deseja se encontrar. O problema do local de trabalho está na má interpretação dos sinais. Essa ansiedade pode levar a conversas duradouras e elásticas, em que a brincadeira prossegue, mas ninguém quer tomar o grande passo de declarar suas intenções, porque a rejeição pode não apenas ofender, como ser algo devastador.

O orgulho é um grande problema. No trabalho, não há esconderijos. Se você convidar alguém que tenha conhecido casualmente em um evento social para sair, você sabe que não há necessidade de cruzar o caminho daquela pessoa novamente se a resposta for não. Entretanto, caso seu colega decline o convite, você tem que manter a cabeça erguida – o que, nem é preciso dizer, não é tão simples assim. É aqui que a rede de proteção do "eu só estava brincando" entra em cena.

O envio de e-mails é visto como uma forma de paquera do tipo "eu só estava brincando". A brincadeira face a face pode continuar eternamente. Pode-se alegar que um jantar de negócios é apenas isso. Qualquer coisa, exceto o sexo em si, pode ser um gesto de "eu só estava brincando" (embora, algumas vezes, até mesmo o sexo possa ser desprezado, no dia seguinte, como nada sério).

A confusão também causará problemas para aquele que está recebendo os sinais. Quando se diz "não, obrigado"? Quando uma paquera inocente se torna mais séria? Quando um jantar tarde da noite é um encontro, e não um trabalho que se estendeu até mais tarde? Ao contrário dos encontros sociais, os limites se tornam bastante tênues nos negócios. Você também deve ficar atento ao que realmente está desejando quando demonstrar qualquer comportamento de paquera.

Pontos-chave, em poucas palavras

- Paquerar no local de trabalho pode ser divertido e um método válido de comunicação.
- Interpretar erroneamente os sinais pode ser perigoso. Mantenha a comunicação bilateral o tempo todo.

Conclusão

A LINGUAGEM CORPORAL pode ser um tema divertido para festas, mas os negócios são um assunto mais sério. Lembre-se que este livro não é um livro de truques. Tentei oferecer um manual rápido para as pessoas que trabalham, mas você nunca deve subestimar ou simplificar demais o processo.

Além dos sinais mais marcantes, como mostrar o dedo para alguém ou fazer o sinal do "V", quase todos os gestos ou expressões que você faz ou recebe podem – como a maioria das palavras na nossa língua – ter várias interpretações diferentes. Para dar a uma palavra o seu real significado, você tem de situá-la dentro de uma frase e organizá-la com as outras palavras. Você dá uma ênfase tonal às palavras. O mesmo se aplica às "palavras" da sua linguagem corporal. Você precisa lê-las em seu contexto. Precisa equilibrá-las com os outros sinais que o olho e o ouvido recebem. Até mesmo as decisões que precisam ser tomadas rapidamente têm que estar baseadas em todas as informações disponíveis.

Portanto, quando você "falar" com a linguagem corporal, espere um pouco para ter certeza de que você disse as coisas de modo correto. Conheça o seu público e conheça a mensagem que quer transmitir, e use os gestos, as expressões e a postura para enviar essa mensagem de modo congruente e convincente.

Divirta-se colocando em prática o que você aprendeu neste livro, mas nunca subestime seu poder ou a sua complexidade.

Este livro foi composto na tipologia Arno Pro,
em corpo 11/13, e impresso em off-white 80g/m²
no Sistema Cameron da Divisão Gráfica da Distribuidora Record.